Martina Schimmel-Schloo/Lothar J. Seiwert/Hardy Wagner (Hrsg.)

PersönlichkeitsModelle

*„Was vor uns liegt und
was hinter uns liegt,
verblasst im Vergleich zu dem,
was in uns liegt."*

Ralph Waldo Emerson

Diplom-Kauffrau *Martina Schimmel-Schloo* ist Managing Editor von *acquisa – Die Zeitschrift
für Führungskräfte in Verkauf und Marketing*. Sie ist eine profunde Kennerin der Aus- und
Weiterbildungsszene und berichtet seit über zwanzig Jahren über Motivation, Training, Per-
sonal- und Persönlichkeitsentwicklung. www.acquisa.de

Prof. Dr. *Lothar J. Seiwert* ist erfolgreicher Bestsellerautor, Keynote-Speaker und führender
Experte für Zeitsouveränität, Effektivität und sinnvolles Lebensmanagement. Mit seiner
Coaching- und Consultingfirma *Seiwert-Institut GmbH* hat er sich in Heidelberg auf die The-
men Time-Management und Life-Leadership® spezialisiert. www.seiwert.de

Prof. Dr. *Hardy Wagner* ist Mitbegründer und Ehrenvorsitzender der GABAL e.V., Gründer der
GABAL-Verlag GmbH und Initiator zahlreicher Aus- und Weiterbildungskonzepte, z. B. *STU-
FEN zum Erfolg*. Seit Jahrzehnten kennt er als Wegbegleiter und wissenschaftlicher Berater
die wichtigsten Persönlichkeitsmodelle. www.StufenzumErfolg.de

Martina Schimmel-Schloo/
Lothar J. Seiwert/Hardy Wagner (Hrsg.)

PersönlichkeitsModelle

Die wichtigsten Modelle für
Coaches, Trainer und Personalentwickler:
Alpha Plus®, Biostruktur-Analyse, DISG®,
Enneagramm, H.D.I.®, Insights MDI®, Interplace®,
LIFO®, MBTI®, TMS

GABAL
Professional Training

→ Die Zeitschrift für Führungskräfte
in Verkauf und Marketing ●
acquisa

Die Deutsche Bibliothek – CIP-Einheitsaufnahme
Ein Titelsatz für diese Publikation ist bei der Deutschen Bibliothek
erhältlich.

ISBN 3-89749-180-X

ALPHA PLUS®, STRUKTOGRAMM®, TRIOGRAMM®, DISG-Persönlichkeitsprofil®,
H.D.I.®, INSIGHTS MDI®, INTERPLACE®, LIFO®, MBTI®, MotivatorenAnalyse®, RP®
sind eingetragende Marken, die nur mit Genehmigung der nationalen und internationalen
Lizenzinhaber verwendet werden dürfen.

Lektorat:	Susanne von Ahn, Hasloh
	Bettina Spangler, Overath
Umschlaggestaltung:	+Malsy Kommunikation und Gestaltung, Bremen
Umschlagfoto:	zefa visual media, Hamburg
Cartoons:	Werner Tiki Küstenmacher, Gröbenzell
Satz und Druck:	Salzland Druck GmbH & Co. KG, Staßfurt

© 2002 Gabal Verlag GmbH, Offenbach
Alle Rechte vorbehalten. Vervielfältigung, auch auszugsweise, nur mit schriftlicher Genehmigung
des Verlages. Printed in Germany

www.gabal-verlag.de – More success for you!

Inhalt

Beilage: CD-ROM
mit umfangreichen weiteren Informationen wie Beispielprofile, Mustergutachten,
Fachartikel etc. von *allen* PersönlichkeitsModellen

Editorial

„Wer einmal sich selbst gefunden hat,
kann nichts auf dieser Welt mehr verlieren."
Stefan Zweig

So viele Menschen es gibt, so viele verschiedene Persönlichkeiten, Charaktere und Handlungsmotivationen existieren auch. Und seit es uns Menschen gibt, sind wir auf der Suche nach *Selbst- und Menschenkenntnis* – um die eigenen Stärken und Schwächen, Talente und Wertvorstellungen besser zu verstehen und um effektiver mit anderen Menschen zu kommunizieren. Seit der Antike versuchen Persönlichkeitsforscher aus diesem Grund, uns Menschen zu „typologisieren". Sie bieten mit teilweise ganz unterschiedlichen Modellen ein Raster für die Einordnung bestimmter Verhaltensweisen und Einstellungen. Diese *Typologisierungen* wurden im Laufe der menschlichen Entwicklung immer mehr verfeinert. Und im Ergebnis gibt es heute *Persönlichkeitsmodelle*, mit deren Hilfe es uns möglich ist, unsere Präferenzen immer besser zu erkennen und uns selbst und andere besser zu verstehen.

Der *Wert dieser Instrumente* ist unschätzbar. Sie sind der Schlüssel zum Aufbau persönlicher Kompetenzen. Die Wirtschaft hat einen großen Bedarf an Mitarbeitern, die ihre Kompetenzen optimal entwickeln und einsetzen. Auch im Privatbereich kommen wir besser zurecht, wenn wir unsere individuellen Stärken zum Tragen bringen können. Die Beschäftigung mit Persönlichkeitsmodellen bieten die Basis dafür: Mit ihrer Hilfe können Sie Ihre eigenen Stärken erkennen und wissen, welche Stärken der einzelne Mitarbeiter einbringen kann. Denn *Kompetenzen* lassen sich nur gezielt entwickeln, wenn Sie genau wissen, wo Sie ansetzen müssen – welche Stärken der Mitarbeiter und das Team bereits in sich vereinen. In Weiterbildung zu investieren, ohne den Ist-Zustand einer Person oder eines Teams zu kennen, ist oft vergebene Liebesmühe. Der finanzielle und immaterielle Aufwand für Trainings, Coachings und Beratungen lohnt nur dann, wenn gezielt auf Vorhandenem aufgebaut werden kann.

Und noch eine wichtige Erkenntnis resultiert aus der Beschäftigung mit Persönlichkeitsmodellen: Die Suche nach dem eigenen „Ich" ist zu oft eine Jagd nach einem gesellschaftlich oder von Unternehmensseite vorgegebenen Idealtypus. Seriösen Persönlichkeitsmodellen ist gemeinsam, dass sie *keine Idealtypen* stilisieren. Jeder Mensch kann erfolgreich sein – vorausgesetzt, er erkennt seine individuellen Fähigkeiten und geht seinen ganz persönlichen Weg zum Erfolg. Die Beschäftigung mit diesen Modellen hilft, falsche Idole oder Idealvorstellungen abzubauen und den eigenen Weg zu finden.

Für das vorliegende Werk haben wir *zehn erprobte Persönlichkeitsmodelle* ausgesucht. Sie repräsentieren die breite Angebotsvielfalt im deutschsprachigen Raum und wurden aufgrund

- ihrer *Marktpräsenz,*
- ihres *Bekanntheitsgrads,*
- ihrer *Seriosität* und
- ihrer *wissenschaftlichen Fundierung* gewählt.

Einige dieser Modelle untersuchen neben der Verhaltensdimension auch die *Wertestruktur der Persönlichkeit,* da unsere Handlungsmotive unser Verhalten entscheidend beeinflussen. Einen profunden Einblick in die menschliche Wertestruktur bietet beispielsweise das *Reiss-Profil.* Als neues Modell am deutschen Markt geht es in seiner Analyse der Persönlichkeit ausschließlich auf menschliche Handlungsmotive ein. Es beruht auf neuesten Forschungen des Amerikaners Steven Reiss.

Eine *synoptische Übersicht* am Ende des Buches fasst alle Modelle prägnant für Sie zusammen.

Das vorliegende Werk bietet Personalentwicklern, Trainern, Beratern und allen an Persönlichkeitsentwicklung Interessierten die Chance, sich von den besonderen Möglichkeiten zu überzeugen, die *Persönlichkeitsmodelle* bei der gezielten, individuell abgestimmten Personal- und Organisationsentwicklung spielen können. Unabhängig davon, welches Instrument Ihren Vorstellungen und Ihren spezifischen Anforderungen besonders entspricht – jedes der dargestellten Modelle kann zum besseren Verständnis für sich selbst und andere dienen, kann

Unternehmen helfen, die richtigen Mitarbeiter auszuwählen, Teams optimal zusammenzustellen und Weiterbildung gezielt einzusetzen.

In diesem Sinne wünschen wir Ihnen viel Erfolg bei der Erforschung Ihrer eigenen Persönlichkeit und bei der Weiterentwicklung Ihrer Mitarbeiter und Teams.

Herausgeber und Redaktion

Martina Schimmel-Schloo
Prof. Dr. Lothar J. Seiwert
Prof. Dr. Hardy Wagner

Teil 1

Einführung in bekannte Persönlichkeitsmodelle

HARDY WAGNER

Marktgängige Persönlichkeitsanalyse-Konzepte – ein Überblick

Das vorliegende Werk vermittelt Personalverantwortlichen und Organisationsentwicklern sowie firmeninternen und freiberuflichen Trainern und Beratern in den Bereichen Personal- und Organisationsentwicklung Einblicke in die Hintergründe, Intentionen und Anwendungsmöglichkeiten der zehn marktgängigsten Instrumente zur Analyse der Persönlichkeitsstruktur auf dem deutschen Markt.

Die nachstehenden Ausführungen bieten dem interessierten Leser einen Überblick u. a. über Gemeinsamkeiten und Abweichungen der ausgewählten Modelle, aber auch über Herkunft und Entwicklung von Persönlichkeitsmodellen insgesamt. Zur Abrundung werden einige weitere, im Buch nicht näher erläuterte Modelle zusätzlich aufgeführt.

Kriterium für die Auswahl der Instrumente war und ist vor allem ihre *Praxisrelevanz* nach Maßgabe des *Bekanntheitsgrades* auf dem Markt. Im Hinblick auf die zahlenmäßige Begrenzung auf zehn Konzepte – um einen besseren Überblick zu wahren – musste zwangsläufig eine Reihe von Instrumenten unberücksichtigt bleiben, die durchaus ihren Stellenwert haben.

Umso mehr war es uns wichtig, diejenigen Institutionen und Personen, die – in der Regel als Lizenznehmer – für Beratung und Vertrieb im deutschsprachigen Raum verantwortlich sind, um eine authentische Darstellung ihrer Instrumente zu bitten.

Die Auswahl

Persönlichkeitsmodelle in der Antike

Selbsterkenntnis ist ein uraltes Bedürfnis des Menschen, ebenso wie das Erkennen und Einschätzen des Anderen im engeren Umfeld – sowohl Freunde und Partner als auch, und nicht zuletzt, Feinde. Wir bilden uns aufgrund bestimmter Signale unsere Meinungen, unsere Vorur-

13

teile, wobei diese keineswegs negativ zu bewerten sind: Vorurteile sind hilfreich und waren früher oft „not-wendig". Negativ an Vorurteilen ist lediglich die häufige Praxis, trotz anderer – besserer – Erkenntnisse diese einmal gefassten Urteile nicht ändern zu wollen.

Sternbilder Bereits vor Jahrtausenden wurde, durchaus systematisch, das Instrument der Sternbilder genutzt, mit dem Menschen aufgrund von zwölf „Charakter-Typen" eine oft verblüffend zutreffende Einschätzung erfahren.

Die Wurzeln der westlichen und auch der indischen *Astrologie* werden den sumerisch-babylonischen Kulturen Mesopotamiens zugeschrieben, wo erste Aufzeichnungen bis ins 3. Jahrtausend vor Christus nachgewiesen sein sollen. Nach Überlieferungen war der biblische Moses der Autor eines astrologischen Lehrbuchs. Lange Zeit – in Europa insbesondere in der Zeit von 1450 bis 1650 – galt die Astrologie als etablierte Wissenschaft, wobei an den Universitäten oft zwischen Astrologen und Astronomen kaum unterschieden wurde. Beispielsweise soll Kepler ein sehr überzeugter Astrologe gewesen sein. Auch heute hat die Astrologie bzw. die Erstellung von speziellen Horoskopen eine nicht geringe Bedeutung. In überraschend vielen Unternehmen werden sie bei Einstellungsentscheidungen – inoffiziell, ähnlich der Graphologie – genutzt.

Bereits sehr früh wurden mit den zwölf Sternbildern auch vier Elemente verbunden, wodurch sich vier Komponenten mit jeweils drei Ausprägungen ergeben haben: Feuer (Löwe, Schütze, Widder), Erde (Stier, Jungfrau, Steinbock), Luft (Zwilling, Waage, Wassermann) und Wasser (Krebs, Skorpion, Fische).

4 Elemente So haben Ärzte im antiken Griechenland – Empedokles (490–430 v. Chr.) und später Hippokrates (460–377 v. Chr.) – Menschen in vier *Verhaltenskategorien* eingeteilt, und zwar nach Maßgabe der Dominanz unterschiedlicher Körpersäfte (Blut, Schleim sowie gelbe und schwarze Galle), jeweils unter Bezug auf die vier Elemente.

Der römische Arzt Galenus (rund 250 v. Chr.) hat dann diesen vier Temperamenten oder typischen Verhaltensgrundmustern die Namen

gegeben, die wir heute noch kennen und nutzen:
Choleriker, Sanguiniker, Phlegmatiker, Melancholiker.   **4 Temperamente**
Hierzu machte Goethe eine interessante Aussage:
„Wir haben die vier Temperamente. Jeder hat alle vier in sich, allerdings in unterschiedlichen Mischungsverhältnissen."
Diese Erkenntnis ist zugleich eine maßgebende Basis vieler moderner Modelle der Persönlichkeit, wie nachstehend auszuführen sein wird.

Aus praktischen Erfahrungen der Trainingsarbeit werden die erörterten Modelle im Folgenden in Drei-Komponenten- und Vier-Komponenten-Modelle (in Anlehnung an die vier Temperamente) eingeteilt.

Drei-Komponenten-Modelle

Hierzu vorab ein weiterer Rückblick in die Vergangenheit: In der klassischen indischen Medizin – *Ayurveda* –, die auch in unserer westlichen Gesellschaft zunehmend an Bedeutung und Interesse gewinnt, spielen seit rund 5.000 Jahren drei so genannte *Doshas* zur Bestimmung der individuellen Konstitution eine zentrale Rolle: *Pitta, Kapha* und *Vata*.   **3 Doshas**

Sie beziehen sich zwar in erster Linie auf die Körperbefindlichkeit, sind aber zugleich auch Persönlichkeits-Typen zugeordnet. Im Ayurveda gibt es insgesamt fünf Grundelemente – außer den vier genannten (Erde, Feuer, Wasser, Luft) noch Äther. Aufgrund von bestimmten, häufig vorkommenden Ausprägungen ergeben sich im Ayurveda-System insgesamt sieben verschiedene Mischtypen.

Die zugrunde liegende Dreiteilung ist insoweit interessant, als der amerikanische Mediziner und Psychologe William H. Sheldon, nach rund zweijähriger Zusammenarbeit mit C. G. Jung in Zürich, sich in seinen fundierten konstitutionstypologischen Untersuchungen um einen wissenschaftlichen Beweis für ein Vier-Komponenten-Modell menschlichen Verhaltens bemüht hat, jedoch seine Untersuchungen letztlich „nur" ein Drei-Komponenten-Modell ergeben haben, allerdings sowohl im Hinblick auf Körperformen als auch auf das Verhalten.

Seine drei Verhaltenskomponenten, die er mit einer dreistelligen Ziffernfolge kennzeichnet, nennt Sheldon *viscerotonisch, somatotonisch* sowie *cerebretonisch;* seine drei Körperformen nennt er – bezogen auf die drei embryonalen Keimblätter – *endomorph, mesomorph* und *ektomorph.* Zu einer solchen Dreiteilung kommt auch Kretschmer mit seinen drei Körperformen: *athletisch, leptosom* und *pyknisch.*

Erbbiologische Auffassungen

Beide Forschungen basieren auf der im Kern erbbiologischen Auffassung, dass eine nachweisbare Beziehung zwischen bestimmten Varianten des Körperbaus und korrespondierenden Verhaltensmerkmalen besteht. Nicht zuletzt haben beide Forscher, die auch in persönlichem Kontakt standen, mit dieser Ausgangsthese – wie letztlich bereits Empedokles, Hippokrates und Galenus – einen wichtigen Beitrag geleistet im Hinblick auf die häufig vernachlässigten *biologischen Grundlagen* menschlichen Verhaltens und haben somit eine Gegentheorie geschaffen zu oft recht einseitigen milieutheoretischen Konzeptionen.

Managerial GRID

Untersucht man das *Managerial GRID* – das Verhaltens-Gitter der US-Amerikaner Jane Blake und Robert Mouton mit zunächst fünf so genannten idealtypischen Führungsstilen –, ergeben sich – unter Verzicht auf die beiden „Extremstile" – interessanterweise auch drei sehr deutlich unterscheidbare Führungsstile oder Verhaltensgrundmuster: *autoritär, fürsorglich* und *analytisch-kompromissorientiert.* Auf das Managerial GRID wird im Folgenden nicht weiter eingegangen. Das GRID ist zwar ein seit Jahrzehnten weltweit eingesetztes Instrument zur Definition von Führungsstilen. Die persönliche Ermittlung der Führungsstile ist jedoch so subjektiv, dass die Ergebnisse in intensiver Gruppenarbeit diskutiert und in der Regel modifiziert werden müssen.

Biostruktur-Analyse

Im Zusammenhang mit Drei-Komponenten-Konzepten ist – besonders auf dem deutschen Markt – das so genannte STRUKTOGRAMM® als Ergebnis der *Biostruktur-Analyse* (vgl. Modell 2) zu nennen. Der Struktogramm-Urheber, Rolf W. Schirm, hat seine ursprünglich 24 Items – bis auf drei – explizit den Untersuchungsergebnissen von Sheldon entlehnt. Die große Akzeptanz der plakativen dreifarbigen Scheibe (GRÜN, ROT, BLAU) kann insoweit auch als eine gewisse Bestätigung der Untersuchungsergebnisse von Sheldon angesehen werden. Schirm bezieht sich auf das „triune brain", das „drei-einige Gehirn-

Modell" von Paul D. MacLean, insoweit basiert sein Modell auf biologischen Forschungen. Wenn man davon ausgeht, dass inzwischen die Zweiteilung des Großhirns – in eine rechte und linke Hemisphäre mit unterschiedlichen Hauptfunktionen – grundsätzlich akzeptiert ist, fehlt der Biostruktur-Analyse *(BSA)* eine wesentliche menschliche Komponente: die rechte Großhirn-Hemisphäre.

ALPHA PLUS®

Auch Joern Bambeck begründete seinen – vom Struktogramm ausgehenden – *Persönlichkeits-Struktur-Test PST* und die verkürzte *Persönlichkeits-Struktur-Analyse PSA* auf Sheldon, hat aber inzwischen seine Faktoren – im Sinne der Erkenntnisse der „Big Fives" (Extraversion, Emotionale Stabilität, Verträglichkeit, Gewissenhaftigkeit, Offenheit für Erfahrung) – erweitert. Bambeck nennt sein aktuelles Instrumentarium *ALPHA PLUS®* (vgl. Modell 1).

Eine gleichfalls vom Struktogramm bzw. der Biostruktur-Analyse initiierte Modell-Variante auf dem deutschen Markt ist seit einer Reihe von Jahren das Drei-Komponenten-Modell *Erkenntogramm* zur Selbsterkenntnis von Willibald Josef Gruber, das durch zwei weitere Instrumente – zur Menschenkenntnis und zur Unternehmensstrategie – ergänzt wird.

Eine spezielle Variante der Biostruktur-Analyse bietet die so genannte *BIOLANCE-Methode* von Carlos Manuel da Silva Costa Salgado, die als Vertiefung auf dem Hintergrund von *NLP* (Neurolinguistische Programmierung) entwickelt worden ist.

Enneagramm

Eine Sonderform der Drei-Komponenten-Modelle ist das *Enneagramm* (vgl. Modell 4) mit seinen „neun Gesichtern der Seele". Im Hinblick darauf, dass hier eine Einteilung in jeweils drei Typen – unterteilt nach Kopf, Herz und Bauch – gegeben ist, handelt es sich im weiteren Sinne, allerdings nur formal, auch um ein Drei-Komponenten-Modell. Nur formal insoweit, als die jeweils drei „Untertypen" eine außerordentlich große Spannbreite haben, so dass nahezu jeweils ein Haupttyp aus jedem dieser drei Bereiche herauskristallisiert werden könnte. Das Enneagramm stellt auch hinsichtlich der Tatsache einen Sonderfall innerhalb der hier vorgestellten Persönlichkeitsmodelle dar, als seine Anwendung in der Wirtschaft derzeit noch keine besondere Bedeutung

17

hat. Jedoch wird das Enneagramm auf Persönlichkeits-Entwicklungs-Veranstaltungen insbesondere der beiden großen christlichen Kirchen genutzt, etwa bei Einkehrtagen und Exerzitien. Das Enneagramm, dessen Ursprünge den Sufis zugeschrieben werden, ist auf Umwegen über Russland, Süd- und dann Nordamerika nach Europa und Deutschland gekommen.

Vier-Komponenten-Modelle

Paracelsus

Eingangs wurde bereits auf die *vier Elemente* – Wasser, Erde, Feuer, Luft, auch in Verbindung mit den 4 x 3 = 12 Sternbildern – sowie auf die vier Temperamente der Griechen und Römer hingewiesen. In der Lehre von Paracelsus gelten gleichfalls vier Bereiche, zugleich Seins-Bereiche – *Ens naturale, Ens astrale, Ens veneni* und *Ens spirituale* –, als die entscheidende Grundlage der menschlichen Existenz, ergänzt durch ein *ENS DEI*, das als „Göttliches Sein" den Mittelpunkt eines Kreises mit vier Segmenten darstellt.

MBTI®, DISG®, INSIGHTS MDI®

Hierbei handelt es sich um eine Art Vorläufer der heute den „Markt beherrschenden" Vier-Komponenten-Modelle der Persönlichkeit: *MBTI® – Myers-Briggs-Typenindikator* (Modell 9), *DISG®* (Modell 3) und *INSIGHTS MDI®* (Modell 6).

Der MBTI® (vgl. Modell 9) gilt als die praktische Umsetzung von Jungs Typentheorie. Basierend auf dessen Erkenntnissen haben Anfang der Vierzigerjahre des 20. Jahrhunderts die beiden Amerikanerinnen Katherine Briggs und Isabel Briggs Myers – Mutter und Tochter – als pragmatisches Konzept der Persönlichkeits-Struktur den MBTI® entwickelt, der weltweit anerkannt ist als eines der meistgenutzten Instrumente. Der MBTI® beinhaltet die vier polaren Jung'schen Dimensionen:

- Einstellung zur Umwelt
  (Extraversion oder Introversion),
- Wahrnehmung (mit den Sinnen oder intuitiv),
- Beurteilung (mit Verstand oder Gefühl),

wobei die beiden letzteren „psychischen Funktionen"
zusätzlich nochmals als
– Lebenseinstellung
eine besondere Dimension bilden.

Hieraus ergeben sich insgesamt vier polare Aspekte und – durch ihre Verbindung – insgesamt 16 unterscheidbare Persönlichkeits-Typen, die jeweils durch eine Buchstabenkombination gekennzeichnet werden. Ergänzend zur Untersuchung des Verhaltens bietet der MBTI® seit kurzem auch ein Instrument zur Analyse der Wertestruktur an: die MotivatorenAnalyse® (vgl. Zusatz zu Modell 9).

Auf der Grundlage von Jung und dem MBTI® haben zwei Australier – **TMS** Margerison und McCann – ein dem MBTI® sehr ähnliches Konzept, das *Team-Management-System* (*TMS*, vgl. Modell 10), entwickelt, das sich in seiner Konstruktion lediglich in einer Hinsicht vom MBTI® unterscheidet: Als vierte Dimension wird die Polarität „flexibel versus strukturiert" im Hinblick auf die Entscheidungsfindung eingeführt. Das Ergebnis der Computerauswertung sind vier Haupttypen mit jeweils einem „Zwischentyp". Es ergeben sich acht bzw. neun unterscheidbare Typen, die im Teamkreis dargestellt werden, als dessen Mitte der „Verbindende Typ", der so genannte Linker, fungiert, dessen Funktion von jedem der acht Typen wahrgenommen werden kann.

Der Engländer Belbin, der an diesem Teamrollen-Konzept (TMS) die **INTERPLACE®** Rechte der geistigen Erstgeburt beansprucht, hat etwa zeitgleich das weniger bekannte Teamrollenprofil *INTERPLACE®* (vgl. Modell 7) entwickelt, das naturgemäß zu sehr ähnlichen Aussagen wie TMS, aber auch wie MBTI®, DISG® und andere Konzepte führt.

Einen ausdrücklichen Bezug auf Belbin nimmt das *LIFO®-System* von **LIFO®** Atkins und Katscher (vgl. Modell 8), das gleichfalls mit vier Komponenten arbeitet, und zwar bezogen auf *Leistung* (Hilfsbereitschaft), *Kooperation* (Anerkennung), *Vernunft* (Objektivität) und *Aktivität* (Entscheidungsfreude).

In den Unterlagen des LIFO®-Systems wird ausdrücklich auf Übereinstimmungen nicht nur zu INTERPLACE® bzw. Belbin, sondern auch

zu anderen Konzepten hingewiesen, z. B. zu Managerial GRID, DISG®
und Riemann (Grundformen der Angst).

Marston Auf den Forschungen des amerikanischen Psychologen William Moulton Marston basiert eines der meistverwendeten Vier-Komponenten-Modelle: das *DISG®* (Modell 3, mit den Ausprägungen *D*ominanz, *I*nitiative, *S*tetigkeit und *G*ewissenhaftigkeit).

Den Pragmatiker Marston hat es gestört, dass seine renommierten europäischen Kollegen – Freud und Adler, zunächst auch Jung – vor allem den „klinischen Fall", den seelisch kranken Menschen, zum bevorzugten Gegenstand ihrer Forschungen und Publikationen wählten. Die Ergebnisse einer umfassenden Untersuchung von Marston zu Persönlichkeitsmerkmalen menschlichen Verhaltens bezogen sich insoweit ausdrücklich auf „Otto Normal-Verhalter" und wurden – nahezu zeitgleich zu Jungs bahnbrechender Publikation – unter dem bezeichnenden Titel *Emotions of Normal People* 1928 erstmals veröffentlicht.

DISC Eine hervorragende Leistung von Marston ist die Entwicklung einer Vielzahl von Vierer-Wortgruppen, wovon jede jeweils vier Eigenschaftsbündel oder Verhaltensgrundmuster repräsentiert. Diese wurden von Marston mit den vier Begriffen *D*-ominance, *I*-nducement, *S*-ubmission und *C*-ompliance (*D, I, S, C*) belegt, die allerdings vorwiegend anders als heute definiert waren.

Marstons hierauf aufbauender *Emotion Circle* wurde seinerzeit bereits ergänzt durch einen Farbkreis mit Haupt- und Mischtypen, wofür Munsel die Farben Rot und Blau sowie Gelb und Grün gewählt hat, wie sie heute auch in den maßgebenden deutschsprachigen Versionen von DISG® – Persönlichkeits-Profil DISG® und INSIGHTS MDI® – (Modelle 3 und 6) verwendet werden. Hervorzuheben ist beim INSIGHTS MDI®, dass neben der Verhaltensdimension ebenfalls das Wertesystem (PIW – Persönliche Einstellung, Interessen und Werte, nach Eduard Spranger) als Beurteilungskriterium einbezogen wird.

INSIGHTS MDI® Aus dem INSIGHTS-Farbkreis ergeben sich 16 Typen, wobei die Mischtypen jeweils nur aus zwei „benachbarten" Eigenschaftsbündeln resultieren. (Dies wird auch mit dem *Team-Management-Rad* von TMS – vgl.

Modell 10 –, das weitgehend kompatibel ist mit dem *INSIGHTS MDI®-Rad* – vgl. Modell 6 –, sehr anschaulich dargestellt.)

Marston hat festgestellt, dass Menschen sich grundsätzlich in zwei polaren Dimensionen unterscheiden:

Polare Dimensionen

- – Menschen können sich als stärker oder schwächer gegenüber der Umwelt einschätzen.
- – Menschen können ihre Umwelt als ihnen freundlich gesonnen oder als feindlich einschätzen.

Aus beiden polaren Dimensionen der Umwelteinschätzung – „Freundlich / Feindlich" sowie „Stärker / Schwächer" – ergibt sich ein Vier-Quadranten-Modell, das als Vorläufer der heutigen bipolaren Darstellung – Extraversion versus Introversion (zugleich im Sinne von C. G. Jung) einerseits und Beziehungsorientierung versus Sachorientierung (zugleich im Sinne von Blake und Mouton) andererseits – angesehen werden kann.

DISG®

In den Auswertungen von DISG® sind nicht zuletzt gerade die polar „zusammengesetzten Typen" – etwa D plus S sowie I plus G – besonders interessant. In allen Fällen kennzeichnet – ähnlich dem MBTI® – die Reihenfolge der vier Buchstaben – teilweise unterstützt durch spezifische Namen für einzelne, häufig vorkommende Kombinationen – die individuelle Intensität der Eigenschaftsbündel D, I, S, G. In der Regel drücken die beiden ersten Buchstaben die Stärken aus, während die beiden letzten Buchstaben als „Nicht-Stärken" anzusehen sind. Die Regel ist, dass eine Persönlichkeit jeweils durch zwei „benachbarte" Eigenschaftsbündel – sowohl im Stärken- als auch im Nicht-Stärken-Bereich – gekennzeichnet ist. Natürlich können im Einzelfall auch drei Stärken oder drei Nicht-Stärken vorhanden sein. Auch können polare Beziehungen durchaus als Stärken im Vordergrund stehen, was dann das Goethe-Wort besonders verständlich macht:
Zwei Seelen wohnen, ach, in meiner Brust.

Ähnlich wie Briggs und Myers erst rund 20 Jahre nach der einschlägigen Publikation von C. G. Jung aufgrund seiner Erkenntnisse ihren MBTI® entwickelt haben, musste auch eine Zeitspanne vergehen, bis – in den 60er-Jahren – der amerikanische Marketing-Professor John Geier aus den Erkenntnissen von Marston mit dem DISG®-Konzept ein praktikables und plausibles, in der Praxis leicht einsetzbares Modell entwickelte.

Riemann: Grundformen der Angst

Die Übereinstimmung der meisten Vier-Komponenten-Konzepte ist frappierend: So sind auch die vier Grundformen der Angst (Fritz Riemann) – *schizoid, depressiv, zwanghaft* und *hysterisch* – mit den Kernaussagen der meisten Vier-Komponenten-Modelle weitgehend kompatibel, nicht zuletzt im Hinblick auf die jeweils polaren Aussagen.

Dies gilt sogar für völlig andere Konzepte, wie etwa das *PAEI-Modell* des Jugoslawen Ichak Adizes, dessen „Missmanagement-Typen" – *Einsamer Kämpfer, Bürokrat, Brandstifter, Superangepasster* – noch um einen dem GRID ähnlichen Typ, die *Drohne*, erweitert werden. Adizes spricht analog zu Reddin von Unreife und Reife und stellt den negativen Ausprägungen die vier effektiven Rollen des Managements – die nur in Mischtypen existieren – gegenüber: *Produzent* (P), *Administrator* (A), *Unternehmer* (E / Entrepreneur) und *Integrator* (I).

Ähnlichkeit der Modelle

Aufgrund der geschichtlichen Entwicklung könnte mit einiger Plausibilität die These vertreten werden, dass die Grundlage aller Konzepte das *Vier-Komponenten-Modell* – letztlich die vier Temperamente – darstellt. Da es naturgemäß zahlreiche Mischtypen gibt – diese sogar eindeutig die Regel sind –, kann, je nach Intention, jeder Forscher bei der Faktorenauswahl bestimmte Schwerpunkte setzen, wie etwa Rolf Berth mit seinen sechs Komponenten (Reformerischer Visionär, Systematischer Entdecker, Vernünftiger Analysierer, Konservativer Anpasser, Vorsichtiger Organisierer, Geschickter Macher) oder Edward de Bono mit seinen sechs farbigen „Denk-Hüten". Typisch hierfür ist auch Max Lüscher, der zwar einerseits vier Typen des Erlebens, die sich ausdrücklich auf die vier Elemente der Antike beziehen, andererseits seine vier Denktypen durch Querverbindungen zu sechs Denkstrukturen entwickelt; analog dazu weist er sechs Motivationsvektoren aus. Zu erwähnen wäre auch Eduard Spranger, der, ausgehend von den persönlichen Wertestrukturen jedes Menschen, sechs ideale Grundtypen der Individualität unterscheidet: den theoretischen, den ökonomischen, den ästhetischen, den sozialen Menschen, den Machtmenschen und letztlich den religiösen Menschen.

Diese Beispiele für eine Anreicherung der Typen und Verhaltensmuster – über die Zahl Vier hinaus – lassen sich problemlos ergänzen.

Hier gilt das Goethe-Wort: *„Es gibt die vier Temperamente* (etwa stellvertretend für alle Vier-Komponenten-Modelle); *wir haben alle vier* (Eigenschaftsbündel) *in uns, aber in unterschiedlichen Mischungsverhältnissen."*

Übereinstimmende Erkenntnisse

Ungeachtet dessen, welches Persönlichkeits-Modell im Einzelfall eingesetzt wird, für die Anwendung im Rahmen von persönlicher Entwicklung und Selbstverwirklichung oder von Personal- und Organisationsentwicklung gelten zwei entscheidende Aussagen:

- *Stärken* und *Nicht-Stärken* sind essenzielle Elemente der Persönlichkeit; sie können genutzt und ausgebaut werden. Sie sind grundsätzlich nicht zu „verhindern".
- *Schwächen* sind Übertreibungen von Stärken; sie können verhindert und gegebenenfalls auch abgebaut werden.

> Stärken und Nicht-Stärken

Aufgrund dieser Erkenntnisse wird leichter verständlich, dass in vielen Konzepten für die Bezeichnung der unterschiedlichen Typen eher negativ geprägte Formulierungen gewählt werden. Stärken und Schwächen bedingen einander, wobei die Schwäche als Übertreibung der Stärke das häufig eher – und zwar vor allem der Umwelt – unangenehm Auffallende ist.

> Schwächen = Übertreibung von Stärken

Diesen Zusammenhang vermag die Analogie zu einem Wort des großen Arztes des Mittelalters, Bombastus Theophrastus von Hohenheim, genannt Paracelsus, zu verdeutlichen:
„Es gibt nicht Heilmittel und Gifte; es gibt nur Substanzen. Es ist lediglich eine Frage der Dosis, ob die gleiche Substanz tödlich wirkt oder heilt!"

Die Grundlage nahezu aller Persönlichkeitsmodelle ist – mehr oder weniger nachweisbar – die Erkenntnis der Existenz von Eigenschaftsbündeln oder Verhaltensgrundmustern:

23

Wer z. B. in hohem Maße über die Eigenschaft A-3 (in einem ange-
nommenen Vier-Komponenten-Modell) verfügt, dem sind auch – in
ähnlich hohem Maße – die Eigenschaften A-1 bis A-2 und A-4 bis A-n
zu Eigen; wer – umgekehrt – über die Eigenschaft D-7 in geringem
Maße verfügt, wird in der Regel auch eine Nicht-Stärke in den Eigenschaften D-1 bis D-6 und D-8 bis D-n. aufweisen.

Die meisten Modelle machen keine absoluten Aussagen, sondern stellen eine quantifizierte Reihenfolge der Eigenschaftsbündel auf. Um
mit einer Analogie zu sprechen: Es wird nicht der Radius – und damit
der (absolute) Flächeninhalt – eines Kreises gemessen, sondern – bei
einem Normradius – die Winkel und damit die (relative) Größe der
Segmente. Dies erklärt die Wertneutralität der meisten Ergebnisse, so
dass Vorstand und Azubis problemlos gemeinsam ihre Profile erarbeiten können, was keineswegs ein theoretischer Fall ist.

H.D.I.® Nur eingeschränkt gelten die vorausgegangenen Aussagen für das
Herrmann-Dominanz-Instrument (*H.D.I.®*, Modell 5), das sich auf die
Lateralität des Großhirns – und im Sinne einer Metapher auch des
Zwischenhirns bzw. limbischen Systems – und damit auf die *Hemis-
phären-Theorie* bezieht.

Präferenz von
Denkstilen Im Gegensatz zu den vorwiegend verhaltensorientierten Analysekon-
zepten geht es beim H.D.I.® um die Präferenz der Denkstile. Insoweit
ergänzt das H.D.I.® auch andere Modelle und ist – trotz oder sogar
wegen andersartiger Aussagen – zu diesen weitgehend kompatibel. Als
Metapher für die „Andersartigkeit trotz Richtigkeit" wird gern das Beispiel von Landkarten einer Region – zu jeweils unterschiedlichen
Aspekten – herangezogen: Für den gleichen geografischen Raum können etwa eine Straßenkarte, ein Eisenbahnnetz oder Karten bezüglich
Topografie, Klima, Bevölkerungsdichte und vieles mehr erstellt werden. Die Aussagen können jeweils völlig anders sein, bezogen auf den
jeweiligen Fokus aber dennoch durchaus richtig.

Die nachstehende Abbildung versucht, die Zusammenhänge, Wurzeln
und Gemeinsamkeiten der unterschiedlichen Modelle deutlich zu machen.

Abb. 1: Entwicklung und Zusammenhänge verschiedener von Persönlichkeitsanalysen

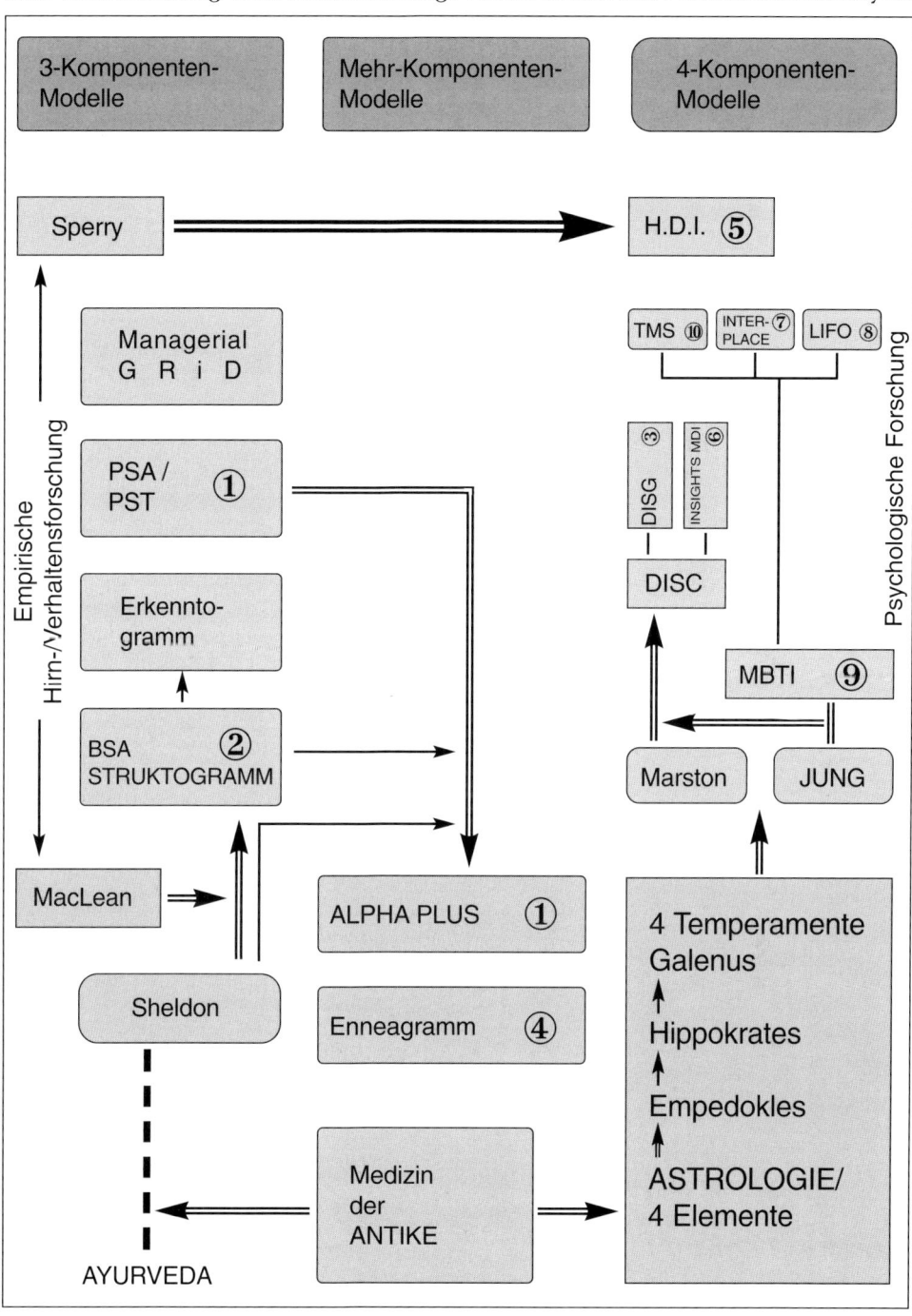

Abgrenzung zu klinischen Tests

Für dieses Werk sind Modelle der Persönlichkeit ausgewählt worden, die bereits in der Unternehmenspraxis ihre Akzeptanz und Nützlichkeit unter Beweis gestellt haben. Klinische Tests werden in Unternehmen weder eingesetzt noch benötigt, denn es sollte – etwa im Sinne von Marston – um den (hoffentlich weitgehend) gesunden Menschen gehen.

Auch ist es keine Intention der Herausgeber, die in der Praxis durchaus vielfach bei der Bewerberauswahl benutzten psychologischen Tests, für die es inzwischen eine Spezialliteratur zum „Test-Knacken" gibt, einzubeziehen.
Bei allen Tests geht es in der Regel darum, einen „Blinden Fleck" des Probanden herauszufinden oder auch seine „Maske" zu lüften. Dafür bedarf es einer Anzahl von Kontrollfragen zur etwaigen „Überführung" bei Unwahrheit; auch wird oft bewusst die Zielrichtung und eigentliche Intention verdeckt gehalten.

Notwendig: Transparenz Bei den hier vorgestellten Modellen der Persönlichkeit geht es hingegen darum, die „Arena" des gemeinsamen Auftritts zu vergrößern bzw. das „Ungenutzte Potenzial" zu reduzieren. Im Gegensatz zu Tests sollte bei der Anwendung der hier vorgestellten Modelle und Konzepte eine möglichst große Transparenz gegeben sein, das heißt dem „Probanden" bewusst sein oder gemacht werden, mit dem Analyseergebnis ein Geschenk zu erhalten, das im Sinne einer Win-Win-Beziehung beiden Partnern – dem Bewerber und dem Unternehmen – erheblich nutzen kann.

Anwendungsbereiche

Selbstanalyse Da es sich bei den ausgewählten Modellen nicht um klinische oder psychologische Tests handelt, sondern um Konzepte der Selbstanalyse, bei denen die subjektive „Ehrlichkeit" der Aussagen eine wichtige Voraussetzung für die „Richtigkeit" – gegebenenfalls durch Partner-Feedback kontrollierbar – darstellt, ist Adressat der hier vorgestellten Konzepte letztlich jeder Mensch, soweit er an dem Ziel vertiefter Selbsterkenntnis und verbesserter Menschenkenntnis interessiert ist. Allerdings ist der informatorische Zugang naturgemäß beschränkt. Auch kann, vor allem bei den Modellen mit Computerauswertung, die Höhe der Kosten (im privaten Bereich) eine einschränkende Rolle spielen.

Andererseits erwartet gerade die mit dieser Publikation besonders angesprochene Zielgruppe – Trainer, Berater, Personalwirtschaftler, Personalberater und Unternehmensentwickler – Hinweise für einen effektiven und effizienten Einsatz. Deshalb werden die einzelnen Modelle ausführlich dargestellt, und zwar im Hinblick auf die Haupteinsatzbereiche: Kommunikation, Personalwirtschaft / Unternehmensentwicklung, Verkauf, Führung.

Eingeschränkt können einzelne Instrumente auch bei der Personalauswahl und -einstellung eingesetzt werden, insbesondere bei Einschaltung eines auf diesem Gebiet kompetenten Personalberaters. Entscheidend ist, dass ein Bewerber aufgeklärt wird und klar erkennt, mit Unehrlichkeit vielleicht eine größere Chance für die begehrte Position zu erhalten, dass damit aber wahrscheinlich weder ihm selbst noch dem Unternehmen gedient sein dürfte.

Personalauswahl

Einige der vorgestellten Instrumente bieten auch die im Rahmen der Personalentwicklung interessante Möglichkeit der elektronischen Abstimmung von Bewerber- bzw. Mitarbeiter-Profil mit einem Stellenanforderungs-Profil. Hier liegt eine besondere Stärke der meisten computergestützten Instrumente. Eine Reihe von Anbietern ergänzt die Palette durch kompatible Zusatzinstrumente, etwa zum Zeitmanagement, zur Kommunikation, Stressbewältigung und Teamentwicklung, oder auch und nicht zuletzt vertiefende Konzepte zu Verkauf und Führung.

Insoweit kann eine solche Kompatibilität unterschiedlicher, ergänzender Instrumente durchaus Entscheidungskriterium im Unternehmen sein. Man möchte gern die gleiche Sprache benutzen. Hier gibt es selten Probleme, da die meisten Anbieter ihre Instrumente so weit entwickelt haben, dass grundsätzlich auch Modelle ergänzend eingeführt werden können. Die eigentliche Frage lautet hier anders: Bringt ein zusätzliches Instrument auch wirklich zusätzliche Erkenntnisse?

Denn im Hinblick auf die recht erheblichen Gemeinsamkeiten der meisten Instrumente sind keineswegs immer neue Erkenntnisse zu erwarten. Vielmehr bieten einige Instrumente sogar weitgehend das Gleiche, wenn auch zu teils sehr unterschiedlichen Konditionen und mit recht differenzierten Ergänzungsangeboten; andererseits ergänzen sich einige Instrumente sehr gut – etwa das lern- und arbeitsstilorientierte Herrmann-Dominanz-Instrument mit nahezu allen vorwiegend verhaltensorientierten Konzepten.

Einige Konzepte bieten die Chance, mehr in die Tiefe zu gehen, etwa der MBTI® oder auch das Enneagramm, und eignen sich insoweit z. B. für ein ergänzendes Coaching.

Essenziell für den Erfolg im persönlichen und im betrieblichen Einsatz aller Instrumente sind die Erkenntnisse im Hinblick auf die Transparenz der nur bedingt beeinflussbaren Stärken und Nicht-Stärken, in Abgrenzung von den veränderbaren Schwächen, definiert als Übertreibungen der Stärken.

Dieses Selbstentwicklungs-Potenzial wird mit dem bekannten Wort des schwäbischen Pietisten Franz von Oetinger sehr anschaulich auf den Punkt gebracht:

„Gott, gebe mir die Kraft,
das anzunehmen, was ich nicht ändern kann,
den Mut,
das zu ändern, was ich ändern kann,
und die Weisheit,
das eine vom anderen zu unterscheiden."

Abb. 2: Verhaltens-Grundmuster des Menschen – Synoptische Darstellung

Urheber	Komponenten				Instrumente	Nr.
Blake/Mouton	Fürsorglich	Autoritär	Analytisch, kompromissorientiert	–	Managerial GRID	
Riemann	Zwanghafter	Schizoider	Melancholiker	Hysteriker	Grundformen der Angst	
Sheldon	viscerotonisch	somatonisch	cerebrotonisch	–	Varieties of Temperament	
Schirm	Grün	Rot	Blau	Teile von Grün und Rot	Biostruktur-Analyse/ Struktogramm	2
Bambeck	Beta	Alpha	Gamma	Teile von Beta und Alpha	PSA/PST	1
Herrmann	Quadrant C	–	Quadranten A+B	Quadrant D	H.D.I.®	5
Adizes	Produzent (P)	Unternehmer (E)	Administrator (A)	Integrator (I)	PAEI-Modell	8
Atkins/Katcher	Hilfsbereitschaft	Aktivität	Vernunft	Kooperation	LIFO®-Methode	
Belbin	Social worker	Chairman	Monitor/Evaluator	Resource-Investigator	INTERPLACE®	7
Margerison/McCann (Jung)	Berater (plus „Linker")	Organisator (plus „Linker")	Controller (plus „Linker")	Entdecker (plus „Linker")	Team-Management-System (TMS)	10
Bonnstetter	Unterstützer (Grün)	Direktor (Rot)	Beobachter (Blau)	Inspirator (Gelb)	INSIGHTS MDI®-Methode	6
Geier	Stetig (S) Grün	Dominant (D) Rot	Gewissenhaft (G) Blau	Initiativ (I) Gelb	Persönlichkeits-Profil DISC® (DISC)	3
Marston	Submission (S)	Dominance (D)	Compliance (C)	Inducement (I)	Emotions of Normal People	
Myers/Briggs (Jung)	Empfinden (S)	Fühlen (F)	Denken (T)	Intuition (N)	(MBTI®)	9
Paracelsus	Ens naturale	Ens astrale	Ens veneni	Ens spirituale	Ziel: Ens Dei	
Galenus	Phlegmatiker	Choleriker	Melancholiker	Sanguiniker	Temperamente	
Hippokrates	Schleim	Gelbe Galle	Schwarze Galle	Blut	Körpersäfte (rumores)	
Empedokles	Erde (kalt/trocken)	Feuer (heiß/trocken)	Wasser (kalt/feucht)	Luft (heiß/trocken)	Elemente	
Astrologie	Jungfrau, Steinbock, Stier (Erde)	Löwe, Schütze, Widder (Feuer)	Fische, Krebs, Skorpion (Wasser)	Zwilling, Waage, Wassermann (Luft)	Sternbilder und Elemente	

29

Literatur

Adizes, Ichak: *Wie man Missmanagement überwindet.* München 1981

Ammon, Günter: *Der mehrdimensionale Mensch.* München 1986

Attems, Rudolf / Heimel, Franz: *Typologie des Managers.* Wien 1991

Barrick, M. R. / Mount, M. K.: *The Big Five Personality Dimensions and Job Performance: A Meta-Analysis.* In: Personal Psychology 44/1991. S. 1 – 21

Berth, Rolf: *Erfolg – Überlegenheits-Management: 12 Mind-Profit-Strategien mit ausführlichem Test-Programm.* Düsseldorf / Wien / New York / Moskau o. J.

Blake, Robert / Mouton, Jane: *Verhaltens-Psychologie im Betrieb – der Schlüssel zur Spitzenleistung.* Düsseldorf / Wien 1988

Bono, Edward de: *Das Sechsfarben-Denken.* Düsseldorf / Wien / New York 1987

Czichos, Reiner: *Profis managen sich selbst.* München / Basel: Ernst Reinhardt 2001

Gleditsch, Anneliese: *Vom Bewusstsein zum Gewisssein – Hinführung zu einem somatopsychischen Menschenbild.* Augsburg 1991

Helwig, Paul: *Charakterologie.* (Leipzig 1936) Stuttgart 1965

Hesse, Jürgen / Schrader, Hans Christian: *Testtraining 2000 – Einstellungs- und Eignungstests erfolgreich bestehen.* Frankfurt 1998

Hofstätter, Peter R.: *Persönlichkeitsforschung.* Stuttgart 1977

Hossiep, Rüdiger / Paschen, Michael / Mühlhaus, Oliver: *Persönlichkeitstests im Personalmanagement.* Göttingen / Bern / Toronto, Seattle 2000

Jun, Gerda: *Charakter – Ein Beitrag zur Diskussion eines alten Themas.* Berlin(-Ost) 1989

Jung, Carl Gustav: *Psychologische Typen.* Zürich 1921

Kienbaum, Jochen / Landsberg, Georg von: *Erfolgsmerkmale von Führungskräften.* Köln 1987

Kohl, Evamaria / Genz, Birgit: *Die BIOLANCE-Methode.* In: Multimind 1/01. S. 26 ff.

Kretschmer, Ernst: *Körperbau und Charakter.* (1921) Berlin 1948

Lad, Vasant: *Das Ayurveda Heilbuch.* Santa Fe 1984, deutsch Haldenwang 1986

Lüscher, Max: *Die Harmonie im Team – Kommunikation durch Umkehr-Denken.* Düsseldorf / Wien / New York 1988

Marston, William Moulton: *Emotions auf Normal People.* (New York 1928) Minneapolis 1979

Reddin, William J.: *Das 3-D-Programm zur Leistungs-Steigerung des Managements.* (1970) München 1981

Riemann, Fritz: *Grundformen der Angst – Eine tiefenpsychologische Studie.* (1961) München / Basel 1996

Schneewind, Klaus A.: *Persönlichkeits-Theorien – Alltagspsychologie und mechanistische Ansätze (Bd. I).* Darmstadt 1982. 2. Auflage 1992

Sheldon, William H.: *The varieties auf temperament – a psychology of constitutional differences.* New York 1942

Spranger, Eduard: *Lebensformen.* Halle 1914 / Tübingen 1950

Wagner, Hardy: *Der Weg zur Persönlichkeit. Persönliche und soziale Kompetenz in Privatleben und Beruf.* Düsseldorf / Berlin 2000

31

Der Autor

Prof. Dr. Hardy Wagner studierte nach Absolvierung einer kaufmännischen Lehre im Verlagsbereich und externer Reifeprüfung Wirtschaftspädagogik, Sozialpolitik und Betriebswirtschaftslehre an den Universitäten Köln und Bonn (Promotion 1965). Seit 1970 ist Hardy Wagner Professor für praxisorientierte Betriebswirtschaftslehre an der Fachhochschule für Wirtschaft, Ludwigshafen. Neben umfangreicher Forschungstätigkeit arbeitete er unter anderem als Direktionsassistent, Abteilungsleiter und Geschäftsführer in mittelständischen Unternehmen. Seit 1971 ist er als Berater und Trainer tätig mit den Schwerpunkten Personalentwicklung, Führung und Persönlichkeitsanalyse sowie Strategisches Controlling und Prioritäten-Management. Er ist Mitbegründer und Ehrenvorsitzender der gemeinnützigen Gesellschaft zur Förderung Anwendungsorientierter Betriebswirtschaft und Aktiver Lehrmethoden in Hochschule und Praxis e. V. (GABAL), Mitbegründer der Zeitschrift *ManagerSeminare* sowie Mitgründer der Deutschen Gesellschaft für Suggestopädisches Lehren und Lernen (DGSL). Hardy Wagner ist Gründer der GABAL-Verlag GmbH und Initiator des Aus- und Weiterbildungs-Konzepts *STUFEN zum Erfolg,* in dem die Entwicklung der persönlichen und sozialen Kompetenz die entscheidende Grundlage darstellt.

WERNER TIKI KÜSTENMACHER

Warum überhaupt Persönlichkeitsmodelle?

Am Anfang steht immer ein Problem

Seit der Industrialisierung dominierte in den meisten Unternehmen die Technik. Ein störendes Element stach dabei immer unangenehmer hervor: der Mensch. Zum Leidwesen der Chefs funktionieren Mitarbeiter nicht wie Maschinen. Sie sind häufig launisch, manchmal unmotiviert, und es scheint ausgesprochen schwierig zu sein, mehrere von ihnen über einen längeren Zeitraum zusammenarbeiten zu lassen. Immer mehr Führungskräfte und Personalentwickler wünschen sich daher Bedienungsanleitungen für Menschen! Wenn doch jemand herausfinden könnte, warum jemand mit dem einen kann und mit dem anderen nicht.

„Störfaktor" Mensch

Das ist die Geburtstunde einer *Typologie*: eine Aufteilung der voneinander sehr verschiedenen Menschen in gleichartige Gruppen. Erdacht wurden Typologien von Menschen, die sich selbst sehr genau beobachtet haben und dabei zu der Einsicht gelangt sind, dass der entscheidende Grund für Sympathie und Antipathie vor allem in ihnen selbst liegt. Sie fragten sich immer wieder und systematisch: *„Warum geht es mir manchmal gut, manchmal nicht? Warum rede ich so gerne mit anderen, halte aber so ungern Vorträge? Warum bin ich gerne auf Partys, hasse aber das Alleinsein? Warum komme ich mir manchmal so gespalten vor?"*

Typologie

Diese Erfahrung von Nicht-Einheit ist die entscheidende Entdeckung, die zur Entwicklung einer fortgeschrittenen Typologie führt. Es geht um die elementare Grundfrage des Lebens: Warum tue ich etwas? Nehmen wir als Beispiel ein Grundbedürfnis, das Essen.

Das Warum hinter dem Tun

Stimulation von innen

Wir nehmen Nahrung zu uns, weil wir Hunger haben. Psychologisch ausgedrückt ist das eine Stimulation von innen, vom Bauch aus. Sie führt nicht über das Bewusstsein, den Kopf, sondern geht direkt von den Körperorganen aus. Mediziner nennen das „motorische Stimulation".

Stimulation von außen

Sehr häufig aber essen wir nicht erst, wenn uns der Magen knurrt. Wir haben bestimmte Essenszeiten, und der Essensduft aus der Kantine veranlasst unseren Magen zu der Feststellung: „Eigentlich könnte ich jetzt was essen." Diese Stimulation kommt also von außen. Das Bewusstsein hat die Speisen wahrgenommen, und der Bauch leitet daraufhin die motorische Stimulation ein: Muskeln setzen den Körper in Bewegung, hin zu einem Ort, an dem es etwas zu essen gibt. Der Mensch wird aktiv. Stimulation führt zur Aktion.

Eine Typologie untersucht, wie verschiedene Menschen auf äußere und innere Stimulationen reagieren.

Wie reagieren wir auf Stimulation von außen?

Haltung gegenüber äußeren Reizen

Den von außen kommenden Reizen gegenüber kann man sich verschließen oder öffnen. Man kann sie als feindlich oder freundlich empfinden. Bei der Beurteilung von Nahrung hieße feindlich: „Ich möchte abnehmen!" Und freundlich: „Hmm, jetzt wird gefeiert!"

Viel wichtiger als beim Thema Essen ist dieses Beurteilungsraster bei der Einschätzung unserer sozialen Umgebung. Wie schätzen wir die Menschen um uns herum ein? Wer einen Raum betritt, in dem sich andere Menschen befinden, bezieht gegenüber diesen Menschen automatisch Stellung. Er hält sie für freundlich oder abweisend, für arrogant oder harmlos, für friedlich oder aggressiv. Was auf den ersten Blick wie eine Bewertung der Außenwelt wirkt, ist in erster Linie eine Aussage über den Bewertenden: Setzt er auf Annäherung (bis hin zum Angriff) oder auf Rückzug (und eventuell Verteidigung)? Keine der beiden Verhaltensweisen ist dabei grundsätzlich falsch oder richtig, sie ist aber für bestimmte Menschen typisch – daher auch der passende Name „Typologie".

Wie reagieren wir auf Stimulation von innen?

Annäherung oder Rückzug oder irgendetwas dazwischen – so verhält sich der Mensch gegenüber der Außenwelt. Gleichzeitig geht der Blick nach innen oder praktisch nach unten, auf den Bauch: Was sagt das motorische Ich zu der Umgebung? Fühlt es sich ihr gegenüber stärker oder schwächer? Sagt es: „Das schaffe ich schon, das kriege ich schon klein!"? Oder: „Lieber abwarten; ich setze mich erst mal still weiter hinten hin"? Wieder liegt darin keine Wertung. Es kann durchaus klüger sein, Schwäche zuzugeben, als den starken Maxen zu markieren.

Annäherung oder Rückzug

Dieser doppelte Vorgang läuft täglich hundertfach in jedem Menschen ab, meistens völlig unbewusst:

Soll ich fliehen oder standhalten?
Bin ich stark oder bin ich schwach?

Die Komplexität einer Persönlichkeit lässt sich mit Hilfe dieser zwei Kategorien natürlich nicht lückenlos beschreiben. Aber es sind, wie sich immer wieder gezeigt hat, die beiden entscheidenden Parameter, um das Verhalten von Menschen untereinander ausreichend genau zu beschreiben.

Die geniale Idee einer Typologie besteht darin, diese beiden Empfindungen in ein Koordinatensystem einzutragen: feindlich – freundlich auf der Waagerechten, stark – schwach auf der Senkrechten. Dabei entsteht eine Art Windrose, bei der die beiden Achsen vier Felder bilden: feindlich – stark, freundlich – stark, freundlich – schwach und feindlich – schwach. Je nach dem Abstand vom Mittelpunkt finden sich die einzelnen Merkmale in immer schärfer ausgeprägter Form.

4 Achsen

Die Herkunft der Typologie

Die Typologie in der Antike

Im Grundsatz war dieses Schema schon bei den alten Griechen bekannt. Sie benannten die *vier Grundtypen* nach den ihnen bekannten vier Körpersäften, wobei die einzelnen Charaktere der Deutlichkeit

Ich-Stärke und Ich-Schwäche

halber in übertriebener Form dargestellt wurden. Die einzelnen Linien sind in ihr Extrem verlängert: von *ich-stark* zu *egozentrisch*, von *ich-schwach* zu *total zurückgezogen*, von *menschenfreundlich* zu *unterwürfig*, von *menschenfeindlich* zu *hasserfüllt*.

– Der aufbrausende, ich-starke Menschenhasser heißt nach dem griechischen Wort für die gelbe Gallenflüssigkeit *Choleriker*.
– Beim starken, der Umgebung positiv zugewandten *Sanguiniker* dominiert nach antiker Auffassung das aufwallende Blut.
– Wer den Menschen unterwürfig begegnet, sich aber den inneren Stimulationen gegenüber schwach fühlt, ist der nach dem zähflüssigen Körperschleim benannte *Phlegmatiker*.
– Die schwarze Galle schließlich gab den Namen für den schwachen, zurückgezogenen, eher menschenfeindlich orientierten *Melancholiker*.

Dieses auf vier Grundtypen basierende *Persönlichkeitsmodell* hat in der westlichen Kultur durch die Jahrhunderte hindurch einen wahren Siegeszug angetreten. Johann Wolfgang von Goethe und Immanuel Kant schätzten es und haben viele eigene Beobachtungen dazu beigetragen.

Die Typologie von Fritz Riemann

Grundformen der Angst

Auf der klassischen Typologie beruht auch das populär gewordene Typenschema des Psychologen Fritz Riemann. In seinem Buch *Grundformen der Angst* beschreibt er die vier Hauptcharaktere in noch überspitzterer Form als die alten Griechen. Er wählt die krankhaften Extreme aus seinen Erfahrungen in der klinischen Psychiatrie. Jede der vier Hauptfamilien von Geisteskrankheiten ist gekennzeichnet durch eine spezifische Form der Angst: Der *Schizoide* (Choleriker) hat Angst vor menschlicher Nähe. Der *Hysteriker* (Sanguiniker) fürchtet, dass etwas endgültig sein könnte. Genau das Gegenteil ist die Angst des *Zwanghaften* (Phlegmatiker), der die Veränderung fürchtet. Der *Depressive* (Melancholiker) hat Angst davor, selbstständig zu sein.
Innerhalb dieses Koordinatensystems lassen sich jede Persönlichkeit und jede Persönlichkeitsstörung einordnen. Je näher jemand am Mittelpunkt des Kreuzes liegt, umso „normaler" ist er.

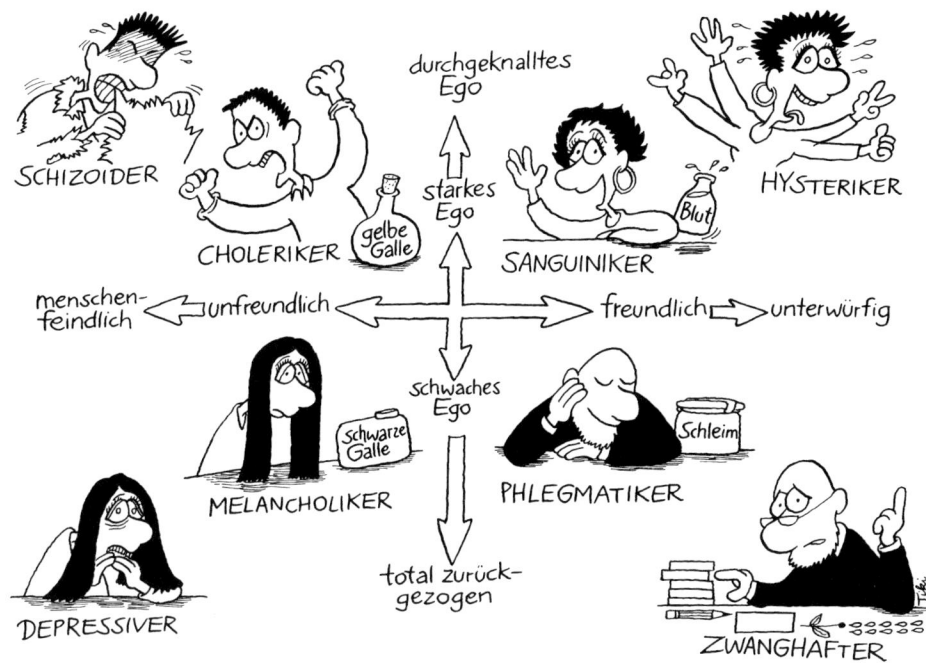

Abb. 1: Alles auf einen Blick:
Das griechische Persönlichkeitsschema umfasst die inneren vier Charaktere (mit den vier Körpersäften), die in etwa identisch sind mit den vier Temperamenten, welche die Basis für die DISG-Typen bilden (D = Choleriker,
I = Sanguiniker, S = Phlegmatiker, G = Melancholiker). Die äußeren (extremen) Typen zeigen das Modell von Fritz Riemann.

Die Typologie von William M. Marston

Es bleibt das Problem der Riemann'schen Typologie, dass zur Beschreibung Krankheitsbilder verwendet werden. Der amerikanische
Psychologe William Moulton Marston modifizierte daher Riemanns
Schema, um es für die „Emotionen des normalen Menschen" nutzbar
zu machen. In den 20er-Jahren entwickelte er mit amerikanischem
Pragmatismus ein Modell, das für die Praxis gedacht war. Wie mit
einem Zoom-Objektiv fuhr er auf die Mitte des Koordinatenkreuzes
zu. Marston betrachtete nicht die pathologischen Extreme, sondern
die gemäßigtere Mitte. Er ersetzte die Begriffe *ich-stark* und *ich-schwach*

durch die neutralen Bezeichnungen *extravertiert* und *introvertiert*. Besonders nützlich ist sein neues Wort *aufgabenorientiert* für das negativ klingende *menschenfeindlich*.

DISG® Die vier Grundtypen wurden ebenfalls mit vier Begriffen charakterisiert und der Einfachheit halber mit deren Anfangsbuchstaben bezeichnet: *Dominant, Initiativ, Stetig* und *Gewissenhaft*. Im Uhrzeigersinn gelesen ergibt das die Abkürzung *DISG®* (im Amerikanischen *DISC*, da der Gewissenhafte dort „Compliant" heißt, vgl. Modell 3). Damit hatte das klassische, von Fritz Riemann weiterentwickelte Modell einen leicht zu merkenden Namen bekommen.

Wie bei jedem Kompass gibt es natürlich nicht nur die vier Himmelsrichtungen. Wirklich wegweisend wird das Hilfsmittel Kompass erst durch die genaue Richtungsangabe, die vielen Zwischentöne und genauen Gradangaben zwischen den Hauptkoordinaten.

Ab 1978 hat Sylvian Kaplan das zweidimensionale Schema noch weiter verfeinert. Er erweiterte die Kompassrose um eine dritte Dimension und beschrieb insgesamt 14 Untertypen. Das darf als die eigentliche Leistung des DISG®-Systems gelten. Darüber hinaus wurde in vielen Versuchsreihen ein Test entwickelt, mit dessen Hilfe jeder schnell seinen Typ und Untertyp herausfinden kann.

Individuelle Energie Alle Typologien erforschen die Motive von Handlungen: Warum tun wir etwas? Darin steckt die positive Erfahrung: Jeder Mensch ist bereits motiviert, die so genannte Eigenmotivation. Er muss nicht, wie das in unserem Schulsystem oder in konservativen Führungsmodellen geglaubt wird, von außen (oder noch besser „von oben") zu seinem Glück gezwungen werden. Mit der Kenntnis seiner Typologie weiß er genau, über welche Art von Energie er verfügt, und kann auf der Basis seiner Kompetenzen gezielt an deren Erweiterung arbeiten.

Schubladendenken?

Viele Menschen empfinden beim Stichwort „Typologie" spontan etwas Negatives. Sie haben das Wort „Typologie" meist noch nicht einmal zu Ende gesprochen, schon springt jemand auf und ruft: „Pfui, Schubladen!" Dabei haben genau diese Menschen zu Hause mit Sicherheit Schubladen, die ihnen täglich helfen, die vielen Dinge des Alltags zu ordnen. Ein Werkzeug wird aber erst nützlich, wenn es nicht in der Schublade liegen bleibt, sondern herausgenommen und benutzt wird.

So sind auch Typologien nicht dafür gedacht, Menschen in Schubladen zu sortieren und sie für immer dort zu lassen. Zusammenarbeit und Begegnung finden stets außerhalb der Kategorie statt. Unser Denken jedoch ist auf Einteilungen angewiesen, um Unbekanntes mit Bekanntem vergleichen zu können. Sonst würden wir von Unvorhergesehenem völlig überwältigt werden. Erst durch ordnende Kategorien wird die Erkenntnis von Neuem möglich. Auch unsere Sprache muss mit einer begrenzten Zahl von Wörtern auskommen, um eine fast unbegrenzte Zahl von Sachverhalten, Stimmungen und Gefühlen zu beschreiben.

Typologien sind Werkzeuge

Dabei kommt es zu einem bemerkenswerten Phänomen: Die feinsten Nuancen unserer Wahrnehmung ergeben sich dann, wenn eine Person in eine bestimmte Kategorie eingeordnet worden ist – sie dann aber gleichsam aus der Schublade springt und sich in einer speziellen Situation ganz unerwartet verhält. Solche Veränderungen kann der am besten sehen, der ein verlässliches Schema für seine Wahrnehmung entwickelt hat.

Chancen und Grenzen einer Typologie

Die meisten aktuellen Persönlichkeitsschemen sind funktional ausgerichtet. Sie wollen den einzelnen Menschen nicht ändern, sondern die Zusammenarbeit von Menschen in einer bestimmten Situation optimieren. Erst in zweiter Linie können sie dabei helfen, dass der Einzelne sich selbst erkennt, seine Stärken ausbaut und seine Schwächen bekämpft.

Ausrichtung auf Zusammenarbeit

Typologien spiritueller Herkunft, wie etwa das Enneagramm (vgl. Modell 4), haben einen anderen Ansatz: Sie sind ausgerichtet auf Selbstbeobachtung, Selbsterkenntnis und das Arbeiten an sich selbst. Zur Verbesserung von Arbeitsteams lassen sie sich streng genommen erst einsetzen, wenn die einzelnen Teammitglieder Fortschritte in ihrem eigenen Persönlichkeitsprozess gemacht haben.

Jeder Mensch ist anders. Auch die genaueste und ausgefeilteste Typologie wird einen Menschen niemals in seiner Vielfalt erfassen. Doch helfen Typologien, den Weg zur eigenen Selbsterkenntnis und zum Verständnis für andere Menschen einzuschlagen. Allerdings können sie nicht alle Antworten zum Verständnis des eigenen Verhaltens geben, sondern dienen in erster Linie der Bestandsaufnahme und Richtungsbestimmung.

Nützliche Erkenntnisse Wer sich mit Typologien beschäftigt, kann daraus äußerst positive Erkenntnisse gewinnen und kommt mit seiner Umwelt einfach besser zurecht:

- Ich brauche mich nicht zu verbiegen. Wenn ich von meiner Grundstruktur her introvertiert bin, würde ich mich dauerhaft unglücklich machen, wenn ich von einem Leben als Showstar träume.
- Es gibt Menschen, deren Erfahrungen und Einschätzungen für mich nicht so relevant sind, wie sie mir das gerne weismachen wollen, weil sie ein ganz anderer Typ sind als ich.
- Meine Probleme habe ich nicht alleine. Es gibt viele ähnliche Menschen wie mich, die mit ähnlichen Schwierigkeiten zu kämpfen haben.
- Weil ich um die Andersartigkeit jedes Einzelnen weiß, kann ich andere Menschen besser verstehen und gezielter auf sie eingehen.

Typologien – richtig genutzt – sind optimale Werkzeuge, um sich und andere besser zu verstehen.

Literatur

Küstenmacher, Werner Tiki: *Der Ich-Kompaß.*
Haan: Brockhaus 1995

Der Autor

Werner Küstenmacher ist Chefredakteur des Beratungsdienstes *simplify your life,* der im VNR Verlag für die Deutsche Wirtschaft in Bonn erscheint. Als gelernter Pfarrer, Journalist und Karikaturist ist er ein beliebter Redner in Trainings- und Wirtschaftsunternehmen, wobei er seine Vorträge mit live gezeichneten Bildern begleitet. In Seminaren bringt er Trainern und Unternehmensmitarbeitern das Zeichnen bei („Management by Cartoons") und lehrt sie die Kunst, knifflige Situationen mit einem Lächeln zu meistern („Humor-Training").

Werner Küstenmacher hat über 60 Bücher veröffentlicht, darunter *Der Ich-Kompaß,* eine illustrierte Zusammenfassung der bekanntesten Persönlichkeitsmodelle.

STEFAN BOËTHIUS

Die Typenlehre nach C. G. Jung – Basis vieler Persönlichkeitsmodelle

Jung entwarf seine Typenlehre Anfang des 20. Jahrhunderts. Sie ist heute aktueller denn je und wird in mehr oder weniger unveränderter Form bei verschiedenen Modellen angewendet.

Ziel des Jung'schen Modells

Das Ziel des Jung'schen Typenmodells ist die Entwicklung des Einzelnen zur Ganzheitlichkeit, zur Selbstwerdung. Sie kann als eine Kugel dargestellt werden, die sich in Gegensätze unterteilen lässt: in eine äußere und eine innere Welt. Wir Menschen leben in zwei Welten, in der physischen Umwelt sowie in unserer inneren, seelischen Welt. Wir müssen uns in diesen beiden Welten zurechtfinden können. Die Orientierung auf die äußere Welt ist die *Extraversion*, die Orientierung auf die innere Welt die *Introversion*. *Persönlichkeitstypen* unterscheiden sich dadurch, dass einige Menschen bevorzugen, sich vermehrt nach der Außenwelt zu orientieren (der *extravertierte Typ*), während andere sich mehr nach ihrer inneren Wirklichkeit orientieren (der *introvertierte Typ*).

Innere und äußere Welt

Aspekte des Jung'schen Typenmodells

Zur Orientierung in diesen Welten benötigt das Individuum einen Kompass. Den vier Wetterrichtungen Norden, Süden, Westen und Osten entsprechen die vier *Jung'schen Funktionen: Denken, Fühlen, Empfinden* und *Intuition*. Das Typenmodell lässt sich wie folgt darstellen:

4 Orientierungsfunktionen

Abb. 1: Die Aspekte des Jung'schen Typenmodells

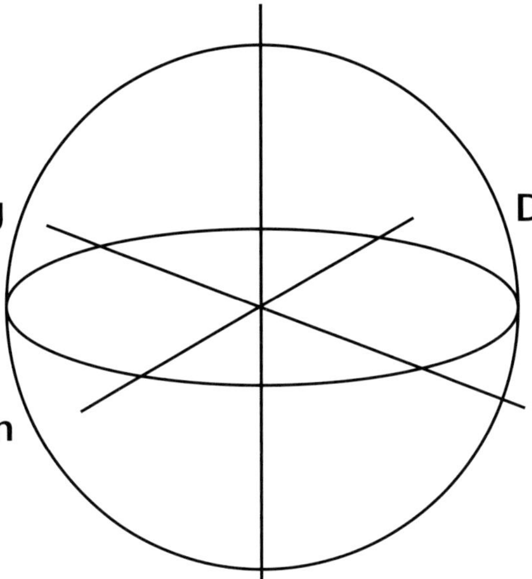

Das Denken

Orientierung an Begriffen Jung verstand das Denken wie folgt: *„Das Denken ist diejenige psychologische Funktion, welche, ihren eigenen Gesetzen gemäß, gegebene Vorstellungsinhalte in (begrifflichen) Zusammenhang bringt. (...) Von Denken sollte man nur da sprechen, wo es sich um die Verbindung von Vorstellungen durch einen Begriff handelt, wo also mit anderen Worten ein Urteilsakt vorliegt ..."* *„... unter Denken verstehe ich die Funktion des intellektuellen Erkennens und der logischen Schlussbildung ..."* *„Eine Denkeinstellung orientiert sich (...) am logischen Prinzip als ihrem höchsten Gesetz."*

Das Fühlen

Nach Jung ist Fühlen ein Vorgang, der dem Inhalt einen bestimmten Wert im Sinne des Annehmens oder Zurückweisens („Lust" oder „Unlust") erteilt. Menschen mit der Präferenz für das Gefühl lassen sich von der Stimmung in einer bestimmten Situation leiten. Jung sagt: *„Das Fühlen ist daher auch eine Art des Urteilens, das aber insofern vom intellektuellen Urteil verschieden ist, als es nicht in Absicht der Herstellung eines begrifflichen Zusammenhanges, sondern in Absicht eines zunächst subjektiven Annehmens oder Zurückweisens erfolgt."*

Orientierung an Werten

Die Empfindung

Die Empfindung ist eine nicht weiter auflösbare psychische Erscheinung, die durch äußere oder innere Sinnesreize erzeugt wird. Die Sinnesreize erfolgen ausschließlich mit unseren Sinnesorganen: Gesicht, Gehör, Geruch, Geschmack, verschiedene Arten der Hautempfindlichkeit sowie Gleichgewichts- und Bewegungssinn. Die *Empfindung im Sinne von Jung besteht aus Sinneswahrnehmungen und sinnlichen Wahrnehmungen der konkreten Realität, des tatsächlich Vorhandenen.* Die Betonung liegt auf der Empfindung von konkreten Dingen, im Gegensatz zu der Empfindung von Dingen, die wir nicht mit unseren biologischen Sinnen, sondern mit der Intuition erfassen.

Orientierung an Sinnen

Die Intuition

Bei der Intuition handelt es sich um eine Art Ahnung oder Wahrnehmung verborgener Möglichkeiten. Die Intuition im Sinne der Jung'schen Typologie ist die *„Wahrnehmung auf unbewusstem Wege"*. Das Ahnungsvermögen verleiht die Fähigkeit, die Möglichkeiten, die in den Dingen liegen, zu erkennen sowie die Hintergründe bestimmter Situationen zu erspüren. Es ist eine Art *instinktives Erfassen des Gesamteindrucks*.

Orientierung an Ahnungen

Der Individuationsprozess

Denkfunktion und Gefühlsfunktion

Jung hat auf empirischem Wege festgestellt, dass sich gewisse Menschen vorzugsweise an der Denkfunktion und andere an der Gefühlsfunktion orientieren. Die dominierende bzw. vorwiegende Funktion nennt Jung die differenzierte Funktion oder auch Hauptfunktion. Die Hauptfunktion ist immer mit dem vorherrschenden Einstellungstyp gekoppelt. Dies heißt also, dass z. B. bei einem extravertierten Denktypus das Denken extravertiert sein muss.

Gegensätzliche Funktionen

Die gegensätzliche Funktion zur Hauptfunktion ist schwächer und funktioniert schlechter. Sie wird deshalb als die minderwertige Funktion bezeichnet. Die zwei anderen Funktionen nehmen eine Art Mittelstellung als Hilfsfunktionen ein. Wegen des Gegensatzverhältnisses der *differenzierten* und der *minderwertigen Funktion* ging Jung davon aus, dass die jeweilige minderwertige Funktion weitgehend vom Bewusstsein ausgeschlossen ist und damit in dem Bereich des Unbewussten fällt, von wo sie weitgehend der Kontrolle des Bewusstseins entzogen bleibt.

Abb. 2: Die Funktionen innerhalb des Individuationsprozesses

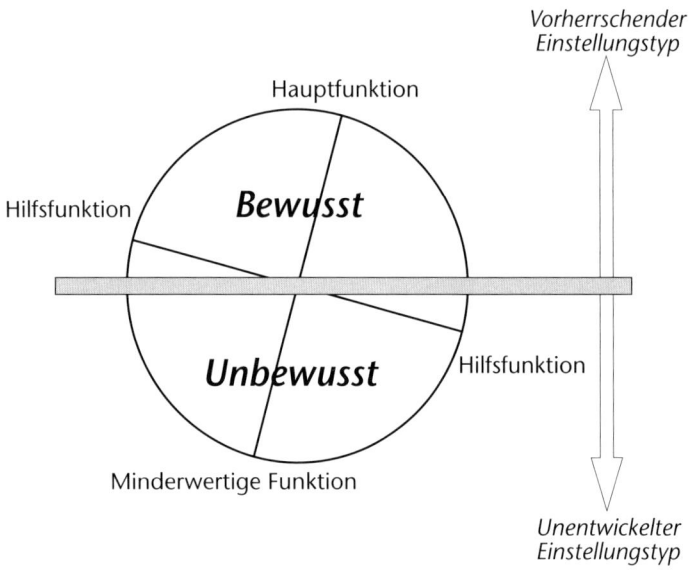

Die Auseinandersetzung mit dem *Gegentyp* ist eine wichtige Voraussetzung für die seelische Reifung (*Individuation*) eines Menschen. Sie ermöglicht dem Individuum eine größere Harmonie und Unabhängigkeit. Das Ziel der Individuation versuchen wir zwar immer anzustreben, werden es aber nie vollkommen erreichen.

Seelische
Reifung

Die verdrängten Inhalte des Gegentyps manifestieren sich in Träumen und Fantasien, denn durch die Verdrängung der minderwertigen Funktion wird das Unbewusste aktiv, indem es die bewusste Einstellung zu kompensieren versucht. In der Regel ist die Kompensation durch das Unbewusste *„eine Ausgleichung oder Ergänzung der bewussten Orientierung. Das Unbewusste zeigt z. B. im Traum alle diejenigen zur bewussten Situation konstellierten, aber durch die bewusste Wahl gehemmten Inhalte, deren Kenntnis dem Bewusstsein zu einer völligen Anpassung unerlässlich wäre."* In den Träumen erkennen wir die minderwertige Funktion in den Gestalten, die den Schatten repräsentieren. Beispielsweise wird der *Schatten* eines Empfindungstyps oft durch einen Intuitionstyp verkörpert. Bei einem Denktyp wird der Schatten als ein Fühltyp erscheinen.

Umgang mit
dem Schatten

Die acht Typen nach Jung

Der Jung'sche Typ eines Menschen wird durch die Hauptfunktion bestimmt. Die Hauptfunktion erkennen wir nach Jung *„an ihrer Stärke, Unerschütterlichkeit, Konsequenz, Verlässlichkeit und Angepasstheit"* und daran, dass wir sie bewusst einsetzen und kontrollieren können. Die Hauptfunktion ist die Funktion *„mit der größten bewussten Motivkraft"*. Sie ist immer mit dem vorherrschenden Einstellungstyp (Extraversion oder Introversion) alliiert. Aus dieser Annahme definiert Jung acht verschiedene Typen, die auch die Grundlage für alle Persönlichkeitsmodelle nach Jung'scher Art bilden:

Der extravertierte Denktyp

Der extravertierte Denktyp setzt sich mit der Welt analytisch auseinander, beurteilt und bewertet die Dinge auf eine rein sachliche Art, nach bestimmten, als objektiv erklärten Gesetzen und ohne Rücksicht

Sachlich-logische
Orientierung

47

auf persönliche Umstände. Er versucht seine Umwelt zu regieren und ist in seinem Element, wenn er diese in irgendeiner Weise organisieren darf. Da er klare Vorstellungen hat, was zu tun ist, trifft er gerne Entscheidungen, gibt dazu die entsprechenden Anweisungen und stellt sicher, dass diese ausgeführt werden. Er setzt sich Ziele und steuert systematisch, mit hoher Effizienz, direkt auf diese zu. Wegen der ausgeprägten Denkfunktion wird er sich vor allem bei Aufgaben am wohlsten und sichersten fühlen, wo er äußere Gegebenheiten möglichst objektiv beurteilen und bewerten darf.

Der introvertierte Denktyp

Fokussierung auf Prinzipien

Der introvertierte Denktyp ist, wie der extravertierte Denker, logisch, unpersönlich, objektiv, kritisch und lässt sich nur durch Tatsachen überzeugen. Durch die Introversion fokussiert er sein Denken nicht auf das Objekt, sondern auf die hinter dem Objekt liegenden Prinzipien. Er versucht also nicht, die Außenwelt zu beeinflussen, und beabsichtigt nicht, seine Ideen anderen Menschen aufzudrängen. Er beschränkt sich eher auf die Ergründung seiner Ideen. Daher wirken seine Gedankengänge für Außenstehende kompliziert und schwer verständlich, denn die einfachste Frage wird er in umständlicher Weise so präzise wie möglich zu beantworten versuchen, ohne das kleinste Detail zu vergessen. Was in ihm vorgeht, kann und will er selten mitteilen, mit der Gefahr, dass er missverstanden wird. Daher wird er Probleme haben, andere Menschen zu führen, aber diese Aufgabe auch meiden, denn schließlich hat er mehr davon, wenn er seine Ideen ungestört und ohne fremden Einfluss verfolgen kann. Im Team kann er vor allem Aufgaben übernehmen, bei denen es auf die Ausarbeitung der benötigten Prinzipien, die hinter einem Problem stehen, ankommt.

Der extravertierte Fühltyp

Streben nach Harmonie

Der extravertierte Fühltyp bevorzugt, sucht und schafft Wärme, Harmonie und Geselligkeit. Er muss mit anderer Menschen Gefühlen in Beziehung stehen und spüren, was in dem anderen gefühlsmäßig vorgeht. Er meidet Konflikte, ist daher bereit, Menschen mit ihren positiven wie negativen Eigenschaften anzunehmen, und gegenüber anderen Meinungen, auch wenn sie im Widerspruch zu den eigenen Ansichten stehen, tolerant – immer in der Hoffnung, dass ein Konsens gefunden werden kann. Er hat ein natürliches Interesse an Menschen und bevorzugt Aufgaben, bei denen er mit Menschen zusammenarbeiten kann. In Teams wird er vor allem für den Zusammenhalt und eine gute Kooperation zwischen den Teammitgliedern sorgen. In seinem Urteil ist er eher konventionell, konservativ und passt sich den objektiven Gegebenheiten an. Obwohl er die Meinung anderer gelten lässt, hat er eher Mühe, seine eigenen Wertungen zu ändern. Er steht zu den Menschen, seien es Lebensgefährte, Freunde oder Mitarbeiter, für die er sich einmal entschieden hat, bleibt ihnen treu und loyal, egal was kommen mag. Die mit der Beziehung zusammenhängenden Aufgaben wird er mit viel Idealismus und Bereitschaft zur Hingabe durchführen.

Der introvertierte Fühltyp

Der introvertierte Fühltyp hat innere Wärme und Enthusiasmus, zeigt diese aber – im Gegensatz zum extravertierten Typ – nicht oder nur Menschen, denen er vertraut. Die Gefühle sind auf die Innenwelt gerichtet, wie bei einem warmen Wintermantel, der das Fell wie ein Futter auf der Innenseite hat. Er vertraut auf seine Gefühle und beurteilt alles nach seinen persönlichen Werten. Für ihn ist es wichtig, dass die äußere Welt mit seinen inneren Gefühlen übereinstimmt. Bei der Arbeit zum Beispiel muss er von ihrem Wert und Nutzen überzeugt sein, um überhaupt eine Leistung zu erbringen. Ist die Identifikation gegeben, so setzt die Fühlfunktion zusätzliche Energie frei und entsprechend bessere Leistungen und Ergebnisse werden erreicht. Der introvertierte Fühltyp möchte immer einen Sinn hinter dem sehen, was er tut. Wie bei der Extraversion spielen menschliches Wohlbefinden und Wohlergehen die Hauptrolle.

Suche nach Sinn

Der extravertierte Empfindungstyp

Die Stärke des extravertierten Empfindungstyps liegt in der Wahrnehmung der äußeren Realität und in der Erfassung der tatsächlichen Ge-

Wahrnehmung der Realität

49

gebenheiten und äußeren Bedingungen. Er vertraut in erster Linie dem, was seine Sinne ihm vermitteln. Er hat ein sehr gutes Auge für Details und Fakten. Seiner Umwelt gegenüber hat er eine vorwiegend sachliche, realistische, tatsachenorientierte Haltung und eine eher materialistische Einstellung. Der Fühltyp sieht die Dinge, wie sie sein „sollten", der Denktyp, wie sie logischerweise sein „müssten", der Intuitionstyp, wie sie sein „könnten", und der extravertierte Empfindungstyp, wie sie tatsächlich „sind". Der Empfindungstyp ist sehr anpassungsfähig, da er niemals gegen die Tatsachen opponiert, sondern die physisch gegebene Situation anstandslos akzeptiert. Diese Anpassungsfähigkeit erstreckt sich nur auf Dinge, die bekannt sind und eindeutig der Gegenwart als gegeben zugeordnet werden können. Neue Ideen und Veränderungen, die noch nicht der Gegenwart angehören, lehnt er eher ab, da er sie nicht mit seinen Sinnen erfassen kann. Auch abstrakte Konzepte und Theorien sind für ihn nicht real und werden eher abgelehnt.

Der introvertierte Empfindungstyp

Ausstrahlung von Stabilität

Der introvertierte Empfindungstyp lässt sich stark beeindrucken vom Objekt, das subjektiver Natur ist und das nicht nach außen gespiegelt wird. So fällt er durch seine Neutralität auf, die nur rein äußerlich gegeben ist. Innerlich verarbeitet er die Eindrücke bis in die kleinste Einzelheit mit großer Sensitivität. Wie beim extravertierten Empfindungstyp ist das, was konkret wahrgenommen wird, Gegenstand seines Interesses, aber mit dem Unterschied, dass der Introvertierte nicht direkt reagiert, sondern sich Zeit für die für ihn charakteristische innere Reflexion nimmt. Der introvertierte Empfindungstyp wird daher selten durch äußere Ereignisse aus der Fassung gebracht und reagiert auch nicht impulsiv oder spontan. Er strahlt Stabilität aus, sorgt für Kontinuität und bleibt sachlich, praktisch und tatsachenorientiert. Auch für ihn gilt, je einfacher und klarer die Dinge sind, umso besser. Dem, was abstrakt und nicht sinnlich wahrnehmbar ist, misstraut er. Er nimmt die Dinge ganz genau und geht ihnen auf den Grund. Er ist sehr sorgfältig und möchte exakte Ergebnisse, hat aber Geduld und hält beharrlich an seinen Vorhaben fest.

50

Der extravertierte Intuitionstyp

Die Stärke des extravertierten Intuitionstyps liegt im Erkennen von Möglichkeiten, er ist eine sprudelnde Ideenquelle. Seine Inspirationen verfolgt er mit großem Interesse und Enthusiasmus und seine Energie scheint sich diesbezüglich nie zu erschöpfen. Er geht seinen Ideen unermüdlich nach, bis er weiß, ob sie realisierbar sind oder nicht. Seine Impulse kommen in einer derart konzentrierten und überwältigenden Form, dass andere mitgerissen werden und sich auch für die Idee begeistern lassen. Aber in dem Moment, wo die Möglichkeit zu einer konkreten Tatsache wird und auch andere an deren Verwirklichung arbeiten, erlischt sein Interesse, weil die Möglichkeit sich „verbraucht" hat und keinen Raum für seine Imaginationen mehr bietet. Originalität, Individualität und Unabhängigkeit sind für ihn wichtig. Angefangenes abzuschließen und nach Vorgaben und Routinen zu arbeiten wird ihm die größte Mühe bereiten. Im Team wird er daher gerne eine Rolle übernehmen, in der er seine Kreativität entfalten kann, wobei andere – nachdem er sie überzeugt hat – seine Ideen verwirklichen.

Erkennen von Möglichkeiten

Der introvertierte Intuitionstyp

Der introvertierte Intuitionstyp hat die gleichen Fähigkeiten wie der extravertierte Intuitive, das Erkennen von zukünftigen Möglichkeiten und die Vorahnung von noch nicht sichtbaren Entwicklungen. Aber die Intuition richtet sich in der Introversion auf die Wahrnehmung von Möglichkeiten, die sich aus unbewussten Inhalten ableiten. Es handelt sich dabei oft um *archetypisches Material* aus dem *kollektiven Unbewussten*. Seine wichtigste Eigenschaft ist die Orientierung nach inneren Vorstellungen über wahrzunehmende Möglichkeiten. Oft kommen diese nicht zum Tragen, weil er einerseits derart in ihnen aufgeht und alles andere vergisst und andererseits Mühe hat, sie an die Außenwelt zu vermitteln. Aber wie sein extravertiertes Pendant mag er Herausforderungen, die Freiräume für seine Visionen und Inspirationen bieten. Je komplexer, unfassbarer und offener die Probleme sich gestalten, desto besser. Auch er verliert das Interesse an einem Projekt, wenn es konkrete Formen angenommen hat und eine Lösung sich abzeichnet. Hier müssen andere übernehmen, damit seine Ideen auch verwirklicht werden.

Visionen

Das Typenmodell

Anwendung:
der MBTI®

Den größten Beitrag zum Aufzeigen der Nutzungsmöglichkeiten von Jungs Typen haben drei Generationen Myers-Briggs (Katherine C. Briggs, Isabel Briggs Myers und Peter B. Myers) geleistet. Ihr Verdienst ist vor allem die Entwicklung eines Fragebogens (MBTI®: „Myers-Briggs Type Indicator") zur Bestimmung der vorherrschenden Typen. Die Entwicklung begann bereits in den Vierzigerjahren, der eigentliche Durchbruch fand aber erst in den Siebzigerjahren statt. Heute ist der MBTI® der meistverwendete Test zur Bestimmung der Jung'schen Typologie (vgl. Modell 9).

Literatur

Jung, Carl Gustav: *Psychologische Typen.* 17. Aufl. Solothurn und Düsseldorf: Walter 1994

Der Autor

Stefan Boëthius, 1954 in Helsinki geboren, hat an der Universität Sankt Gallen ein betriebswirtschaftliches Studium absolviert, er promovierte an der La Jolla University, San Diego, USA. Außerdem ist er diplomierter analytischer Psychologe mit Abschluss am C. G. Jung Institut, Zürich. Seit 1983 ist er teilhabender Geschäftsführer von Time/system Schweiz. Stefan Boëthius veröffentlichte mehrere Bücher zum Management und hält Vorträge in der ganzen Welt. Er ist schwedischer Staatsbürger.

Teil 2

Die wichtigsten Persönlichkeitsmodelle im Einzelnen

HARALD HAUSCHILDT

Modell 1: ALPHA PLUS® Profile

Überblick

ALPHA PLUS® Profile sind leistungsstarke *Human-Resource-Profile*. Sie liefern akkurate und umfassende Analysen für Personalauswahl, Personalentwicklung, Entwicklungspotenzial-Diagnose, Karriere, Persönlichkeitsentwicklung, Coaching und Kompetenz-Training.

ALPHA PLUS® gibt es auf *vier* verschiedenen *Niveaus,* jeweils in Light- und Vollversion. Das Spektrum reicht von *LEVEL I* mit drei (Lightversion) und vier Faktoren (Vollversion), die spontane Menschenkenntnis leicht erlernbar machen (z. B. bei Führung und Verkauf), bis zu *LEVEL IV* mit 41 Faktoren plus Sonderauswertungen, insgesamt über 100 Messwerten.

4 Niveaus

Die ALPHA PLUS® Profile orientieren sich am Big-Five-Ansatz (Faktoren: Extraversion, Emotionale Stabilität, Verträglichkeit, Gewissenhaftigkeit, Offenheit für Erfahrungen, vgl. Einleitungskapitel von Hardy Wagner).

Entwickelt wurden die Instrumente von dem Persönlichkeitsforscher Joern J. Bambeck, Dozent und Juror an der Bayerischen Elite-Akademie. Führende Experten wie Hans J. Eysenck, Universität London, und J. C. Brengelmann, ehemaliger Direktor des Max-Planck-Instituts, München, sowie verschiedene Unternehmen haben die Methode überprüft.

Die Auswertung ist computergestützt und erfolgt direkt am Monitor oder über Fragebogen. In den Auswertungen sind anschauliche Grafiken und individuelle Textinterpretationen enthalten, außerdem werden Beratung und Training durch Fachleute angeboten.

Ein anspruchsvoller Sicherheits-Check prüft eventuelle Falschangaben/Testmanipulation sowie die Antwortkonsistenz (misst, ob das Antwortverhalten schlüssig ist), die Verhaltenskonsistenz (misst, ob das Verhalten situationsverschieden ist), die Maximalverzerrung (misst die Realitätswahrnehmung) und das Entwicklungspotenzial.

Zusätzlicher Sicherheits-Check

55

Die wichtigsten Einsatzbereiche der einzelnen Level sind:

LEVEL I
Verkauf
Kommunikation
Führung I
Verhandlungen
Teamtraining

LEVEL II
Teamdesign und -entwicklung
Projektmanagement
Personalauswahl I
Persönlichkeitstraining I
Führung II

LEVEL III
Persönlichkeitstraining II
Intensiv-Coaching
Stressmanagement / Wellness

LEVEL IV
Personalauswahl II
Personalentwicklung
Replacement / Potenzialanalyse
Karriere-Strategie-Beratung

Entwicklung und wissenschaftlicher Hintergrund

Joern J. Bambeck hat während fast 20 Jahren über 30 Untersuchungen zu Persönlichkeitsanalysen ausgewertet und kontinuierlich optimiert – und dadurch zum Teil ganz neue Vorgehensweisen entwickelt, die zum heutigen Stand der ALPHA PLUS® Profile geführt haben. Insgesamt beträgt die Größe der Stichproben über 5.000. Bei der Entwicklung des Instruments berücksichtigte Bambeck die klassischen Problemkreise, die bei der Abbildung menschlicher Kompetenzen via Fragebogenerhebung entstehen. Er integrierte dafür spezielle Mess-

und Darstellungsverfahren. Entscheidend für die Wirksamkeit eines Persönlichkeitsmodells ist beispielsweise die Frage nach der angemessenen Anzahl und Auswahl der untersuchten Persönlichkeitskomponenten. Je nach Aufgabenstellung arbeitet das Instrument daher mit verschiedenen Leveln, die mehr oder weniger tief analysieren.

Außerdem berücksichtigte Bambeck auch die so genannten Verfälschungsgefahren, wobei hier zu unterscheiden ist zwischen inhaltlichen Verfälschungen, formalen Verfälschungen (durch Antwortpräferenzen, d. h. die Neigung, bei einer Antwortskala lieber die hohen als die niedrigen Kästchen anzukreuzen – oder lieber die niedrigen als die hohen – oder lieber die mittleren als die äußeren – oder lieber die äußeren als die mittleren) und Item-Formulierung (Verfälschungsprobleme durch die Formulierungen der Items, also der Fragen im Fragebogen, da Sprache nicht „neutral" ist: Z. B. ist „halb volle" und „halb leere" Flasche logisch zwar gleich, löst aber faktisch oft verschiedene Gefühle und verschiedenes Ankreuzverhalten aus – je nachdem, welche der beiden Formulierungen für die Frage gewählt wurde).

Vorbeugung vor Verfälschung

Des Weiteren ermittelt das Verfahren auch die Verhaltenskonsistenz (misst, wie stark das Verhalten z. B. von der „Tagesform" und anderen Einflüssen abhängt).

Durch die Berücksichtigung dieser Probleme wird bei jedem Faktor neben dem subjektiven Selbstbild das objektivierte Realbild ermittelt, das den Einfluss des Wunschbildes herausfiltert. Dies ist entscheidend für akkurate Ergebnisse, denn bei immerhin 80 Prozent der Menschen verfärbt das Wunschbild das Ergebnis, meist ins Positive. Diese Schönfärbetendenz ist unter Fachleuten bekannt und durch zahlreiche internationale Untersuchungen bestätigt.

Wunschbild und Realbild

Die Forschungsergebnisse Bambecks wurden von seinem Partner und Inhaber der internationalen General-Lizenz, Harald Hauschildt, zu einem Profil-Set für alle typischen Anwendungsbereiche der Wirtschaft entwickelt und unter dem Sammelnamen „ALPHA PLUS® Profile" angeboten.

Gütekriterien

Ergebnissicherheit

Treffsicherheit Die ALPHA PLUS® Profile besitzen eine sehr hohe Ergebnissicherheit. Diese wird erzielt durch Über-Erfüllung der Testgütekriterien und die in jeder einzelnen Analyse durch Qualitäts-Checks mehrfach überprüfte Beantwortung (z. B. die Antwortkonsistenz).

Ergebnis-Differenziertheit

Grobstruktur und Feinstruktur Die hohe Ergebnis-Differenziertheit von 10 Billiarden praktisch möglichen, signifikant verschiedenen Ergebnissen wird erreicht durch zahlreiche Einzelfaktoren, die jeder für sich direkt gemessen werden. Denn erst durch Differenzierung der Hauptfaktoren (= Grobstruktur) in ihre Einzelfaktoren/Unterfaktoren (= Feinstruktur) erhält man genügend Details für alle oberhalb einfachen Verhaltenstrainings liegenden Anwendungen wie Personaleinstellung, Karriereentscheidungen, Personalentwicklung, Persönlichkeitsentwicklung und Coaching.

Modulcharakter

Modularer Aufbau Die vier Level decken als kompatible Module eines Sets die unterschiedlichsten Anwendungsfälle ab; innerhalb eines jeden Levels kann stufenweise die Anzahl der berücksichtigten Faktoren erhöht werden – dadurch ist ein mehrstufiges, didaktisch wirksames Aufbautraining möglich.

Qualitätsprüfung

„Quality Points" Die von Bambeck entwickelten Zusatzfaktoren gewährleisten bei jedem einzelnen Profil eine spezielle Gültigkeitsprüfung, zusammengefasst als „Quality Points", sie messen, ob das spezielle Profil hinreichend aussagekräftig ist – zusätzlich zur ohnehin vorgenommenen generellen Test-Qualitätsprüfung. Dieser Prüflauf bei jedem einzelnen Profil erhöht die Sicherheit: Denn auch wenn ein Analyseverfahren an sich korrekt misst, kann im Einzelfall (z. B. durch manipulierte, falsche Angaben beim Ankreuzen) ein Ergebnis ganz oder in Teilen gefälscht worden sein – und möglicherweise zu falschen Entscheidungen führen.

Kernaussagen und Ergebnisse

Unter sechs Milliarden Menschen gibt es keine zwei gleichen Finger-
abdrücke, erst recht keine einheitlichen „Typen". Eine einfache „Typologie" kann der Vielfalt der Menschen nicht gerecht werden, jeder
Mensch spiegelt eine große Anzahl von Facetten, die seine Persönlichkeit einmalig und unverwechselbar mit jedem anderen machen.

Eine Typologie greift zu kurz

Vor diesem Dilemma kann man sich zur Vereinfachung nur helfen,
wenn man die Einzelmerkmale (= *Einzelfaktoren*) und die aus ihnen
errechneten Hauptmerkmale (= *Hauptfaktoren*) stark vereinfachend zu
einem Schema zusammenstellt. Je einfacher dieses Schema, desto
grober und begrenzter sind die Aussagen, wie gut die Faktoren auch
gemessen sein mögen. Wie bei einem Kompass: Die vier Himmelsrichtungen allein sind, auch wenn sie korrekt anzeigen, für die Kurs-
bestimmung eines Schiffes (oder eines Menschen) viel zu grob. Erst
die Differenzierung in 360 Grad macht den Kompass als Wegweiser
brauchbar.

Die ALPHA PLUS® Profile berücksichtigen zwei wesentliche Ebenen
der Persönlichkeit:

- Erstens die *Verhaltensebene* eines Menschen, auf der ein „erster Eindruck" entsteht und auf der die „Oberflächenkom-
  munikation" in Führung, Verkauf usw. stattfindet – und auf
  der das Verhaltenstraining für Führung, Verkauf, Kommunikation usw. meistens erfolgt. Hier reicht ein Profil mit dem
  geringen Differenzierungsgrad von drei oder vier Faktoren
  aus, wie dies der Fall ist bei LEVEL I, dem Basis-Profil Menschenkenntnis I.

Verhaltens- und Werteebene

- Zweitens die *Strukturebene* der Persönlichkeit, die sich in der
  Regel weitaus weniger leicht bis gar nicht verändern lässt
  und bei der man eine sehr viel höhere Differenzierung
  benötigt, um der Komplexität des Menschen zu begegnen,
  als drei oder vier Faktoren bieten können. Hier greifen die
  höheren Level.

Strukturebene

59

Ermittelt werden (durch Erhebung der individuellen Verhaltenstendenzen, Bedürfnisse, Fähigkeiten, Einstellungen, Werte, Motive, Interessen, psychophysischen Reaktionstendenzen, je nach Level) folgende
Strukturen und Kompetenzen:

Strukturen und Kompetenzen

- die Persönlichkeits-Grundstrukturen,
- die Persönlichkeits-Feinstrukturen mit bis zu 20, 25 oder 36 Einzelfaktoren,
- die beruflichen und die persönlichen Kompetenzen,
- die Verhaltensdispositionen,
- die Führungskompetenz insgesamt,
- die Kompetenzbündel Rationale Kompetenz, Soziale Kompe- tenz und Emotionale Kompetenz,
- die Emotionale Intelligenz (EQ),
- Stressreaktionen und die Stressbewältigungskompetenz,
- die generelle Gesundheitssituation,
- die Kompetenzen beim Beraten, Vermitteln von Wissen, Schlichten von Konflikten, Überzeugen, Verhandeln und die Redegewandtheit (Verbal-Kompetenz),
- das spezielle (auf das eigene Profil bezogene) und das gene- relle Realitätsbewusstsein bzw. die Menschenkenntnis,
- die Selbstakzeptanz und das Selbstbewusstsein.

Weitere Aussagen können abgeleitet werden zu Einstellungen, Werten, Motiven, Verhalten, Know-how, Erfahrungen und Fähigkeiten.

Die fünf Hauptfaktoren der ALPHA PLUS® Profile

Die fünf Hauptfaktoren des Instruments erfassen die Ausprägungsstärke
der Haupt-Persönlichkeitsmerkmale. Jede dieser Hauptkomponenten ist
noch einmal in bestimmte Einzelfaktoren untergliedert. Die Analyse legt
offen, wie die einzelnen Faktoren ausgeprägt sind.

Kernfaktoren

Die drei *Kernfaktoren ALPHA, BETA* und *GAMMA* untersuchen, welche
Temperament-Komponenten ausgeprägt sind. Diese Temperament-Ei-
genschaften werden i. d. R. am leichtesten wahrgenommen und bilden
zusammengefasst oft den „ersten Eindruck".

Hinzu kommen die so genannten *Modulier-Faktoren DELTA* und *THETA*. Sie spiegeln Persönlichkeitsaspekte wider, die oft nur auf den zweiten Blick zu erkennen sind oder die sich in bestimmten Situationen markanter zeigen, etwa unter Stress.

Modulier-Faktoren

Alle fünf bilden zusammen die fünf Hauptfaktoren der ALPHA PLUS® Profile entsprechend der Big-Five-Forschung. Die beiden Modulier-Faktoren können bei starker oder geringer Ausprägung die Verhaltensweisen eines Menschen stark prägen.

Abb. 1: Mehrstufige Qualitätskontrolle

ALPHA-PLUSPROFILE
IHR Institut Human Resource
Bambeck-Instrumente

1. Check: Genereller Qualitäts-Check, die gesamte Testreihe unterliegt der Qualitätskontrolle

2. Check: Individueller Qualitäts-Check, sogar jedes einzelne Profil wird überprüft:
- Antwortkonsistenz 1: Quantitativ
- Antwortkonsistenz 2: Qualitativ
- Verhaltenskonsistenz
- Maximalverzerrung
- BV-Index / Täuschungsindikator
- Über- und Unterschätzungsneigung

Zusatzfaktoren ermöglichen ganzheitliche Aussagen:
- Selbstbewusstsein
- Selbstakzeptanz
- Stressreaktionen
- Stressbewältigung
- Gesundheitsgefährdung

Ausschnitt:
Alle Profile können auch als Balken-Diagramm dargestellt werden mit zusätzlichen Daten:

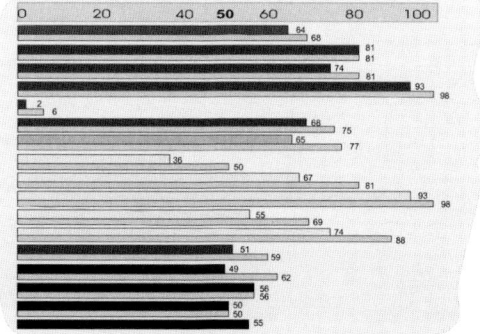

61

Abb. 2: Auszug: Die Hauptfaktoren

a) Allgemeine Persönlichkeitseigenschaften

ALPHA (A)	BETA (B)	GAMMA (G)	DELTA (D) Bei hohen	DELTA (D) Bei niedrigen	THETA (T)
			Werten	Werten	
Aktiver Macher	Kontaktorien-tierter Teamer	Gründlicher Planer	+ Stabiler Optimist	- Labiler Pessimist	Weltoffener Pionier
Macher	Durchführer	Planer	Stabilisator	Warner	Erneuerer
Vorreiter	Vermittler	Prüfer	Ermutiger	Bedenken-träger	Avantgarde
Initiative	Kooperation	Systematik	Festigkeit	Unsicher-heit	Kreativität
Improvisieren	Harmonieren	Adminis-trieren	Positivieren	Negativieren	Intellektu-alisieren
Handeln	Fühlen, Intuition	Begreifen	Beflügeln	Bremsen	Entwickeln
Selbstbewusst-sein	Rücksichts-voll	Pflicht-bewusst	Sorglos	Besorgt	Chancen-bewusst
Dominant	Sozial	Gewissenhaft	Fröhlich	Bedrückt	Kreativ
Energisch	Gemütlich	Gründlich	Positiv	Negativ	Innovativ
Bewegt	Verschmilzt mit/betreut	Analysiert/ Kontrolliert	Stärkt	Schwächt	Versteht
Menschen und Dinge	Menschen und Dinge	Menschen und Dinge	Menschen und Dinge	Menschen und Dinge	Menschen und Dinge

Quelle: zum Teil aus Bambeck J. J. ; Persönlichkeits-Analyse, München 1997

Links die 3 Kernfaktoren ALPHA (A), BETA (B) und GAMMA (G),
zus. mit den beiden Modulier-Faktoren **DELTA** (D), stabiler Optimist,
und **THETA** (T), weltoffener Pionier, bilden sie die 5 Hauptfaktoren
analog zur Big-Five-Forschung. In LEVEL II, III und IV werden diese
differenziert dargestellt zus. mit ihren Einzelfaktoren (= Unterfaktoren).

b) Spezielle Persönlichkeitseigenschaften (Teil1)

	ALPHA (A) aktiver Macher	BETA (B) kontaktorient. Teamer	GAMMA (G) gründlicher Planer
Ent-scheidungs-verhalten	Entscheidet schnell Entscheidet im Interesse der Sache	Entscheidet langsam Berücksichtigt die Interessen anderer	Entscheidet schwer Versucht alle Für und Wider abzuwägen
Problem-bewältigung	Durch aktives Handeln	Durch Anteilnahme und Zuspruch	Durch innere Verarbeitung
Freizeit-verhalten	Sportliche Aktivitäten (Risikosportarten)	Gesellige Aktivitäten (Familie, Freunde)	Individuelle Aktivitäten (Lesen, Schach)

Quelle: zum Teil aus Bambeck J. J. ; Persönlichkeits-Analyse, München 1997

Abb. 3: Tipps für erfolgreiche Kommunikation

- Wie "behandle" ich meinen Gesprächspartner "typgerecht":
z. B. im Verkauf, bei Verhandlungen, Führung, Konfliktmanagement -

	ALPHA (A) aktiver Macher	BETA (B) kontaktorient.. Teamer	GAMMA (G) gründlicher Planer
Bevorzugt	Nutzenorientiert Pragmatisch Direkt Lebhaft	Gefühlsorientiert Warmherzig Verbindlich Zielführend	Faktenorientiert Nicht rechthaberisch Gründlich Zuverlässig
Argumentation	Anerkennung der Macherqualität Schätzt Anerkennung von Leistung und Status Schätzt Visionen	Anerkennung der menschlichen Qualitäten Braucht persönliche Anerkennung Schätzt positive Emotionen	Anerkennung der Arbeitsqualität Schätzt fachliche Anerkennung Schätzt Rationalität, Logik
Konfliktver- meidung	Entscheiden lassen Sachlich widersprechen (Schätzt offenen Widerspruch und kontroverse Diskussion)	Zur Entscheidung führen Freundlich widersprechen (Akzeptiert freundlichen Widerspruch)	Für Entscheidung Zeit lassen In Frageform widersprechen (Mag keinen Widerspruch und ist eher schwer zu überzeugen)

Quelle: zum Teil aus Bambeck J. J. ; Persönlichkeits-Analyse, München 1997

Die 4 Hauptfaktoren, die in LEVEL I ausgewiesen werden.

Durchführung einer Analyse

Die Auswahl der bestgeeigneten Analyse hängt stark vom Einsatzzweck ab, was den Komponentencharakter des Ansatzes deutlich macht. In den unteren Leveln geht es in erster Linie um Persönlichkeitsausprägungen. So ist beispielsweise „Dominanz" einer der fünf Einzelfaktoren von ALPHA.

Berufskompetenz Dagegen werden bei LEVEL IV speziell die berufliche Kompetenz und das Entwicklungspotenzial dargestellt. Hierbei ist z. B. „Dominanz" gar nicht entscheidend, sondern u. a. eher „Risikokompetenz", „Flexibilität" und „Organisationsfähigkeit", die die berufliche Kompetenz wesentlich eindeutiger repräsentieren.

Es werden also für jeden Zweck speziell die Faktoren ausgewählt, die nachweislich relevant sind und die höchste Messgenauigkeit bieten.

Bei jedem gemessenen Faktor werden mindestens zwei Werte ausgewiesen:

Subjektiver und objektivierter Wert
- das subjektive Selbstbild (s. die dünne schwarze Linie in den Profilen),
- das ermittelte Realbild, eine von Bambeck entwickelte Selbstbild-Korrektur (s. die dicke schwarze Linie) sowie
- das Entwicklungspotenzial bei LEVEL IV.

Abb. 4: LEVEL II

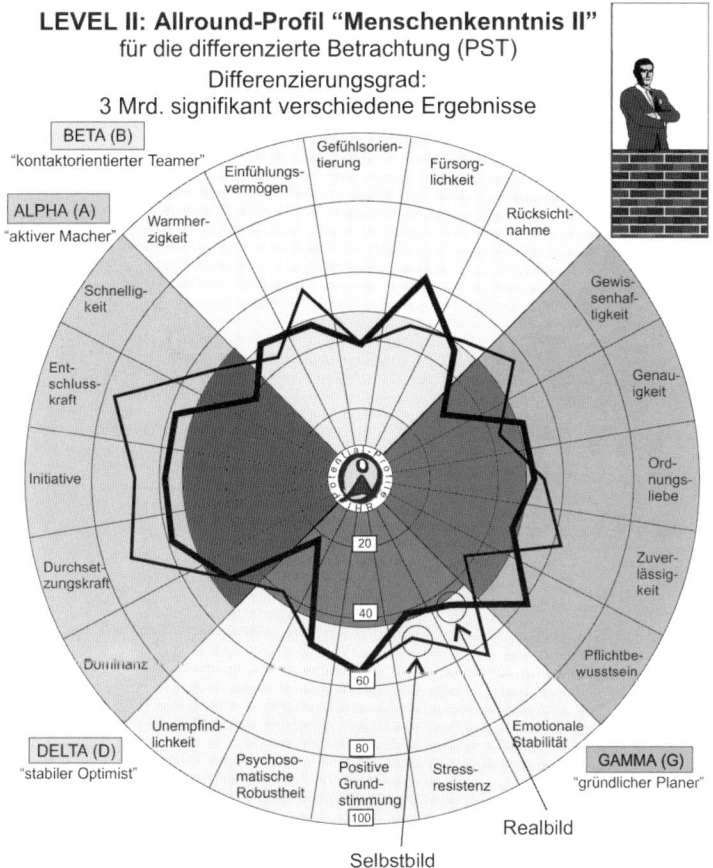

LEVEL II: Allround-Profil "Menschenkenntnis II"
für die differenzierte Betrachtung (PST)
Differenzierungsgrad:
3 Mrd. signifikant verschiedene Ergebnisse

Einsatzgebiete:

Anwendung siehe LEVEL I, zusätzlich für Personalauswahl,
Personalentwicklung und zum Trainieren der
persönlichen Stärken und Talente

Das bietet LEVEL II (als Vollversion):

– 4 Hauptfaktoren (ALPHA, BETA, GAMMA, DELTA)
– 20 Einzelfaktoren
– 6 Zusatz-Qualitäts-Checks (Maximalverzerrung,
  Anwortkonsistenz, Selbstakzeptanz, Verhaltenskonsistenz, Selbstbewusstsein, subjektive
  Über- und Unterschätzung)

Das Profil zeigt u. a. ...
– ... das (subjektive) Selbstbild
– ... das (objektivierte) korrigierte Realbild
– ... wie realistisch Sie sich und andere einschätzen
– ... wie stimmig Ihre Antworten sind
– ... wie selbstbewusst Sie sind
– ... wie sehr Sie sich akzeptieren
– ... wie vorhersagbar Ihre Reaktion ist
– ... wo Sie Ihre Kompetenzen über- und wo unterschätzen

65

Abb. 5: LEVEL III

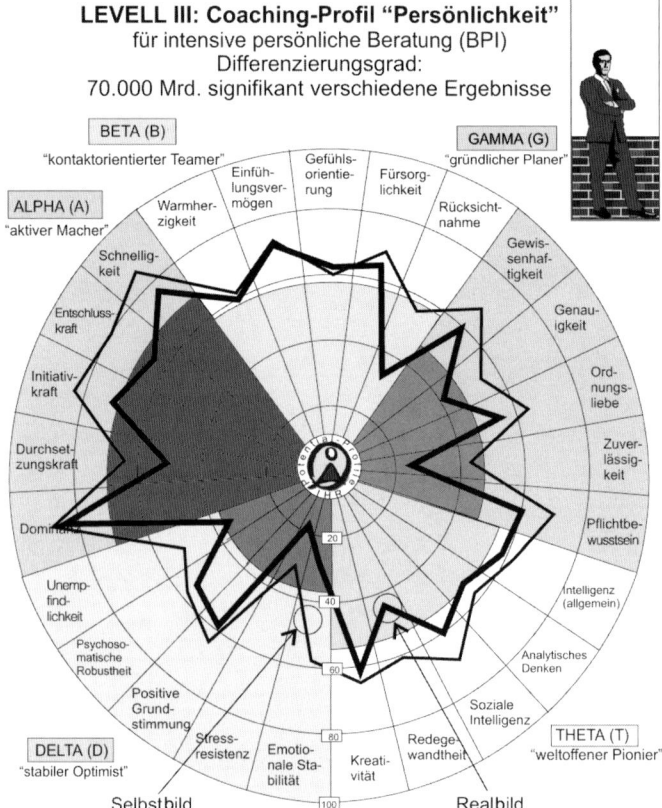

LEVELL III: Coaching-Profil "Persönlichkeit"
für intensive persönliche Beratung (BPI)
Differenzierungsgrad:
70.000 Mrd. signifikant verschiedene Ergebnisse

Einsatzgebiete:

siehe LEVEL I und II;
Darüber hinaus ein komplettes Persönlichkeitsprofil für Coaching und
Training, für Persönlichkeitsentwicklung, Stresskontrolle,
Gesundheit und Partnerschaft

Das bietet LEVEL III (als Vollversion):

– 5 Hauptfaktoren (ALPHA, BETA, GAMMA)
– 25 Einzelfaktoren für präzise Ergebnisse
– 9 Zusatz-Qualitäts-Checks (Maximalverzerrung, Antwortkonsistenz
 Selbstbewusstsein, Verhaltenskonsistenz,
 Selbstakzeptanz, Stressreaktionen, Stressbewältigung,
 Gesundheitsgefährdung, subjektive Über- und Unterschätzungen)

Das Profil zeigt u. a. ...
– ... das (subjektive) Selbstbild...
– ... das (objektivierte) korrigierte Selbstbild
– ... wie realistisch Sie sich und andere einschätzen
– ... wie stimmig Ihre Antworten sind
– ... wie selbstbewusst Sie sind
– ... wie sehr Sie sich akzeptieren
– ... wie vorhersagbar Ihre Reaktion ist
– ... wo Sie Ihre Kompetenzen über- und wo unterschätzen
– ... wie hoch Ihre aktuelle Stressreaktion ist
– ... wie gut Sie Stress bewältigen können
– ... wie stark Ihre Gesundheit gefährdet ist

Die Unterschiede zwischen den einzelnen Kurven repräsentieren et- **Bedarfsanalyse**
waige Veränderungsbedarf und sind eine gute Basis für alle Anwendungsbereiche, von Verhaltenstraining bis zu Personalentscheidungen. Beispielsweise können dadurch Überschätzungen und
Unterschätzungen der eigenen Kompetenzen thematisiert und die
Gründe dafür herausgearbeitet werden.

Bei LEVEL IV wird außerdem das individuelle Entwicklungspotenzial
für die Haupt- und die Einzelfaktoren errechnet: solide Basis für alle
Veränderungsprozesse beim Mitarbeiter und im Unternehmen.

Die Ergebnisse können in folgenden Versionen geliefert werden: als **Mögliche**
Einzel-Profil, als Paar-Profil, als Team-Profil und als Unternehmens- **Profile**
Profil (CI, Corporate Identity) – je mit den subjektiven Werten des
Selbstbildes und den objektivierten Werten des Realbildes. Insgesamt
werden über hundert Mess- und Rechenwerte analysiert und diffe-
renziert dargestellt (je höher der Level, desto differenzierter).

LEVEL I: Erste Orientierung
Mit LEVEL I bieten die ALPHA PLUS® Profile eine erste Orientierung,
ein Basis-Profil für die spontane Menschenkenntnis an. Dies ist, da es
die vier Hauptfaktoren zwar nicht in Einzelfaktoren differenziert, aber
sie akkurat abbildet, für die Anwendungsbereiche Training und Schu-
lung in Menschenkenntnis, für Verhaltenstrainings in Führung, Verkauf
usw. gut geeignet und hat den Vorteil, dass diese wenigen Aussagen sofort verstanden und umgesetzt werden können, schon am ersten Trai-
ningstag.

LEVEL II bis IV
Verantwortungsvolle Interpretationen beginnen ab LEVEL II, III oder **Hoher**
IV. Denn es ist sehr wichtig, die Grenzen zu beachten, die eine gerin- **Differenzierungs-**
ge Differenzierung automatisch setzt: Oft sind die Einzelfaktoren sehr **grad**
viel stärker oder schwächer ausgeprägt als ihre Hauptfaktoren bzw.
selbst als benachbarte Einzelfaktoren. Deshalb birgt jede Interpretation von nur drei bis vier Faktoren die Gefahr von Trugschlüssen: Verantwortungsvolle Interpretation und Beratung verlangt einen hohen
Differenzierungsgrad wie bei Level II, III oder VI.

Abb. 6: LEVEL IV

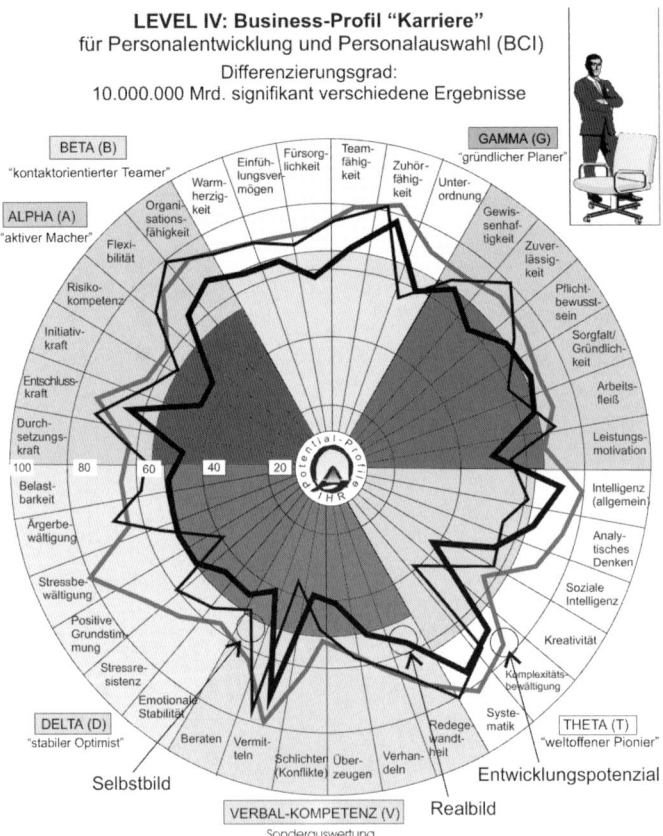

LEVEL IV: Business-Profil "Karriere"
für Personalentwicklung und Personalauswahl (BCI)
Differenzierungsgrad:
10.000.000 Mrd. signifikant verschiedene Ergebnisse

Einsatzgebiete:

Anwendung als Kompetenz-Profil
mit Entwicklungspotenzial-Diagnose für Personalauswahl,
Personalentwicklung, Kompetenzanalyse und Karriereplanung

Das bietet LEVEL IV (als Vollversion):

- 6 Hauptfaktoren (ALPHA, BETA, GAMMA, DELTA, THETA, VERBAL)
- 36 Einzelfaktoren für präzise Ergebnisse
- 5 Zusatz-Qualitäts-Checks (Maximalverzerrung, Antwortkonsistenz,
  Verhaltenskonsistenz, Selbstbewusstsein,
  subjektive Über- und Unterschätzung)

Das Profil zeigt u. a. ...
- ... das (subjektive) Selbstbild... .
- ... das (objektivierte) korrigierte Realbild
- ... wie realistisch Sie sich und andere einschätzen
- ... wie stimmig Ihre Antworten sind
- ... wie selbstbewusst Sie sind
- ... wie sehr Sie sich akzeptieren
- ... wie vorhersagbar Ihre Reaktion ist
- ... wo Sie Ihre Kompetenzen über- und wo unterschätzen
- ... Sonderauswertung Führungskompetenz (Rationalkompetenz,
-    Soziale Kompetenz, Emotionale Kompetenz, EQ/emotionale Intelligenz)
- ... BV-Index weist bewusste Verfälschung aus (> 93 % Sicherheit)
- ... Entwicklungspotenzial-Diagnose

Nutzen für den Anwender

Die ALPHA PLUS® Profile sind ganzheitlich auf Human Resources angelegt, sie gelten für die berufliche und die private Mikroebene des
Einzelnen sowie für die Makroebene des Unternehmens.

Allgemeines

Ergebnissicherheit
Nur einem korrekt messenden Kompass kann man vertrauen: Rich-   **Überprüfte**
tungsfehler sind vielleicht die schlimmsten überhaupt im Leben – in   **Ergebnisse**
der Wirtschaft wie im Privatbereich. Deshalb ist die Ergebnissicherheit
wichtig.

Jede einzelne Auswertung wird per EDV in mehrfacher Hinsicht überprüft (z. B. Antwortkonsistenz und Maximalverzerrung) – und zwar
zusätzlich zur generellen Test-Qualitätsprüfung (analog dem TÜV beim
Auto: eine allgemeine Zulassung für den Hersteller und zusätzlich eine
einzelne Prüfung für jedes ausgelieferte Auto).

Preis-Leistungs-Verhältnis
Das Preis-Leistungs-Verhältnis ist besonders günstig: niedrige Kosten
pro Faktor. Außerdem wird nicht nur ein Messwert pro Faktor ausgewiesen, sondern zwei bis drei: subjektives Selbstbild, objektiviertes
Realbild und das Entwicklungspotenzial.

Schnelle Ergebnisse
Die Auswertung ist auch am eigenen PC zu jeder Zeit sofort möglich.

Variable Ausdrucksvarianten
   1. In „wertiger" Form mit diversen Grafiken und
      individualisierten Texten
   2. In „Kompaktform" mit sämtlichen Daten als Kreisprofil auf
      einem Blatt

Modulaufbau

Didaktische Module Ein stufenweiser Ergebnisausdruck ist möglich; dadurch können Basis- und Aufbau-Seminare didaktisch aufbereitet werden. Innerhalb jedes Levels kann in mehreren Schritten vorgegangen werden: Beispielsweise werden erst in ein bis drei Schritten die Hauptfaktoren, dann in ein bis mehreren Schritten die Einzelfaktoren ausgewiesen. Berechnet wird das Profil nur einmalig, unabhängig von der Modulanzahl.

Wahlmöglichkeiten

Verschiedene Level sowie Light- und Vollversionen ermöglichen für nahezu jeden Zweck und jedes Budget das passende Profil. Ein fließender Übergang zwischen allen Profilen ist gegeben: z. B. Verkaufstraining mit LEVEL I für einen Vertriebsmitarbeiter, dann wegen auffallend guter Ergebnisse ein Kompetenz- und Entwicklungspotenzial-Check mit LEVEL IV mit gezielter Förderung für Führungsaufgaben, später möglicherweise ein Wellness-Check mit LEVEL III und eine individuelle Anti-Stress-Beratung.

Praxisrelevanz

ALPHA PLUS® nutzt nur solche Faktoren, die für den Zweck auch tatsächlich signifikant brauchbar sind (z. B. keine Dominanz bei LEVEL IV, sondern Risikokompetenz und Organisationsfähigkeit).

Empirische Transparenz

Nur exakt messbare (nicht modell-dogmatisch konstruierte) Zusammenstellungen von Faktoren werden verwendet.

Kombinierbarkeit

Feedback ALPHA PLUS® Profile können ergänzend zu anderen Qualitätsverfahren eingesetzt werden. Auch ein 360°-Feedback ist ergänzend möglich. Hier können im Zuge der Personalentwicklung die Fremdbilder zusammengefügt und mit den Selbstbildern sowie dem Corporate-Identity-Bild verglichen werden, um daraus Maßnahmen abzuleiten, z. B. für Personalentwicklung, Marketing oder Werbung.

Persönlicher Nutzen

Berufsentscheidungen
Berufliche Entscheidungen im Einklang mit der eigenen Persönlichkeitsstruktur entsprechen dem gesund erhaltenden Lustprinzip (wozu
man Lust hat, das tut man gern und gut) und dem ökonomischen
Prinzip (mit bestimmtem Aufwand den größten Nutzen erzielen).

Lust und Erfolg

Umgang mit Mitarbeitern und Vorgesetzten
Die Andersartigkeit des andern verstehen – und damit umgehen können – führt zum größten gemeinsamen Nenner.

Umgang mit sich selbst, berufliche und private Partnerschaft
Differenzierte Selbst-Reflexion birgt die Chance zu Selbstbestimmung,
Selbstverantwortung und Selbstentwicklung. In Partnerschaften gilt
es, Respekt, Toleranz und Akzeptanz zu entwickeln, Unterschiede als
Wachstumschance anzunehmen und daraus zu lernen.

Sinnsuche
Den „Sinn des (eigenen) Lebens" zu erschließen helfen drei Fragen:
„Wer bin ich?" (Identität),
„Wo will ich hin?" (Bestimmung),
„Welchen Weg wähle ich?" (Strategien, Teilziele).
Die Profile geben ein „umfassendes und akkurates Persönlichkeitsbild"
(H. J. Eysenck).

Nutzen im Unternehmen

Verhaltenstraining
Training in Führung, Verkauf, Kommunikation, Konfliktmanagement
– dabei wird mit Hilfe des ALPHA PLUS® Know-hows die Strukturebene
von der Verhaltensebene unterschieden. Dies spart Geld und vermeidet Frustration, weil es die unterschiedliche Veränderbarkeit von Faktoren berücksichtigt und nur realistische individuelle Verhaltensände-
rungen anstrebt. Die Teilnehmer werden entsprechend ihrem Lerntyp
einbezogen und können effizienter und effektiver trainiert werden.

Strukturebene und Verhaltens-ebene

71

Personalentwicklung

Durch vier Level mit Voll- und Lightversion kann wirksam und wirtschaftlich Personal entwickelt werden. Für Bestimmung und Vergleich von Ist-Situationen und Soll-Situationen ist LEVEL IV, das Business-Profil Karriere, besonders geeignet; ebenso für anspruchsvolle Fördermaßnahmen, für die Mitarbeiterauswahl und für Beurteilungsgespräche, für Evaluationen sowie Weiterbildungs-Controlling. Für anspruchsvolles Coaching und die mentale Förderung von Führungskräften und High Potentials ist LEVEL III konzipiert, für reines Verhaltenstraining bietet sich LEVEL I an und für differenzierte Trainings sowie als Allzweck-Instrument LEVEL II.

Teamentwicklung

Teamdesign Auch für Teamdesign und Projektgruppenarbeit gilt: Je höher der Level, desto feiner, differenzierter und aussagefähiger ist das Ergebnis. Aussagen auf der Strukturebene sind ungleich zuverlässiger und stabiler als solche auf der Verhaltensebene: Rollenverhalten und Verhaltensmuster sind i. d. R. relativ variabel, die Persönlichkeit nur bedingt.

Motivation und Performance Improvement

Motive und Entwicklungschancen finden sich in jeder Persönlichkeitsstruktur und können individuell verstärkt werden.

Mehr Sicherheit bei Personalentscheidungen

Mit über 93-prozentiger Sicherheit werden bei LEVEL IV mit Hilfe des von Bambeck entwickelten BV-Index (BV = Bewusste Verfälschung) falsche Angaben (z. B. bei Einstellungen wichtig) ersichtlich: Das schützt Unternehmen und Bewerber vor Fehlentscheidungen.

Assessment-Center-Ergänzung

Talentsuche LEVEL IV eignet sich hervorragend für verschiedene Einsatzbereiche:
- Sichere Vorauswahl,
- Ergänzung für alle Teilnehmer des AC,
- Absicherung der Ergebnisse bei den ausgewählten Teilnehmern im AC,
- Talentsuche über das AC hinaus, auch bei den abgelehnten Teilnehmern,
- Auswahl, Sensibilisierung, Professionalisierung der Beobachter,

– Vergleich der Beobachterwahrnehmungen (Korrektur systematischer Fehler bei den Beobachtern, die aus der eigenen Persönlichkeitsstruktur heraus ihre Beobachtungen verzerren). Im AC werden die Beurteilungen gewonnen durch Beobachtung der Teilnehmer. Wegen der begrenzten menschlichen Wahrnehmungsfähigkeit können nur wenige Merkmale ausgewertet werden, nur ca. sechs – und auch diese können fehlerbehaftet sein durch den Einfluss der nicht neutralen, durch die eigene Persönlichkeit des Beobachters beeinflussten Wahrnehmung. Weitere Probleme sind u. a. der Zeitbedarf (ein bis drei Tage Durchführung plus Vorbereitung und Auswertung), die Terminabstimmungs-Notwendigkeiten, die unterschiedliche Qualifikation der Beobachter, die mangelnde Kurzfristigkeit und Flexibilität, die extrem hohen Kosten eines AC. ALPHA PLUS® Profile bieten wesentlich mehr Ergebnisse bei rund 5 Prozent der Kosten und mindestens gleicher Sicherheit wie ein Assessment-Center.

Wirtschaftliche Zeitersparnis

Marktpräsenz und Lizenzierung

Marktpräsenz

Nach ca. 20 Jahren Forschung und Entwicklung mit 30 Entwicklungsschritten, die sich im praktischen Einsatz bewährt haben, werden die auf dem neuesten Entwicklungsstand befindlichen Profile zu einem Set zusammengefasst zugänglich gemacht. Insbesondere gibt es die Möglichkeit der Selbstauswertung für Lizenznehmer mit dafür bereitgestellten EDV-Programmen und Texterläuterungen.

Zurzeit werden deutschsprachige Materialien bereitgestellt. Der Einsatz der Profile erfolgt derzeit in Deutschland, der Schweiz und in Österreich. Allein die Zahl der für Forschung und Entwicklung verwendeten Analysen beträgt ca. 5.000. Zum Zeitpunkt der Verfassung dieses Beitrages beginnt die Präsenz auf dem breiten Markt mit den neu entwickelten Profilen, so dass hierzu noch keine repräsentativen Zahlen vorliegen. Die Anzahl der erteilten Autorisierungen und Lizenzen wird zum Jahresende 2002 mindestens 50 betragen. Aufgrund der unterschiedlichen Einsatzgebiete und -zwecke vom einzelnen Training bis zu Teamentwicklung, Personalentwicklung, Corporate-Identity-Development, Coaching und Personalauswahl bzw. -einstellung erfolgt ein fruchtbarer Austausch innerhalb sehr unterschiedlicher Anwendergruppen.

Lizenzierung

Lizenz-
Voraussetzungen
Die fachlichen und methodischen Voraussetzungen sind so unterschiedlich wie die Einsatzgebiete der einzelnen Level (Training, Beratung, Coaching, Personalauswahl); die menschlichen Voraussetzungen sind erfüllt, wenn Menschenbild, Tätigkeitsbild, Sozialkompetenz und Motivations-Hintergrund mit den Werten übereinstimmen, mit denen die ALPHA PLUS® Profile entwickelt wurden. Differenziert wird in (einfache) Autorisierung, (weitergehende) Lizenzierung und ggf. einen individuellen Sonderstatus in unterschiedlicher Hinsicht.

Die Erstausbildung erfolgt in der Regel im Rahmen eines zweitägigen Workshops, dem ein Schnupper-Seminar vorgeschaltet ist (ggf. Sondervereinbarung bei Terminengpässen) mit individueller Beratung (ggf. Coaching, Supervision) und Hotline. Ergänzungs-Ausbildungen und Aufbaukurse sind in Vorbereitung, ebenso eine Grundausbildung zur generellen Erlangung der Qualifikation als Trainer, Berater, Coach. (Hierfür sind uns kompetente Partner mit anspruchsvollen Zielen willkommen.) Mit Berufsanfängern und Quereinsteigern kann ein individuelles Einführungs- und Patenprogramm vereinbart werden.

Service

Hier gibt es ein reichhaltiges und kontinuierlich weiter ausgebautes Angebot. Einige Beispiele:

- wahlweise Supervision zu Beginn der Lizenzierung;
- Beratung und – nach Absprache – individuelle Unterstützung;
- Werbemittel-Service mit individueller Gestaltung für Trainer;
- Anpassung der Profile an unternehmensindividuelle Zwecke;

74

- Trainer-Ausbildung mit individuellen Folgemaßnahmen;
- Kooperationen und Joint Ventures zur Verbreitung der Profile;
- Geschäftspartnerschaften für Einzelprojekte wie
  - Übernahme von Marktsegmenten in den Bereichen Weiterbildung und Personalberatung,
  - Akademie-Gründung oder Kooperation.

Kosten

Die Preisgestaltung berücksichtigt
- den Aussageumfang des Levels (vier Level stehen zur Wahl, jeweils als Voll- oder als Lightversion),
- die Bestellmenge (nach Mengenstaffel: Anzahl der Profile pro Level),
- den Kundenstatus (Endkunde zum Endpreis; Zwischenkunden/selbstständige Trainer und Berater erhalten Rabatt).

Der umfassenden Produktpalette steht eine entsprechend differenzierte Preispalette gegenüber. Aus Platzgründen werden nachfolgend Beispiele dargestellt, weitere Angaben und Preise auf Anfrage:

- Einsatzzweck: preisgünstiges Basis-Profil für Verhaltenstraining/Verhaltensoptimierung (Grundstufe): situativ-flexibles Handeln im Alltag – in Führung, Verkauf, Kommunikation, Konflikt, Team, usw.:
  LEVEL I: Basis-Profil Menschenkenntnis I; als Lightversion mit den drei Hauptfaktoren ALPHA, BETA und GAMMA ausgestattet; mit ausführlichen Texterläuterungen; 2002: je nach Staffel 10 bis 25 EUR für Endkunden;
- Einsatzzweck: aussagestarkes Allround-Profil, zeigt hoch differenziert die Feinstruktur der Persönlichkeit: für (1) individuelles Verhaltenstraining jeder Art; (2) Persönlichkeitsentwicklung; (3) Personalentwicklung (Grundstufe); (4) Personalauswahl (Grundstufe); (5) Teamdesign und -entwicklung (Grundstufe): LEVEL II: Allround-Profil Menschenkenntnis II, für differenzierte Aussagen; als Vollversion mit insgesamt 30 Faktoren; mit personalisierten individuellen Ergebnistexten; 2001: je nach Staffel 36 bis 120 EUR für Endkunden.

Beispiel-Produkte

75

Die Autorisierungsgebühren betragen je nach Level und Version (a = Lightversion, b = Vollversion), in EUR ohne MwSt. inkl. einer Anzahl von Profilen: Ia: 150, Ib: 400, IIa: 950, IIb: 1.200, IIIa: 1.100, IIIb: 3.450, IVa: 2.450, IVb: 3.850, bei Kombinationen wird ein Paket-Rabatt gewährt. In bestimmten Fällen können Sonderkonditionen und Aufbauhilfen sowie Sponsoring vereinbart werden, gegebenenfalls eine günstige Finanzierung. Ausbildungs-Workshop inkl. 1 Profil und Beratung: pauschal 390 EUR, max. 2 Tage.

Persönliche Beratung und Coaching
Die Beträge für persönliche Beratung und Coaching werden von jedem einzelnen Lizenznehmer/Anwender der Profile mit dem jeweiligen Kunden vereinbart, sie sind nicht zentral festgelegt.

Kontakt

ALPHA PLUS® Potenzial Profile
General-Vertrieb International
Villiper Hauptstr. 9a
D-53343 Wachtberg/Bonn
Tel.: (02 28) 9 51 69 73
Fax: (02 28) 9 51 69 74
E-Mail: IHR-Test@t-online.de
Internet: www.alpha-plus-profile.de

Literatur

Bambeck, Joern J.: *Persönlichkeitsanalyse. Die neue Generation von Persönlichkeitsinstrumenten*. München 1997.
Bezug siehe obige Anschrift

Bambeck, Joern J.: PSA, *Persönlichkeits-Struktur-Analyse. Wegweiser zur Selbst- und Menschenkenntnis*. Speyer: Gabal 1992

Abb. 7: Mehrstufige Qualitätskontrollen

ALPHA-PLUS PROFILE
IHR Institut Human Resource
Bambeck-Instrumente

Gütekriterien und -merkmale

- Der "TÜV" für die
"Verkehrsicherheit": hochgradig
erfüllt, bzw. übererfüllt! -

Mehrstufige Qualitätskontrollen
1. Reihen-Checks: Generelle Qualitäts-Checks, die gesamte Testreihe unterliegt strengen Qualitätskontrollen
2. Einzel-Checks: Individueller Qualitäts-Check

	LEVEL I	LEVEL II	LEVEL III	LEVEL IV
	BPI-K	PST	BPI	BCI
Bezeichnung und Einsatzschwerpunkt[1]	Basis	Allround	Coaching	Karriere
Auswertungs-Objektivität[2]	1.00	1.00	1.00	1.00
Durchführungs-Objektivität[3]	>.95	>.95	>.95	>.95
Interpretations-Objektivität[4]	>.85	>.85	>.85	>.95
Reliabilität (Retest-Koeffizient)[5]	>.85	>.85	>.85	>.85
minderungskorrigierte ("wahre") Kriteriums-Validität[6]	>.45	>.50	>.60	>.60
Zusatzfaktoren, insgesamt	2	6	9	5
- UV = Unbewusste Verfälschung (z. B. unbeabsichtigte "Schönfärbung")	x	x	x	x
- AK = Antwortkonsistenz (= Antwortstimmigkeit/Plausibilität)	x	x	x	x
- VK = Verhaltenskonsistenz (= Stabilität/Gleichheit des Verhaltens)		x	x	x
- BV = Bewusste Verfälschung (z. B. gewollte "Schönfärbung" bei Bewerbern)			x	x
Ausgewiesene Werte, insgesamt (plus Gruppen-Berechnungen)	10	65	81	245
Erfüllung teststatistischer Nebenkriterien[7]	JA	JA	JA	JA
Auf der Basis des FFM[8] (Fünf-Faktoren-Modell/"Big-Five")	JA	JA	JA	JA
Auch als Teamanalyse einsetzbar[9]	JA	JA	JA	JA
Auch für Fremdbeurteilung verwendbar[10]	JA	JA	JA	JA

Quelle: zum Teil aus Bambeck J. J. ; Persönlichkeits-Analyse, München 1997

[1] Es werden die jeweils härtesten wissenschaftlichen Prüfverfahren für die Qualitätssicherung eingesetzt. Alle Kriterien sind hochgradig erfüllt bzw. übererfüllt.

[2] Durch Auswertung mit PC gesichert.

[3] Durch Trainerinstruktion gesichert.

[5] Genauigkeit, durch Testwiederholung ("Retest") gesichert.

[6] Die Faktoren wurden gültig/korrekt gemessen, Minderungen bei Testwiederholungen wurden rechnerisch berücksichtigt.

[7] a) Normierung: erlaubt individuelle Interpretationen und Vergleichbarkeit mit anderen Ergebnissen. Als Bambeck-Besonderheit: Die Normalverteilung, Standardisierung und Normierung werden jeweils automatisch korrigiert, die Ergebnisse passen sich automatisch an bei persönlichen Veränderungen (z. B. Stellenwechsel) und gesellschaftlichen Veränderungen ("Zeitgeist").
b) Nützlichkeit: außergewöhnlich hoch, die Bambeck-Qualität setzt neue Maßstäbe (z. B. Korrektur unbewusster und bewusster Verfälschung, Berechnung von Maximalverzerrung, Verhaltenskonsistenz und Verhaltensvorhersagbarkeit)
c) Ökonomie: ungewöhnlich hoch, trotz zusätzlicher Ergebnisse (die herkömmliche Fragebogen nicht liefern!) ist i. d. R. weniger Zeit erforderlich als für herkömmliche wissenschaftlich anspruchsvolle Instrumente.
d) Vergleichbarkeit: untereinander und auf der Basis des FFM (Fünf-Faktoren-Modell II/"Big Five")

[8] FFM = Gültige Basis der modernen internationalen Persönlichkeitsforschung.

[9] Im weitesten Sinne: von Paar-Analysen (z. B. Chef/Sekretärin) über Gruppen-Analysen bis zu Unternehmensanalysen (CI).

[10] Z.B. 360°-Feedback: Die Selbsteinschätzung kann verglichen werden mit Fremdeinschätzungen, z. B. von Mitarbeitern oder/und Kollegen, Vorgesetzten, Kunden, Lieferanten, Freunden, Bekannten, Familienangehörigen.

77

Der Autor

Dr. Harald Hauschildt leitet das IHR Institut Human Resource (Produktentwicklung der ALPHA PLUS® Profile). Er ist Inhaber der internationalen General-Lizenz für ALPHA PLUS® Profile. Sein Hintergrund: Studium der Wirtschafts- und Sozialwissenschaften, Sachverständiger für den Wissenschaftlichen Beirat der Bundesregierung, Forschungsaufträge und Gutachten am Institut für Agrarpolitik, Marktforschung und Wirtschaftssoziologie der Universität Bonn. Mehr als 20 Jahre Tätigkeit als Personalberater, Trainer und Coach gehören zu seiner Erfahrungsgrundlage.

Juergen Schoemen

Modell 2: Die Biostruktur-Analyse mit STRUKTOGRAMM® und TRIOGRAMM®

Überblick

Viele Trainingsmethoden gehen von irrationalen Wunschvorstellungen aus: von der „optimalen" Verkaufstechnik, der „richtigen" Führungsmethode oder vom „idealen" Verhaltensstil; also „Patentrezepte", die allen Seminarteilnehmern „antrainiert" werden sollen. Es gibt jedoch keinen einheitlichen „Erfolgs-Typ", sondern Menschen verfügen über sehr unterschiedliche Persönlichkeitsmerkmale, die auf individuelle Weise und mit unterschiedlichen Methoden und Techniken zum Erfolg führen können.

Ursachen des Erfolges

Bei Untersuchungen über Erfolgsursachen trat immer wieder ein Faktor in den Vordergrund, der *auf Dauer* erfolgreiche Menschen auszeichnet: ihre Authentizität, das heißt die Stimmigkeit zwischen ihrer veranlagten Persönlichkeitsstruktur und ihrem erlernten Verhalten. Sie haben einen ganz persönlichen Stil und wenden Methoden und Techniken an, die genau zu ihnen passen. Damit wird die Kenntnis der eigenen Persönlichkeit zur entscheidenden Voraussetzung für eine bewusste Erfolgsstrategie.

Der amerikanische Hirnforscher Paul D. MacLean entdeckte, dass unser Gehirn in seiner Entwicklung die wesentlichen Züge von drei Grundformationen aus unterschiedlichen Zeitaltern der Evolution beibehalten hat. Seine Forschungsarbeiten wiesen nach: Unser Gehirn bildet eine *Hierarchie von drei Gehirnen* in einem (Stamm-, Zwischen- und Großhirn). Diese drei verschiedenartigen Gehirne müssen im „drei-einigen Gehirn" („Triune Brain") zusammenarbeiten und sich miteinander verständigen. Dabei behält jedes Gehirn seine ganz spezifischen Aufgaben und „Spielregeln" bei. Jeder Mensch hat ein unterschiedliches Einflussverhältnis dieser drei Gehirne, das beim Erwachsenen stabil ist: seine *Biostruktur*. Daraus resultieren individuelle Grundmuster der Persönlichkeit und des Verhaltens eines Menschen.

„Triune Brain"

Struktogramm:
Selbstkenntnis

In Zusammenarbeit mit MacLean entwickelte der deutsche Anthropologe Rolf W. Schirm die Instrumente zur praktischen Umsetzung dieser Erkenntnisse. So entstand die Biostruktur-Analyse. Dabei handelt es sich um einen spezifischen Fragenkatalog zur Selbstanalyse. Die Antworten werden in codierter Form auf eine Scheibe mit drei verstellbaren Farbsektoren (GRÜN = Stammhirn, ROT = Zwischenhirn, BLAU = Großhirn) bei über 300 Einstellmöglichkeiten übertragen. Das Ergebnis der Biostruktur-Analyse ist das Struktogramm, eine bildhafte Darstellung des individuellen Einflussverhältnisses der drei Gehirne und damit der individuellen Biostruktur („Natur") eines Menschen.

Abb. 1: STRUKTOGRAMM®

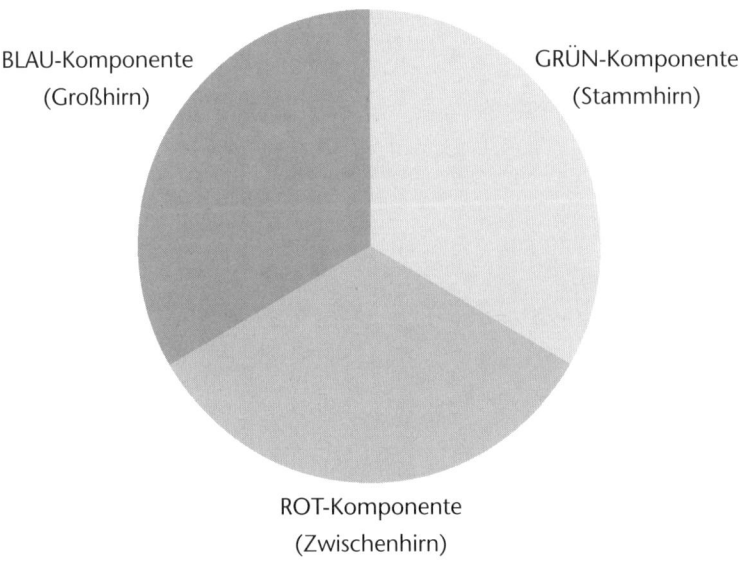

BLAU-Komponente
(Großhirn)

GRÜN-Komponente
(Stammhirn)

ROT-Komponente
(Zwischenhirn)

Triogramm:
Menschenkenntnis

Das Triogramm ist vom Struktogramm abgeleitet und dient zur Kennzeichnung und „Ortung" anderer Menschen. Hierzu wird nicht das zahlenmäßig exakte Bild, wie es das Struktogramm bietet, benötigt, sondern eher eine Art „Landkarte". Damit wird es möglich, den „Standort" eines Menschen im Gesamtfeld der möglichen Biostrukturen mit einiger Sicherheit einzugrenzen und die elementare Grundstruktur seiner Persönlichkeit zu ermitteln.

Abb. 2: TRIOGRAMM®

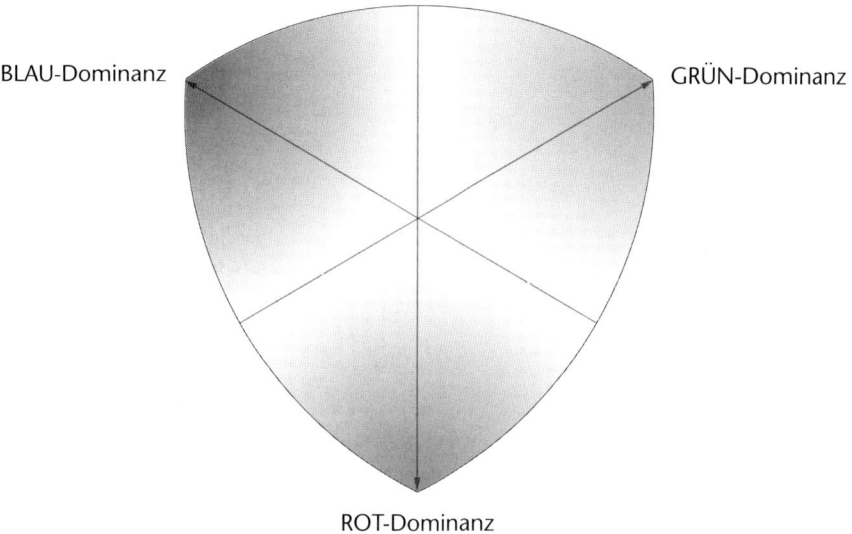

BLAU-Dominanz   GRÜN-Dominanz

ROT-Dominanz

Entwicklung und wissenschaftlicher Hintergrund

Das „drei-einige Gehirn"

Es ist naturwissenschaftlich abgesichert, dass wesentliche Persönlichkeitsmerkmale des Menschen von der individuellen Arbeitsweise seines Gehirns abhängen. Der amerikanische Hirnforscher Paul D. MacLean, Direktor des Instituts für „Brain Evolution and Behavior" am National Institute of Mental Health, Maryland, USA, hat nachgewiesen, dass das menschliche Gehirn aus drei Bereichen besteht, die evolutionsgeschichtlich verschieden alt sind und unterschiedliche Funktionen erfüllen: Das Stammhirn (auch „Reptilien-Gehirn" genannt) arbeitet instinktiv-gefühlsmäßig, das Zwischenhirn (auch „Limbisches System" genannt) ist impulsiv-emotional orientiert und das kühl-rationale Großhirn („Neocortex") leistet die Denkarbeit. Erst aus dem Zusammenwirken dieser drei Bereiche entsteht menschliches Verhalten.

3 Gehirne

81

Abb. 3: Das drei-einige Gehirn

Das Stammhirn

ist das älteste Gehirn, Speicher der Erfahrungen von Jahrmillionen, Sitz der *Instinkte* und Lebensgefühle.

Das Zwischenhirn

ist das Gehirn der *Emotionen*, der Selbstbehauptung im Daseinskampf.

Das Großhirn

ist das Gehirn der *Rationalität*, des planenden Handelns und der Voraussicht; es ist evolutionsgeschichtlich das jüngste Gehirn.

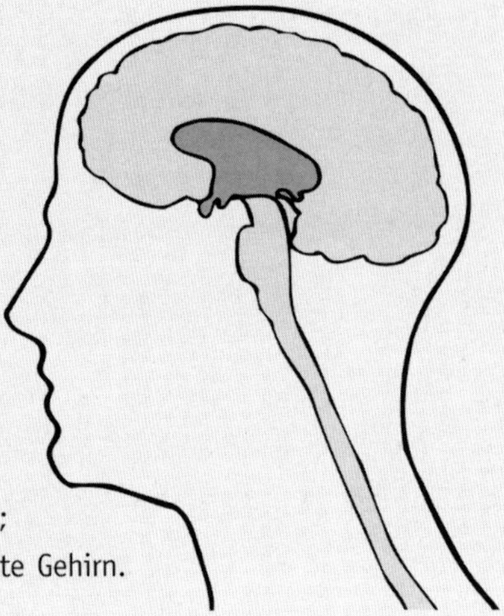

Linke Hirnhälfte/ Rechte Hirnhälfte Das Modell des drei-einigen Gehirns umfasst auch die *gesicherten* Erkenntnisse der Großhirn-Hemisphären-Forschung (linke/rechte Hirnhälfte). Die Annahme einer strikten funktionalen Zweiteilung des Großhirns kann nach den aktuellen Erkenntnissen der Neurowissenschaften nicht mehr aufrechterhalten werden.

Die Biostruktur der Persönlichkeit

Einfluss der drei Gehirne Jeder Mensch hat ein unterschiedliches Einflussverhältnis dieser drei Gehirne, das beim Erwachsenen konstant ist: seine individuelle Biostruktur. Das Einflussverhältnis der drei Gehirne ist genetisch festgelegt und bestimmt die individuellen Grundmuster der Persönlichkeit und des Verhaltens eines Menschen. So wie man akzeptieren muss, klein oder groß gewachsen zu sein, kann man auch die Biostruktur seines Gehirns nicht verändern.

Aktuelle Untersuchungen der Neurobiologie bestätigen die Arbeiten von MacLean nachdrücklich. So wurde beispielsweise in einer Studie der Universität Iowa mit Hilfe der *PET-Technik* (Positronen-Emissions-Tomographie), bei der die unterschiedliche Blutversorgung der Hirnareale von extravertierten und introvertierten Personen gemessen wurde, nachgewiesen, *dass das individuelle Zusammenwirken der Hirn-bereiche über bestimmte Persönlichkeitsmerkmale entscheidet.*

Die Biostruktur-Analyse

In den 70er-Jahren setzte sich der Anthropologe Rolf W. Schirm mit der „Chicago Scale", die an der Universität Chicago zur Selbstanalyse entwickelt worden war, sowie mit den empirischen Untersuchungen des Anthropologen William H. Sheldon auseinander. Sheldon hatte in seinen Arbeiten drei Temperamente signifikant unterschieden: *Viscerotonie*, *Somatotonie* und *Cerebrotonie*. Hinzu kamen Korrelationsun-tersuchungen der Psychologen Eysenck, Guilford, Cattel u. a. sowie eine „Psycho-Typologie der Zeit" nach Mann, Siegler und Osmond.

Entwicklung

Ihre Differenzierung bzw. Präzisierung als Strukturmodell und ihre na-turwissenschaftliche Untermauerung erhielten diese empirischen Er-gebnisse durch das aus der Evolution begründete „Triune Brain"-Kon-zept von MacLean.

Strukurmodell

Durch Messung oder neurophysiologische Begründbarkeit konnte Schirm in Zusammenarbeit mit MacLean 102 Indikatoren – also Aus-sagen über spezifische Einstellungen sowie Verhaltens- und Reakti-onsweisen – identifizieren und definieren, die einen eindeutigen Zu-sammenhang mit den drei Hirnbereichen Stamm-, Zwischen- und Großhirn aufwiesen. Nach Erprobung verschiedener Versionen wur-den für den Zweck der Selbstanalyse aus den 102 validen Items zunächst 24 ausgewählt, die die nötige Trennschärfe aufwiesen. Zur weiteren Differenzierung der Aussagen wurde diese Zahl auf 39 Items gesteigert, die in 10 Aufgaben zusammengefasst wurden. Die Auswahl der 39 Items erfolgte aufgrund des „D-Value" („Discrimination Value" nach C. E. Lawshe), der die Trennschärfe eines jeden Items feststellt. In der vorliegenden Fassung der Selbstanalyse wurden nur Items mit einem D-Value von +1.0 und höher zu beiden anderen Komponen-ten aufgenommen. Die Überprüfung der Items an 9.020 Personen ergab die Durchschnittstrennschärfe von +1,8.

102 Verhaltens-indikatoren

83

Genetisch veranlagte und umwelt-bedingte Persönlichkeitsmerkmale

Unveränderbare
Grundstrukturen
und veränderbare
Persönlichkeits-
merkmale

Aktuelle Erkenntnisse der Molekularbiologie, Humangenetik und Neurobiologie bestätigen die Arbeiten von Maclean und Schirm:
Die *Expression der Gene*, also die Ausprägung und Realisierung der genetischen Information, ist auch Basis der Hirnentwicklung bzw. der
Funktionsweise des Gehirns. Die Biostruktur-Analyse unterscheidet
beim Erwachsenen – vereinfacht gesagt – zwischen genetisch-biologi-
schen (veranlagten), unveränderbaren Grundstrukturen und umwelt-
bedingten (erlernten) veränderbaren Merkmalen der Persönlichkeit.
Bei einem Versuch, sich Verhaltensweisen auf Dauer anzutrainieren,
die nicht mit der eigenen Grundstruktur übereinstimmen, oder bei
einem Zwang, auf Dauer ein nicht zur eigenen Natur passendes Verhalten zeigen zu müssen (mangelnde Authentizität), entsteht ein kon-
stanter Stresszustand. Folgen sind Unglaubwürdigkeit, Überforderung,
Sinnlosigkeit und – wie die Psycho-Neuro-Immunologie überzeugend
nachgewiesen hat – psychische und psychosomatische Störungen.

Genotyp und Phänotyp

„Betriebssystem"
des Gehirns

Die Biostruktur-Analyse ist nicht mit Persönlichkeitstests bzw. -analy-
sen vergleichbar, die (mehr oder weniger) „umwelt-bedingt" und „situativ" ausgerichtet sind. Die Biostruktur-Analyse liegt auf einer anderen Ebene, nämlich auf der des unveränderbaren „Betriebssystems"
des „Bio-Computers" Gehirn und nicht auf der Ebene der veränderbaren „Softwareprogramme". Oder in der Terminologie der Genetik
ausgedrückt: Das Struktogramm als Ergebnis der Biostruktur-Analyse
repräsentiert Grundmuster des unveränderbaren *Genotyps* und nicht
die daraus abgeleiteten Varianten des *Phänotyps* eines Menschen.

Die Rolle der Neurotransmitter

Gehirn-Botenstoffe

Eine besondere Rolle bei der Regelung des Aktivitätsniveaus der Hirn-
bereiche und damit bestimmter Grundmuster des Verhaltens spielen
spezifische *Neurotransmitter* (Gehirn-Botenstoffe). Hier haben aktuelle
Forschungsarbeiten im Rahmen der Humangenetik bzw. Molekularbiologie gezeigt, dass Produktion und Wirkung dieser Neurotransmitter genetisch gesteuert werden. In der Folge konnten bestimmte Neurotransmitter mit bestimmten Persönlichkeitsmerkmalen und
Verhaltensweisen korreliert werden. Beispielsweise ist ein Gen mit der

Bezeichnung „D4DR" für die Produktion eines Rezeptors verantwortlich, der an der Wirkung des Neurotransmitters „Dopamin" maßgeblich beteiligt ist. Dopamin wiederum steht in Verbindung mit der Ausprägung des Persönlichkeitsmerkmals „Suche nach Neuartigem",
einem Merkmal des Großhirns (BLAU-Bereich im Struktogramm).

Vereinfacht dargestellt, erfolgt insgesamt die Regelung des Aktivitätsniveaus der drei Hirnbereiche durch die Neurotransmitter *Serotonin*
(Stammhirn), *Noradrenalin* und *Adrenalin* (Zwischenhirn/Limbisches
System) sowie *nigrostriatales und mesolimbisches Dopamin* (Großhirn).
Neben ihrer direkten Wirkung über die entsprechenden Hirnbereiche
beeinflussen die genannten Neurotransmitter auch das Zusammenwirken dieser drei Bereiche gemäß ihrer individuellen Dominanz-Hier-
archie (mit der Folge, dass auch psychosomatische Prozesse bei
verschiedenen Menschen unterschiedlich ablaufen). Weitere Neurotransmitter, wie z. B. GABA (Gamma-Aminobuttersäure), Glutamat
oder Aspartat, wirken dabei als Modulatoren.

Die individuelle Homöostase
Jeder Mensch hat einen spezifischen „Spiegel" dieser Neurotransmitter,
die persönlich-individuelle Homöostase der *Neurotransmitter* seines Gehirns. Das durch sie entstehende *„Fließgleichgewicht"* ist genetisch festgelegt und „Maßstab" wie „Wegweiser" für die individuellen Antworten und Reaktionen auf Herausforderungen der Umwelt. Erfolgt auf
Dauer eine Abweichung von der individuellen Homöostase – beispielsweise durch mangelnde Authentizität im Verhalten – entsteht
zwangsläufig der bereits erwähnte Stresszustand mit seinen negativen
psychischen und psychosomatischen Folgen.

Individuelle Reaktionen auf die Umwelt

Das *Struktogramm ist ein Abbild des individuellen Einflussverhältnisses der
drei Gehirne* und repräsentiert somit auch die individuelle Homöostase ihrer Neurotransmitter.

85

Kernaussagen und Ergebnisse

Authentizität

Zentrales Problem vieler Trainingsmaßnahmen ist, dass mehr oder weniger von einer *„völligen" Veränderbarkeit aller Persönlichkeitsmerkmale* bzw. Verhaltensweisen ausgegangen wird. Durch die Biostruktur-Analyse wird erkennbar, welche man auf Dauer problemlos verändern kann und welche nicht – und wie man sich in Übereinstimmung mit seiner Natur weiterentwickeln kann. Erst, wenn das erlernte Verhalten erkennbar stimmig ist zur *individuellen Grundstruktur der eigenen Persönlichkeit*, ist ein Mensch authentisch – eine zentrale Voraussetzung für wirkungsvolle Trainingsarbeit und den persönlichen Erfolg!

Komponenten-Merkmale

Das Struktogramm als Ergebnis der Biostruktur-Analyse repräsentiert die individuellen Grundmuster der Persönlichkeit und des Verhaltens. Die wesentlichen, generellen Merkmale sind in Abbildung 4 dargestellt.

Abb. 4: Komponenten-Merkmale

	STAMMHIRN GRÜN-Komponente	ZWISCHENHIRN ROT-Komponente	GROSSHIRN BLAU-Komponente
Beziehung zu Menschen	Kontakt Streben nach menschlicher Nähe Gespür für Menschen Allgemeine Beliebtheit	Dominanz Streben nach Überlegenheit Natürliche Autorität Neigung zum Wettbewerb	Distanz Streben nach Sicherheits-Abstand Zurückhaltung Tendenz zur Verschlossenheit
Orientierung in der Zeit	Vergangenheit Bauen auf Vertrautes Handeln aus Erfahrung Vermeiden radikaler Veränderungen	Gegenwart Erfassen des Augenblickes Impulsives Handeln Aktivität und Dynamik	Zukunft Bedenken der Konsequenzen Planvolles Handeln Streben nach Fortschritt
Denk- und Arbeitsweise	Erspüren Intuition und Fingerspitzengefühl Verlässliche erste Eindrücke Fantasie	Begreifen Konkretes und praktisches Denken Schnelles Erkennen des Machbaren Neigung zum Improvisieren	Ordnen Systematisches Denken Hohes Abstraktionsvermögen Hang zur Perfektion
Erfolg durch	Sympathie	Mitreißen	Überzeugen

Die Biostruktur-Analyse ist kein psychologischer Test

Die *Biostruktur-Analyse ist kein psychologischer Test*, sondern eine *wertfreie (Selbst-)Analyse menschlicher Grundstrukturen* auf naturwissenschaftlich-biologischer Basis. Ihre Einsatzgebiete sind genau abgegrenzt; z. B. darf das Struktogramm nicht als Bewerbertest eingesetzt werden.

Das Struktogramm ist ein *„Ordnungsprinzip" zur Strukturierung von Veranlagungen und Lernprozessen* im Umgang mit sich selbst (und anderen). Es soll und kann nicht alles im Verhalten des Menschen erklären, zeigt aber die genetisch-veranlagten Grundmuster und damit die „biologischen Rahmenbedingungen" für das Verhalten auf.

Struktogramm ist Ordnungsprinzip

Das heißt, dass die Biostruktur-Analyse insgesamt ein dynamisches System zur Selbstkenntnis und Persönlichkeitsentwicklung ist, weil sie die statische Fixierung von Testergebnissen sowie die starren Grenzen herkömmlicher Typologien überwindet.

Durchführung einer Analyse

Die Biostruktur-Analyse wird in Form einer Selbstanalyse im Rahmen eines Tages-Intensiv-Seminars durchgeführt. Die Teilnahme am Seminar ist erforderlich, da die Hinweise des Trainers sowie die Übungen, Arbeiten und Diskussionen Voraussetzung zur optimalen praktischen Anwendung des Struktogramms sind. Der Zeitbedarf für die „reine" Selbstanalyse beträgt rund eine Stunde. Die Erläuterung der Struktogramme erfolgt durch den Trainer. Darüber hinaus können die Ergebnisse bzw. die Komponenten-Merkmale des Struktogramms vom Teilnehmer in den Seminarlehrmitteln detailliert nachvollzogen werden.
Für Struktogramm-Trainer besteht die ausdrückliche Verpflichtung, den Seminarteilnehmern das Biostruktur-Analyse-Material sowie die Struktogramm-Scheibe mit der Aufforderung auszuhändigen, die Analyse im privaten Umfeld gemeinsam mit (einem) Menschen ihres Vertrauens – z. B. Ehe-/Lebenspartner, Eltern/Geschwister, Freund/Freundin – noch einmal durchzuführen und zu besprechen. Ziel ist, das Eigenurteil im Seminar mit dem Fremdurteil eines vertrauten Menschen in Übereinstimmung zu bringen.

Analyseverfahren

Über 90 Prozent aller Seminarteilnehmer wiederholen die Biostruktur-Analyse auf diese Weise. Dabei ist festzustellen, dass sozusagen „zwangs-läufig" bzw. „automatisch" ein ergebnis-bestätigender oder -korrigie-render Lernprozess stattfindet. Bei nicht übereinstimmendem Eigen- und Fremdurteil werden bestimmte Antworten in der Selbstanalyse z. B. als „Wunschvorstellung" bzw. „soziale Erwünschtheit" oder be-stimmte Verhaltensweisen als von außen „aufoktroyiert" erkannt. Ge-nerell wird die Sensibilität zur Unterscheidung von *dispositiv-authen-tischem Verhalten* und *situativem Rollenverhalten* entscheidend gesteigert.

Überprüfung von Lernprozessen

Die Überprüfung der *Lernprozesse* sowie der Struktogramm-Ergebnisse – und damit auch der Nachweise ihrer Reliabilität (Zuverlässigkeit) – ist leicht möglich, da über drei Viertel aller Teilnehmer der Struktogramm-Selbsterkenntnis-Seminare zu einem späteren Zeitpunkt an einem Trio-gramm-Menschenkenntnis-Seminar teilnehmen.

Insgesamt zeichnet sich das Struktogramm – spätestens nach vollzo-genem Lernprozess – bei Erwachsenen durch hohe Reliabilität und Stabilität aus. Die *Stabilität genetisch veranlagter Persönlichkeitsmerk-male* hat die moderne Zwillingsforschung eindrucksvoll bestätigt.

Nutzen für den Anwender

Schlüssel zur Selbstkenntnis

Das Struktogramm gibt dem Seminarteilnehmer den Schlüssel zur *Selbstkenntnis,* das heißt die genaue Kenntnis seiner persönlich-indivi-duellen Biostruktur und damit seiner Chancen und Risiken, seiner Stärken, Schwächen und Begrenzungen, seiner wirkungsvollsten Aus-drucksformen und seiner individuellen Stilmittel. Anstelle von allge-meinen Handlungsrezepten wird die Individualität des einzelnen Men-schen in den Vordergrund gestellt, damit er sein persönliches Potenzial optimal ausschöpfen kann. Er lernt, wie er sich in Übereinstimmung mit seiner Natur weiterentwickeln kann (Authentizität). Die Einsicht in seine individuelle Biostruktur ermöglicht ihm die *bewusste* Wahl der idealen Leitbilder, die Erarbeitung realistischer Ziele, den Aufbau Er-folg versprechender Strategien und die Anwendung z. B. der zu ihm passenden Verkaufstechniken oder Führungsmethoden.

Das Triogramm gibt dem Seminarteilnehmer den Schlüssel zur *Menschenkenntnis*. Er lernt, die Biostruktur anderer Menschen zu erkennen, und wird sensibler für ihr Verhalten. Er kann Menschen in ihrer Individualität besser verstehen, adäquat mit ihnen umgehen und unnötige Konflikte vermeiden. Er wird ihr vermutliches Verhalten besser vorhersehen und erkennen, was er von ihnen erwarten kann und was er nicht erwarten sollte. Mit dem Triogramm ist es ferner möglich, mehrere Biostrukturen zu „orten" und so z. B. auch Teams zu analysieren und optimal zusammenzusetzen. Automatische Folge des Triogramm-Trainings ist die Optimierung der Sozialkompetenz.

Schlüssel zur Menschenkenntnis

Besondere Stärken der Biostruktur-Analyse sind dabei einfache Handhabung, geringer Zeitaufwand, einprägsame Visualisierung der Ergebnisse durch die *Struktogramm-Scheibe* sowie die *Triogramm-Box* und vor allem der leichte und unmittelbare Praxistransfer. Vorliegende Evaluierungs-Daten zeigen dies in beeindruckender Weise.

Stärken der Biostruktur-Analyse

Persönlichkeit und Verhalten sind Resultate aus dem Zusammenwirken zweier Grundaspekte: der genetisch veranlagten Persönlichkeitsstruktur (Biostruktur) und den Einflüssen der Umwelt. Struktogramm-Trainer nutzen daher die Biostruktur-Analyse auch als „dispositive" Basis zur Individualisierung von Folgetrainings. Sie bauen Struktogramm und Triogramm mit großem Erfolg in Führungs-, Verkaufs- oder Kommunikationstrainings ein. Das gesamte Training wird durch die Biostruktur-Analyse realistischer, wirkungsvoller und sinnvoller, da nicht nur umwelt-bedingte, sondern vor allem auch genetisch-biologische Elemente der menschlichen Persönlichkeit beachtet werden. Struktogramm und Triogramm lassen sich dabei sehr gut kombinieren mit Trainingsmethoden, die von den veränderbaren Aspekten des Verhaltens ausgehen.

Individualisiertes Folgetraining

Marktpräsenz und Lizenzierung

Marktpräsenz

Das *Deutsche STRUKTOGRAMM®-Zentrum (DSZ-Gesellschaft für Persönlichkeits- und Unternehmens-Entwicklung mbH)* mit seinen Büros in

Frankfurt, Speyer (Service + Vertrieb), Berlin und Hamburg wurde 1982 gegründet, die Gründung weiterer Büros ist geplant. DSZ ist exklusiver Franchisenehmer für die Bundesrepublik Deutschland im Rahmen eines internationalen Franchisesystems. Franchisegeber ist das Institut für Biostruktur-Analysen AG (IBSA) in Baar/Schweiz; IBSA ist international seit 1983 tätig. Die Lehrmittel sind in 18 Sprachen übersetzt. Im deutschsprachigen Raum werden jährlich etwa 25.000 Analysen durchgeführt.

Nahezu 700.000 Teilnehmer Insgesamt haben bis einschließlich 2001 nahezu 700.000 Teilnehmer bei rund 1.000 Struktogramm-Trainern an Struktogramm-Seminaren teilgenommen; davon im deutschsprachigen Raum etwa 600.000 Teilnehmer bei 800 Struktogramm-Trainern (ca. zwei Drittel firmeninterne und ein Drittel freie Trainer).

Lizenzierung zum STRUKTOGRAMM®-Trainer

Die Biostruktur-Analyse mit STRUKTOGRAMM® und TRIOGRAMM® ist international urheber- und markenrechtlich geschützt. Voraussetzung für eine Lizenzierung ist die praktische Erfahrung als Trainer sowie der Nachweis von Kundenreferenzen. Nach Besuch eines Tages-Intensiv-Seminars bei einem Struktogramm-Master-Trainer („Froschperspektive") erfolgt in der Regel der Besuch eines zweiten Struktogramm-Seminars („Vogelperspektive"). Bei Abschluss des Lizenzvertrags erfolgt die Übergabe des Struktogramm-Trainer-Pakets, das sämtliche Seminarlehrmittel enthält, z. B. Trainer-Handbuch, Video-Filme (auch auf DVD), Overhead-Folien (auch auf CD-ROM), Grundlagenbände, Struktogramm-Präsentation auf CD-ROM, Werbematerial usw.

Trainer-Netzwerk Nach Einarbeitung in das Trainer-Handbuch wird eine Supervision beim ersten Training des zu autorisierenden/lizenzierenden Trainers und/oder eine vorherige Fachunterrichtung durch einen Struktogramm-Master-Trainer (Dauer: etwa ein Tag) durchgeführt. Danach wird – bei erfolgreichem Abschluss – die Autorisierungsurkunde überreicht. Im Anschluss an die ersten eigenen Trainings findet ein Trainer-Erfahrungsaustausch statt. Über das Struktogramm-Trainer-Netz-

90

werk sind ein regelmäßiger Dialog sowie eine kontinuierliche Weiterbildung gewährleistet.

Mit der Autorisierung/Lizenzierung verpflichtet sich der Trainer, die Original-Bände zur Biostruktur-Analyse in seinen Seminaren einzusetzen. Diese Bände bezieht er vom Deutschen Struktogramm-Zentrum und händigt sie an seine Seminarteilnehmer aus. Je nach bezogener Menge kommt eine Rabattstaffel auf den Grundpreis zum Tragen. Ansonsten fallen keinerlei Lizenzgebühren an, auch nicht auf die Honorare des Trainers.

Bei der Triogramm-Lizenzierung erfolgt – bei gleichen Kosten (siehe unten) – die Übergabe des Triogramm-Trainer-Pakets und entsprechend das gleiche Ausbildungs- und Autorisierungsverfahren. Bei gleichzeitigem Erwerb der Struktogramm- und Triogramm-Lizenz wird ein Nachlass von 1.000 EUR gewährt.

Kosten

Seminargebühren bzw. Honorare sind je nach Veranstalter und Trainer unterschiedlich. Eine Struktogramm-Lizenz kostet 4.850 EUR und umfasst die gesamte vierstufige Ausbildung, das Trainer-Paket mit sämtlichen Seminar-Lehrmitteln sowie die Aufnahme in das Trainer-Netzwerk.

Der Preis für den Band *Die Biostruktur-Analyse 1, Schlüssel zur Selbstkenntnis* mit Selbstanalyse, Erläuterung der Komponenten-Merkmale sowie Übungen, Checklisten und Struktogramm-Scheibe beträgt 42,50 EUR (mit Rabatt-Staffel).

Das öffentliche Struktogramm-Tages-Intensiv-Seminar des Deutschen Struktogramm-Zentrums kostet 435 EUR und beinhaltet den Band 1 mit Struktogramm-Scheibe, den Grundlagenband zur Biostruktur-Analyse sowie Speisen und Getränke. Die Kosten für den Band *Die Biostruktur-Analyse 2, Schlüssel zur Menschenkenntnis* mit Triogramm-Box (ebenfalls mit Rabatt-Staffel) sowie für das Triogramm-Tages-Intensiv-Seminar sind die gleichen wie beim Struktogramm.

Kontakt

Deutsches STRUKTOGRAMM®-Zentrum
Service + Vertrieb
Große Himmelsgasse 1
D-67346 Speyer
Tel.: (0 62 32) 62 29 00
Fax: (0 62 32) 62 34 60
E-Mail: dsz.gmbh@t-online.de
Internet: www.struktogramm.de

Literatur

Birbaumer, Niels / Schmidt, Robert F.: *Biologische Psychologie*. 4. Aufl. Berlin / Heidelberg / New York 1999

Borkenau, Peter: *Anlage und Umwelt*. Göttingen 1993

Ciompi, Luc: *Die emotionalen Grundlagen des Denkens*. Göttingen 1997

Damasio, Antonio R.: *Descartes' Irrtum. Denken und das menschliche Gehirn*. München 1994

Effron, Robert: *The Decline and Fall of Hemispheric Specialisation*. Lawrence Earlbaum Press. Hillsdale 1990

Forth, Wolfgang u. a. (Hrsg.): *Allgemeine und Spezielle Pharmakologie und Toxikologie*. 7. Aufl. Heidelberg / Berlin / Oxford 1998

König, Karl: *Kleine psychoanalytische Charakterkunde*. 5. Aufl. Göttingen 1999

MacLean, Paul D.: *A Triune Concept of the Brain and Behavior*. Toronto 1973

MacLean, Paul D.: *The Triune Brain in Evolution. Role in Paleocerebral Functions*. New York / London 1990

MacLean, Paul D. / Guyot, Roland: *Les Trois Cerveaux de I'Homme*. Paris 1990

Meier, Heinrich (Hrsg.): *Die Herausforderung der Evolutionsbiologie*. München 1989

Norretranders, Tor: *Spüre die Welt. Die Wissenschaft des Bewusstseins*. Reinbek 1994

Pert, Candace B.: *Moleküle der Gefühle. Körper, Geist und Emotionen*. Reinbek 1999

Schirm, Rolf W.: *Die Biostruktur-Analyse 1. Schlüssel zur Selbstkenntnis*. 26. Aufl. Baar 2001 *

Schirm, Rolf W.: *Die Biostruktur-Analyse 2. Schlüssel zur Menschenkenntnis*. 12. Aufl. Baar 2000 *

Schirm, Rolf W / Schoemen, Juergen: *Evolution der Persönlichkeit. Die Grundlagen der Biostruktur-Analyse*. 9. Aufl. Baar 2002

Steffens, Reinhard: *Spuren ins Licht. Auf dem Wege zu einem neuen Menschenbild*. München 2001

Strachan, Tom / Read, Andrew P.: *Molekulare Humangenetik*. Heidelberg / Berlin / Oxford 1996

Uexküll, Thure u. a. (Hrsg.): *Psychosomatische Medizin*. Studienausgabe. 5. Aufl. München / Wien / Baltimore 1996

Vroon, Piet: *Drei Hirne im Kopf*. Zürich 1993

Walter, Henrik: *Neurophilosophie der Willensfreiheit*. Paderborn 1998

Weiner, Jonathan: *Time, Love, Memory*. New York 1999

Zentner, Marcel R.: *Die Wiederentdeckung des Temperaments*. Paderborn 1993

* nur im Rahmen von Seminaren autorisierter STRUKTOGRAMM®-
  Trainer erhältlich.

Der Autor

Juergen Schoemen, Jahrgang 1946, setzt sich seit Jahren intensiv mit den anthropologischen Disziplinen auseinander und hat eng mit Rolf W. Schirm (†), dem Begründer der Biostruktur-Analyse, zusammengearbeitet. Er ist geschäftsführender Gesellschafter des Deutschen STRUKTOGRAMM®-Zentrums, Speyer / Frankfurt / Berlin / Hamburg, sowie Inhaber der Juergen Schoemen Consulting (Internationale Management-Beratung) in Frankfurt / Main.

FRIEDBERT GAY

Modell 3: Verhaltensstile entdecken –
mit dem DISG-Persönlichkeits-Profil®

Überblick

Das DISG-Persönlichkeits-Profil® kategorisiert Verhalten von Menschen und untersucht Motive (Beweggründe) für Handlungen. Es basiert auf den Forschungen der beiden Amerikaner John G. Geier und William M. Marston. Dabei werden vier grundlegende Verhaltensstile (dominant, initiativ, stetig und gewissenhaft) definiert:

Verhaltensstile

Jeder zeigt generell Verhaltenstendenzen aus jedem dieser vier Verhaltensstile. Menschen neigen jedoch dazu, je nach beruflichem oder privatem Umfeld einen dieser Stile öfter an den Tag zu legen als die anderen drei. Für die vier Stile beschrieb Marston 15 verschiedene beobachtbare Verhaltensweisen („DISG®-Typen"), denen er Begriffe wie *Entwickler, Förderer, Überzeuger* etc. zuordnete. Geier setzte diese Erkenntnisse in den 60er-Jahren in ein Persönlichkeits-Profil um. Daraus entwickelte er ein Zwei-Achsen-Modell mit vier Quadranten.

Verhalten in konkreten Situationen

Mit dem DISG-Persönlichkeits-Profil® wird Verhalten, das normalerweise erst durch langes Beobachten und durch Gespräche bewusst wird, in konkreten Situationen sichtbar gemacht. Die Quadranten beschreiben Verhalten in verschiedenen Ausprägungen von extravertiert bis introvertiert und von menschenorientiert bis aufgabenorientiert.

Erste Auswertungsstufe

Das Verhalten wird in der ersten Auswertungsstufe mit den vier Dimensionen *dominant, initiativ (beeinflussend), stetig (unterstützend) und gewissenhaft* beschrieben. Ziel der ersten Stufe ist es, dass der Teilnehmer die vier grundlegenden Verhaltensstile kennen lernt. Dabei bearbeitet er zunächst in etwa zehn bis zwölf Minuten ein Profil mit 24 Wortgruppen und erhält in drei Diagrammen eine erste Information über seine Verhaltenspräferenzen aus drei Blickwinkeln. Hier wird jedem sehr schnell das eigene Verhalten im gewählten Umfeld bewusst. Eigene Stärken und auch Schwächen (Begrenzungen) werden erkannt und durch Selbsterarbeitungsphasen beleuchtet. Als Aspekte werden „Allgemeine Tendenzen, Umfeldanforderungen, Unterstützungshilfen und Hilfestellungen zur Entfaltung" beschrieben. Schon im ersten Schritt kommt es zu Aha-Erlebnissen, weil den Teilnehmern z. B. Konflikte mit Kollegen bewusst und Verhaltensweisen bzw. Reaktionen ihres Umfeldes plötzlich verständlich werden.

Zweite Auswertungsstufe

In einem zweiten Schritt werden Kombinationen der vier Dimensionen beschrieben und so der Verhaltensstil noch weiter differenziert. Hier geht es um vertiefende Einsichten. Die Teilnehmer personalisieren ihre Erkenntnisse. Sie setzen sich mit den Informationen über ihre Person wie z. B. „Grundtendenz, Zielvorstellungen, Bewertet andere, Beeindruckt und beeinflusst andere, Beitrag für eine Organisation, Mögliche Reaktionen

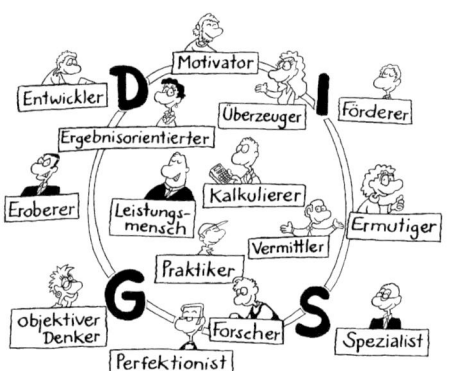

unter Stress, Befürchtungen und Hinweise zur Effektivitätssteigerung" auseinander und lernen, sie in ihrem Alltag anzuwenden. Ziel ist es, eigene Bedürfnisse und die anderer Menschen besser zu verstehen. Dies steigert die persönliche, die fachliche und die soziale Kompetenz.

In einem dritten Schritt erfährt der Teilnehmer, welche Tendenzen mit großer Wahrscheinlichkeit vorhanden sind. Auch hier geht es darum, die Interpretation zu individualisieren. Nachdem es in den beiden ersten Schritten um den Probanden selbst geht, ist die dritte Stufe dazu geeignet, neben der Selbsterkenntnis die erlernten Informationen für den erfolgreichen Umgang mit anderen zu verwenden. Die Themen der Fremdeinschätzung und des Umgangs mit anderen können jetzt bearbeitet werden. So kann die methodische Kompetenz jedes Einzelnen gesteigert werden.

Dritte Auswertungsstufe

Entwicklung und wissenschaftlicher Hintergrund

Grundlagen

William Moulton Marston beschäftigte sich in den 20er-Jahren des letzten Jahrhunderts mit der Frage, welche Emotionen der normale Mensch zeigt und wie sie sich differenzieren lassen. Der Terminus „normaler Mensch" wirkt heute eher befremdlich, wurde jedoch in einer Zeit gebraucht, in der das Hauptaugenmerk der psychologischen Forschung auf psychischen Krankheiten lag.

Erforschung des „normalen" Menschen

Marston beschäftigte sich mit Verhaltensweisen, die er aufgrund von Beobachtung erkennen konnte, und stellte fest, dass Menschen sich in verschiedenen Umfeldern sehr unterschiedlich verhalten können. Außerdem fand er heraus, dass Menschen in ihrem Umfeld sich als stärker oder schwächer erleben. Dieses Erleben beeinflusst ihr Verhalten und die Art und Weise, wie sie auf ihre Umwelt zugehen bzw. wie sie Einfluss auf sie nehmen. Marston untersuchte in Bezug auf menschliches Verhalten die Kategorien *Dominanz (dominance), Zustimmung (compliance), Gewissenhaftigkeit (consciousness), Unterwerfung (submission) und Veranlassung (inducement).*

Verhalten in verschiedenen Umfeldern

97

John Geier John Geier ist der eigentliche Entwickler des DISG-Persönlichkeits-Profils®. Er lernte in den frühen 50er-Jahren die Theorie von Marston kennen und entwickelte die Items des Profils, die grafischen Darstellungen und den ipsativen Fragebogen. Alle Wettbewerbsinstrumente, die mit 24 Wortgruppen arbeiten, gehen auf ihn zurück.

Geier nutzte das Instrument zunächst nur im universitären Kontext in seiner Arbeit mit den Studenten. Er nannte dieses Profil „Personal-Profile-System", da zu dieser Zeit, durch den Behaviorismus geprägt, das Verhalten mit der Persönlichkeit gleichgesetzt wurde. Parallel dazu gründete er die Performax Company und arbeitete kommerziell mit dem Profil. 1972 verkaufte er das Unternehmen und somit die Rechte des Persönlichkeits-Profils an die Carlson Learning Company in Minneapolis/Minnesota.

Dort wurde das Profil weiterentwickelt und statistisch überprüft. Durch ein Distributionssystem wird es heute weltweit entwickelt und verkauft.

Seit Mai 2000 heißt das Unternehmen Inscape Publishing Inc. und ist in den USA das führende Unternehmen im Bereich „Instrumental Learning" (Lernen mit Lerninstrumenten). In über 50 Ländern und in mehr als 44 Sprachen ist das Persönlichkeits-Profil verfügbar. Für den deutschsprachigen Bereich (Österreich, Schweiz, Liechtenstein und Deutschland) wird das DISG-Persönlichkeits-Profil® exklusiv von der DISG-Training GmbH in Remchingen (Pforzheim) vertrieben. Für Trainer und Weiterbildner werden Autorisierungen für die Lerninstrumente angeboten.

Evaluierung

Validität und Reliabilität Das „Personal-Profile-System®" konnte im Jahre 1983 die Konstruktvalidität belegen. Dort wurden Validität und Reliabilität mit verschiedenen psychologischen Instrumenten in drei Studien überprüft. Unter anderem wurde es mit dem API (Adult Personality Profil von Cattel), dem WAIS (Wechsler Adult Intelligence Scale), dem MBTI® (Myers-Briggs Type Indicator) und dem MMPI (Minnesota Multiphasing Personality Inventory) untersucht.

Aufbauend auf diesen Forschungen wurden seit 1990 verschiedene Reliabilitäts- und Validitätsuntersuchungen durchgeführt. Die wichtigsten waren:

- 1992 „A Study of the Constructs in the Personal Profile System"
- 1996 „The Personal Profile System 2800 Series"
- 1999 „Focus Point Research Report"

Alle Forschungserkenntnisse flossen in die Entwicklung der deutschen Version des DISG-Persönlichkeits-Profils® bei der 2000er Überprüfung mit ein. Für die Überprüfung des DISG®-Modells wurde bei der Befragung ein Likert-Skalen-Niveau gewählt. Zusätzlich wurde noch eine Berechnung mit der erzwungenen Wahl („Am ehesten, Am wenigsten") durchgeführt. Das deutschsprachige Persönlichkeits-Profil wurde 1994, 1997 und 2000 statistisch überprüft. Dabei wurde besonderer Wert auf die Entwicklung gültiger Items gelegt, welche man durch ein Übersetzungs-Reübersetzungsverfahren sowie ein deutsches Expertenteam erzielte. Die Daten wurden unter Berücksichtigung der Dateninformationen des Statistischen Bundesamtes für Alter, Schulbildung, Ausbildung, Industriezweig und Geschlecht in allen Bundesländern sowie in der Schweiz, Liechtenstein und Österreich erhoben.

An der Befragung 2000 nahmen insgesamt 1.111 Personen im Alter zwischen 18 und 65 Jahren teil. Das DISG-Persönlichkeits-Profil® wurde für Menschen im Erwerbsalter in ihrem Umfeld am Arbeitsplatz überprüft. Die Daten wurden in der Forschungsabteilung von Inscape Publishing Inc. ausgewertet und berechnet, wobei verschiedene statistische Testverfahren (Cronbachs Alpha Coeffizient, Interkorrelationsverfahren, usw.) zur Anwendung kamen. Zusätzlich liegen noch die Interkorrelationswerte sowie die „Mean-Werte" für alle 28 Wortgruppen vor. Eine gedruckte Version des Berichtes kann bei der DISG-Training GmbH gegen eine Schutzgebühr bezogen werden.

Befragung mit dem DISG-Persönlichkeits-Profil®

Parallel dazu wurde eine statistische Untersuchung für das DISG-Persönlichkeits-Profil® für Jugendliche (I-Sight) durchgeführt und erfolgreich abgeschlossen. Das I-Sight wurde für Jugendliche im Alter von 12 bis 18 Jahren validiert. Es nahmen 928 Jugendliche an der Befragung teil.

Persönlichkeits-Profil für Jugendliche

Deutsche Reliabilitätswerte

Folgende Reliabilitätswerte der vier Dimensionen ergab die deutsche 2000er Befragung:

> D = .90
> I = .92
> S = .82
> G = .91

Kernaussagen und Ergebnisse

Besonderheiten des Modells

Vielfalt durch Verschiedenheit

Mit dem Persönlichkeitsmodell wird Verhalten in konkreten Situationen beschrieben. Dadurch, dass Verhaltensweisen definiert werden, hilft das Modell dem Unternehmen und dem Einzelnen, eine wesentlich bessere Kommunikation aufzubauen und eine gemeinsame Sprache zu sprechen sowie Verhalten verstehen zu lernen. Mit der Grundprämisse „Vielfalt durch Verschiedenheit" wird die Basis für eine konfliktärmere Zusammenarbeit gelegt. Indem Menschen das Verhalten von anderen Menschen verstehen und deuten lernen, werden sie dialogfähiger und lernen, anderes Verhalten nicht zu stigmatisieren, sondern zu schätzen. Die Vielfalt verschiedener Verhaltensstile macht die Zusammenarbeit reicher und effektiver.

Die wichtigsten Verhaltenstendenzen

Dominanz

Dominanter Verhaltensstil

- Ist motiviert, Probleme zu lösen und schnelle Ergebnisse zu erreichen
- Stellt den Status quo in Frage
- Bevorzugt direkte Antworten, vielfältige Tätigkeiten und Unabhängigkeit.

„Typische" Aussagen könnten sein:

- „Am liebsten bin ich mein eigener Chef."
- „Ich weiß, was ich will, und setze mich dafür ein."
- „Ich fordere mich gerne selbst heraus."

Initiative

Initiativer Verhaltensstil

- Ist motiviert, andere zu überzeugen und zu beein- flussen
- Ist offen und drückt seine Gedanken und Gefühle in Worten aus
- Arbeitet am liebsten mit anderen zusammen.

„Typische" Aussagen könnten sein:

- „Ich erzähle gerne Storys und unterhalte andere gerne."
- „Ich kann mich über alles Mögliche aufregen."
- „Ich will frei sein von Detailarbeit und Kontrolle."

Stetiger Verhaltensstil

Stetigkeit

- Ist motiviert, ein berechenbares, organisiertes Umfeld zu schaffen
- Ist ein geduldiger Zuhörer
- Ist lieber Teammitglied als Team- leiter und hört lieber zu, als selbst zu reden.

„Typische" Aussagen könnten sein:

- „Ich arbeite gerne mit Menschen, die miteinander auskommen."
- „Ich helfe gerne anderen."
- „Bei der Erledigung von Aufgaben kann man sich auf mich verlassen."

Gewissenhafter Verhaltensstil

Gewissenhaftigkeit

- Bevorzugt ein Umfeld, welches klar definierte Erwartungen hat
- Ist eher diplomatisch und wägt das Pro und Contra ab
- Ist motiviert, hohe Standards zu er- reichen.

101

„Typische" Aussagen könnten sein:

- „Ich liebe es, Dinge zu analysieren."
- „Ich fühle mich in emotionsgeladenen Situationen unwohl."
- „Ich arbeite gerne mit Menschen zusammen, die organisiert sind und hohe Standards haben."

Durchführung einer Analyse

Ablauf

Individueller Fokus

Vor dem Ausfüllen überlegt sich der Proband, auf welche Situation und welches Umfeld er das Persönlichkeits-Profil anwenden möchte. Der Proband füllt danach das Profil mit 28 Wortgruppen unter Berücksichtigung der individuell gewählten Situation aus. Er wird sowohl beim Ausfüllen als auch bei der Auswertung durch die Anleitung im Buch Schritt für Schritt geführt. In jeder Wortgruppe wird eine Aussage in der Spalte „am ehesten" und eine Aussage in der Spalte „am wenigsten" gewählt.

Nachdem alle Wortgruppen auf diese Weise bearbeitet worden sind, zählt der Proband die einzelnen Symbole für die Spalte „am ehesten" zusammen, danach für die Spalte „am wenigsten". Die Ergebnisse werden in eine Auswertungsbox eingetragen und addiert. Nach dem Überprüfen der Ergebnisse werden die Zahlen in drei verschiedene Graphen übertragen: ein Diagramm für die Daten von „am ehesten", ein Diagramm für die Daten von „am wenigsten" und ein Diagramm für die Differenz. Die einzelnen Punkte in den Graphen werden anschließend zu einer Grafik verbunden. Nach der Auswertung kann der Proband in drei Interpretationsstufen seine Ergebnisse erarbeiten und ausdifferenzieren.

Selbstlerninstrument

Das DISG-Persönlichkeits-Profil® ist selbstanleitend, selbstauswertend und selbsterklärend, es kann als Selbstlerninstrument verwendet werden.

Für die computerunterstützte Auswertung ist zuerst das Ausfüllen des Profils auf einem Datenblatt oder online im Internet nötig, danach werden die Ergebnisse in den Computer eingegeben und dort die individuellen Gutachten mit den Diagrammen mit der jeweiligen Grafik erstellt.

102

Dauer

Das Ausfüllen des Profils mit den 28 Wortgruppen sollte spontan geschehen; die Zeitvorgabe liegt bei sieben bis zwölf Minuten und ist sehr leicht zu erreichen.

Auswertung

Die Bearbeitung der Papierversion ist selbstauswertend und kann zu Hause oder im Seminar durchgeführt werden. Sie dauert je nach individueller Schnelligkeit zwischen zehn und dreißig Minuten. Zur Auswertung und Vertiefung des Profils verfügt die Buchversion über drei Interpretationsstufen mit jeweils verschiedenen Informationsebenen. Zum Durcharbeiten der gewonnenen Ergebnisse und Diagramme sollte ein Zeitfenster von zumindest 1,5 Stunden zur Verfügung stehen.

Die Computerauswertungen werden vom autorisierten DISG®-Trainer vor Ort im Seminarraum oder in seinem Büro mittels PC erstellt. Viele Industriebetriebe arbeiten mit einem autorisierten DISG®-Trainer zusammen oder senden die Fragebogen zur Bearbeitung direkt an die DISG-Training GmbH. Der Computerreport ist in zwei Auswertungsstufen erhältlich, und zwar mit den Möglichkeiten „Auswertung elementar" und „Auswertung professionell" sowie mit den Ausprägungen „Führung", „Verkauf" oder „Beziehungsverbesserung".

Computerunterstützte Version

Der „Elementar"-Report umfasst etwa 17 Seiten zu:
- dem eigenen Ergebnis,
- höchsten Verhaltenstendenzen,
- motivierenden und demotivierenden Faktoren,
- dem bevorzugten Arbeitsstil,
- Erfolg versprechenden Strategien sowie
- zur Entfaltung der Persönlichkeit in Beruf und Privatleben.

Der „Professionell"-Report umfasst insgesamt ca. 30 Seiten; zusätzlich zu den 17 Seiten aus der Stufe „Elementar" enthält der Bericht Erfolgsstrategien und personalisierte Beschreibungen, die der Einzelne beim Durcharbeiten individualisiert:

- Strategien zur Führung anderer
- Wie man selbst geführt werden möchte
- Strategien zur Verbesserung des Verkaufs
- Neue Vorgehensweisen beim Verkaufen
- Strategien zum Aufbau positiver Beziehungen

Außer den zuvor genannten Möglichkeiten sind Variationen der Profile möglich, zudem ein Gruppenprofil zur Bildung effektiver Teams, ein Partner-Vergleichs-Profil und ein Stellen-Profil.

Nutzen für den Anwender

Persönlicher Wert:

Einsatzmöglich-
keiten

- Sich und andere besser verstehen lernen
- Besser mit anderen kommunizieren
- Grundsätzliche Verhaltenstendenzen
  von Personen verstehen lernen
- Die Stärken von anderen erkennen können und fördern
- Konfliktpotenziale erkennen lernen
- Vorschläge zur persönlichen Leistungssteigerung erhalten
- Erkennen der eigenen Begrenzungen und Entwicklungs-
  potenziale
- Die Verschiedenheit anderer respektieren und schätzen lernen
- Eine gemeinsame Sprache entwickeln, die dazu führt, eine
  Verstehensbasis für andere zu entwickeln.

Wert für das Unternehmen:

- Die Mitarbeiter übernehmen neue Auf-
  gaben mit größerem Erfolg.
- Das Unternehmen kann Teams nach in-
  dividuellen Stärken zusammensetzen.
- Eine gemeinsame Kommunikationsbasis lässt sich entwickeln.
- Das Konfliktpotenzial wird minimiert.
- Leistungspotenziale der Mitarbeiter werden entdeckt.

104

- Veränderungen im Alltag lassen sich schneller umsetzen.
- Mitarbeiter lernen, ihre Stärken besser einzusetzen und mit ihren Begrenzungen umzugehen.
- Verhaltensmuster werden deutlich und können identifiziert werden.
- Eine Anpassung an bestimmte Umfeldanforderungen wird ermöglicht.
- Das Leistungsvermögen des Mitarbeiters wird verbessert.

Marktpräsenz und Lizenzierung

Einsatzbereiche

Das DISG-Persönlichkeits-Profil® kann jeder zu Hause allein für sich bearbeiten. Allerdings ist es weitaus erfolgreicher, es als Instrument in einer Weiterbildungsmaßnahme einzusetzen. Da es sehr praktikabel und gehirngerecht aufbereitet ist, leistet es Außerordentliches, um Selbsterkenntnis zu erlangen und die persönlichen Stärken und Begrenzungen herauszuarbeiten. Die über 1.400 autorisierten Trainer setzen das DISG-Persönlichkeits-Profil® zur Führungskräfteentwicklung, Verkaufsschulung, Teamentwicklung, Konfliktberatung, zum Führungskräftenachwuchstraining, für Trainings zur sozialen Kompetenz, zum Zeitmanagementverhalten, Telefontraining, Mentoring und Coaching ein.

Alleine oder in Weiterbildungsmaßnahmen

Produkte

Das DISG-Persönlichkeits-Profil® wurde von Ph. D. John G. Geier „Personal Profile System®" benannt. Der Name wurde gewählt, da es zu dieser Zeit in der Psychologie noch nicht die Differenzierung zwischen Persönlichkeit und Verhalten gab. Bis heute wurde dieser Name beibehalten. Das „Personal Profile System®" wurde weltweit in 44 Sprachen übersetzt und in allen Ländern jeweils statistisch überprüft. Basierend auf dem DISG®-Persönlichkeitsmodell gibt es ca. 70 Produkte. Insoweit es sich dabei um Nischenprodukte wie z. B. „Zeitmanagement und Persönlichkeit" oder „Checkliste Grobeinschätzung" usw. handelt, haben wir solche Produkte der Übersicht halber nicht aufgeführt, sondern uns auf die wesentlichen Instrumente beschränkt.

Die wichtigsten Instrumente

- DISG-Persönlichkeits-Profil®
- DISG-Persönlichkeits-Profil® computerunterstützt
- Focus Point®
- I-Sight (für Teens und Jugendliche)
- DISG-Persönlichkeits-Profil® „Lightversion"
- DISG-Partner-Profil®

Marktpräsenz

- Seit 1962 am internationalen Markt
- Seit 1990 am deutschen Markt
- 70.000 Analysen im Jahr 2001 in Deutschland
- Durchgeführte Analysen (Stand: 12/2001):
    - Im deutschsprachigen Raum: 450.000
    - international: 36 Mio.
- 1.400 autorisierte Trainer im deutschsprachigen Raum
- ca. 10.000 autorisierte Trainer weltweit

Autorisierung für Trainer, Berater und Personalentwickler

Voraussetzungen

Voraussetzung für die Autorisierung zum DISG®-Trainer sind Trainer-Know-how im Bereich Verhaltenstraining und ein guter Leumund. Weitere Voraussetzungen gibt es nicht. Zusätzlich gibt es weiterführende Qualifizierungen in den Bereichen Teamentwicklung, Führungskräfteentwicklung, Verkauf allgemein und Verkauf im Einzelhandel. Hierfür wird eine Autorisierung im Persönlichkeitstraining vorausgesetzt.

Didaktische Hilfen

Der Trainer erhält einen Trainerleitfaden mit einem vollständig ausgearbeiteten „Wort für Wort"-Tages- und Halbtagesseminar, Gestaltungshilfen, Checklisten zur Vorbereitung des Seminars sowie Hintergründe der Theorie. Hinzu kommen Kopiervorlagen für ein Teilnehmerheft und Folienvorlagen.

Außerdem erhält er einen Trainerkoffer mit allen Produkten, die zum Persönlichkeits-Profil entwickelt wurden. Für die Arbeit mit dem Kunden stehen Seminartext, Kalkulationshilfen sowie Marketingmaterial zur Verfügung. Während der Autorisierung erhält der Trainer eine Auswertung seines Computerprofils. Zusätzlich bekommt jeder Teilnehmer eine CD-ROM mit ca. 70 Farbfolien, z. B. für eine Beamerpräsentation oder den Ausdruck von Farbfolien, und das Teilnehmerheft im PDF-Dateiformat.

Service

Umfangreiche Trainerfortbildung   Serviceelemente

- Trainerautorisierungen
- Trainerleitfaden
- Videos
- Trainer ERFA-Gruppe/Trainerforum
- Hotline für Trainer
- Trainercoaching
- DISG-Trainerforum
- Interpretationsunterstützung
- Weitere Autorisierungen für:
  - Zeitmanagement-Profil
  - Team-Profil
  - Führungs-Profil
  - Kommunikations-Profil
- Autorisierung für Firo-Element B
- Autorisierung für Shared Values (Organisationsentwicklung)

Umfangreiche Marketingunterstützung

- Aktive Verkaufsunterstützung für die autorisierten DISG-Trainer
- Validierungsstudien deutsch und international
- Kundenreferenzen für die autorisierten DISG-Trainer
- Presseartikel
- Produktkatalog
- Trainingsprospekte
- Musterangebote
- Musterseminarbeschreibungen
- Vorträge auf Messen und bei Institutionen

107

Trainer-/Beraterunterstützung

- E-Mail-System
- Express-Service
- Ratgeber
- Internationale Instrumente, sowohl auf Papier als auch EDV-unterstützt
- Maßgeschneiderte Produkte für Kunden
- Vorlage für Beamerpräsentationen
- E-Learning-Programme (Englisch)
- Internet-Links für Trainer und Berater

Anwenderunterstützung

- Produktkatalog
- Trainerproduktpreisliste
- Trainings-Prospekte
- Express-Service
- 0800 CALL DISG
- Telefon-Hotline
- Internetinformationen
- Vermittlung von Trainern
- Bücher im Buchhandel

Kosten

Preise für „Papier-Profile":

PP01	DISG-Persönlichkeits-Profil	24,20 EUR
PP14	Focus Point	19,40 EUR
PP15	I-Sight (für Jugendliche)	4,40 EUR
PP01K	DISG-Persönlichkeits-Profil „Lightversion"	17,66 EUR
PP02	DISG-Partner-Profil	25,90 EUR

Preise für computerunterstützte Auswertung:

PE01	DISG-EDV-Auswertung „Elementar"	54,00 EUR
PP01A	DISG-EDV-Auswertung „Professionell"	79,50 EUR
PE04B	DISG-EDV-Auswertung „Verkauf"	79,50 EUR
PE04C	DISG-EDV-Auswertung „Beziehungen"	79,50 EUR

Preise für Lizenzierung:

Autorisierung als Trainer   1.920,00 EUR

Inhalt:

- 3 Tage Training
- DISG-Trainerkoffer
- DISG-Trainerleitfaden
- Unterzeichnung der Antiscientologen-Erklärung
- Unterzeichnung des Trainervertrages

Alle Preise verstehen sich zuzüglich der gesetzlichen Mehrwertsteuer.

Kontakt

DISG-Training GmbH

Postfach 1125

D-75196 Remchingen

Telefon: (07232) 3699-0

Telefax: (07232) 3699-44

E-Mail: kontakt@disg.de

Internet: www.disg.de

www.shared-values.de

Literatur

Boyd, Charles: *Was für Eltern braucht mein Kind?*
Wuppertal: Brockhaus 1997

Gay, Friedbert: *DISG-Persönlichkeits-Profil.* 17. Aufl. Offenbach: Gabal
2001

Gay, Friedbert / Herzler, Hanno: *Ich brauch dich und du brauchst mich.*
Wuppertal: Brockhaus Taschenbuch Verlag 1996

Geier, John G. / Downey, Dorothy E.: *Energetics of Personality. Success
Through Quality Action. Introducing the Behavior Indicator.* Minneapolis:
Aristos Publishing Inc. House 1989

Küstenmacher, Werner Tiki: *Der Ich-Kompaß.* Haan: Brockhaus 1995

Marston, William M.: *Emotions of Normal People.* Minneapolis: Persona
Press Inc. 1979 (vergriffen)

Ritchey, Tom: *I´m Stuck, You are Stuck: Breakthrough to Better Work Re-
lationships and Results by Discovering your DISC Behavioral Style.* San
Francisco, CA: Berret-Koehler Publishers 2002

Seiwert, Lothar J. / Gay, Friedbert: *Das 1x1 der Persönlichkeit. Sich selbst
und andere besser verstehen mit dem DISG-Persönlichkeits-Modell.* 8. Aufl.
Offenbach: Gabal 2001

Der Autor

Friedbert Gay ist geschäftsführender Gesellschafter der DISG-Training GmbH in Remchingen bei Pforzheim. Er hat das DISG-Persönlichkeits-Profil® im deutschen Sprachraum eingeführt und ist maßgeblich für dessen Erfolg verantwortlich. Er gilt als Spezialist für Persönlichkeitsentwicklung und Werteimplementierung.

Er ist Herausgeber des DISG-Persönlichkeits-Profils®, Autor zahlreicher „DISG®-Produkte" und Fachartikel sowie Co-Autor von *„Das 1x1 der Persönlichkeit"* und *„Ich brauch dich und du brauchst mich"*.

Nach einer elektrotechnischen Aus- und Weiterbildung arbeitete er als Geschäftsführer im technischen Bereich. Seine Arbeit sowohl mit Technikern als auch mit Kaufleuten zeigte ihm, dass es nicht die technischen oder kaufmännischen Probleme waren, welche die Zusammenarbeit untereinander erschwerten, sondern die Menschen selbst. Sein Interesse für dieses Gebiet war so stark, dass er bei Inscape Publishing Inc. in Minneapolis eine Ausbildung absolvierte und Mastertrainer für den deutschsprachigen Raum wurde. Heute umfasst sein Aufgabenbereich die Autorisierung der Trainer und Berater, die mit dem DISG-Persönlichkeits-Profil® in Deutschland, Österreich, der Schweiz und den Niederlanden arbeiten. Er ist für die Produktentwicklung im Hause DISG-Training verantwortlich und hält regelmäßig Seminare sowie Vorträge zur Persönlichkeitsentwicklung und zur Werteimplementierung.

MARION KÜSTENMACHER

Modell 4: Das Enneagramm

Überblick

Das Enneagramm ist ein psychologisch-spirituelles Modell für den vollen Entwicklungsweg des Menschen. Es beschreibt neun gleichwertige Hauptaspekte menschlichen Seins, die hinter neun verschiedenen Charaktermustern „versteckt" sind. Die Grundidee: Jeder Mensch leidet an der Abwesenheit seines Hauptaspektes und sehnt sich danach, wieder Zugang zu diesem Wesenskern zu bekommen. Wer sein eigenes Enneagramm-Muster erkannt hat, kann lernen, zwischen seiner äußeren Persönlichkeitsstruktur und dem inneren Wesenskern zu unterscheiden. Transformatorisches Ziel dieses Weges ist es, sich bis in die Tiefenschichten der Psyche hinein diesem Wesenskern (Wahres Selbst) anzuvertrauen. Dabei wird die eigene Persönlichkeit immer transparenter und zu einer Quelle der Erkenntnis und Wirklichkeitsschau, die spirituelle Intuition mit psychologischer Klarheit verbinden kann. In dieser Hinsicht ist das Enneagramm im besten Sinne eine „Schule des Sehens", in der man sieht, was wirklich ist, und sich selbst, andere und den Urgrund allen Seins tiefer verstehen lernt.

9 Charaktermuster

Der Begriff „Enneagramm" leitet sich aus dem Griechischen „ennea gramma" ab und bedeutet einfach „Neuner-Figur". Damit wird ein Kreis bezeichnet, auf dem neun Punkte markiert sind, die so durch Linien miteinander verknüpft sind, dass die Struktur eines Sterns mit neun Spitzen im Kreis entsteht.

113

Abb. 1: Enneagramm

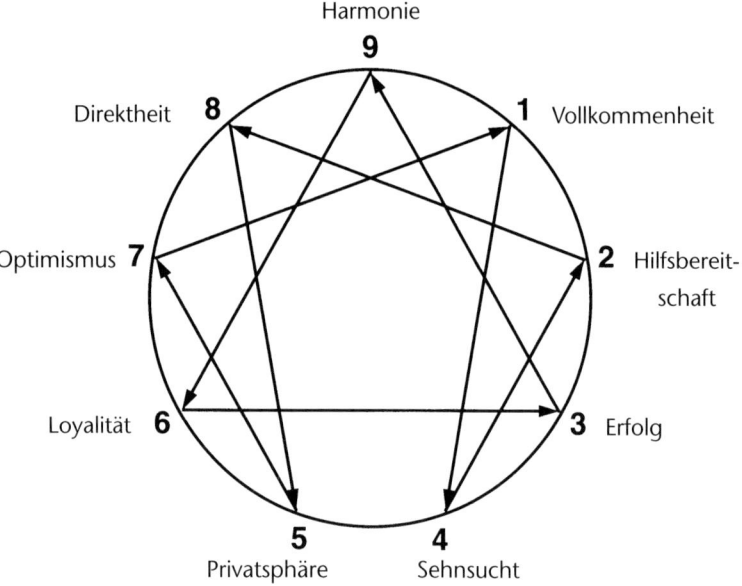

Die Typologie des Enneagramms beschreibt neun grundlegende Persönlichkeitsmuster, die deutlich voneinander zu unterscheiden sind. Die sternförmigen Verbindungslinien zwischen den neun Punkten stehen für die vielfältigen Beziehungen der neun Muster untereinander. Das Enneagramm umreißt diese Charaktermuster anhand von typischen, also immer wiederkehrenden Alltagsgewohnheiten, Verhaltensstrukturen und Wertesystemen und deckt die dahinter liegenden Wahrnehmungsfilter und Blockaden auf (die so genannten „Schattenanteile"). Teilweise schmerzliche Einsichten, aber auch das befreiende Lachen über sich selbst begleiten diesen Prozess, bei dem man lernt, vom „automatischen Reagieren im Muster" zu bewusst gewähltem Handeln „jenseits der Musterzwänge" zu kommen. Wer mit dem Enneagramm arbeitet, kann es auf drei Ebenen nutzen:

Ebene 1: Sich selbst besser verstehen

3 Erkenntnisebenen Die Kenntnis des eigenen Enneagramm-Musters unterstützt die individuelle Auseinandersetzung mit der persönlichen Hauptschwäche ebenso wie die Entwicklung des eigenen Potenzials. Das Enneagramm schult die objektive Selbstwahrnehmung und fördert psychische Reifungsprozesse: Die Persönlichkeit wird flexibler, ihr Wertesystem offener, ihr Aufmerksamkeitsstil ganzheitlicher.

Ebene 2: Andere besser verstehen

Auf der Beziehungsebene vertieft das Enneagramm die Menschenkenntnis und das Einfühlungsvermögen in andere Denk- oder Verhaltensweisen. Es fördert gegenseitigen Respekt und Toleranz und trägt so zu einem verständnisvolleren Umgang mit anderen Menschen bei.

Ebene 3: Den Lebenssinn finden

Das Enneagramm unterscheidet zwischen der erworbenen Persönlichkeitsstruktur (Muster) und der dahinter liegenden Essenz (Wesenskern, Wahres Selbst). Beide Aspekte miteinander in Einklang zu bringen ist Teil der spirituellen Dimension des Enneagramms. Der versöhnende Aspekt dieser Ebene zeigt sich auch im internationalen, interreligiösen und interkulturellen Dialog, den Enneagramm-Kenner unterschiedlichster Weltbilder und spiritueller Traditionen pflegen.

Das Enneagramm als *Persönlichkeitsmodell* ist urheberrechtlich nicht geschützt. Es darf von jedermann frei genutzt und weitergegeben werden. Eine der führenden Enneagramm-Trainerinnen und Buchautorinnen, die amerikanische Psychologin Helen Palmer, gewann in diesem Sinne einen Urheberrechtsprozess gegen Oscar Ichazo in den USA. Publikationen über das Enneagramm in Buchform u. Ä. werden durch das Urheberrecht für Autoren geschützt, d. h., bei Abdruck oder kommerzieller Verbreitung muss die Genehmigung des Verlages eingeholt werden.

Entwicklung und wissenschaftlicher Hintergrund

Ursprünge und Quellen

Die Quellengeschichte des Enneagramms ist komplex und noch nicht endgültig erforscht. Zum derzeitigen Erkenntnisstand: Der Entstehungslegende nach stammt das Enneagramm aus dem Nahen Osten, der Wiege der großen westlichen Religionen und Weisheitsschulen der „Magi", der morgenländischen Weisen. Einer von ihnen war der Universalgelehrte, Mathematiker und Priester Pythagoras († 496 v. Chr.), der seine Schüler in die geheimen Zusammenhänge des Kosmos einweihte und dafür die Zahlen von eins bis neun mit symbolischen Bedeutungen belegte. An dieses Wissen knüpfte im frühen Christentum

Entstehungslegenden

115

der Einsiedler und Wüstenvater Evagrius Ponticus († 399 n. Chr.) an. Er entwickelte eine Vorform des Enneagrammsymbols und verknüpfte seine Charakterpsychologie (acht statt neun Fixierungen) mit der Kosmologie des Pythagoras. Ein weiterer relevanter Quellenfund ist das grafische Modell der „neun Namen Gottes" des spanisch-katalanischen Mystikers Ramon Llull im 13. Jahrhundert, das dem Enneagramm auffallend ähnelt. Auch literarische Texte, wie Dantes Göttliche Komödie, liefern Quellenmaterial. In der Barockzeit finden sich bei dem Jesuiten Stefan Kirchner alchimistische Grafiken zu neun Lastern und Tugenden. Im Sufismus, der islamischen Mystik, werden die 99 Namen Gottes meditiert, wobei jeder Name auch eine psychologische Qualität hat, mit der man sich im Gebet auseinander setzt.

Neuschöpfung von Ichazo Das Enneagramm in seiner heutigen Gestalt als Modell der neun verborgenen Leidenschaften der Psyche dürfte eine Neuschöpfung sein, in die einerseits die spirituellen Weisheitslehren und andererseits die moderne Psychologie eingeflossen sind. Diese Form geht auf den bolivianischen Psychologen Oscar Ichazo (*1931) zurück. Ichazo behauptet, das Modell von einer geheimen Mysterienschule einer Sufi-Bruderschaft übernommen zu haben. Er ergänzte die sieben Leidenschaften (Todsünden) der christlichen Tradition mit zwei „verborgenen" Lastern und erforschte als Erster die Wechselwirkung zwischen diesen psychologischen Fehlhaltungen. Seit 1971 lehrte er diese Form des Enneagramms in Chile und den USA, wo es von dem chilenischen Psychiater Claudio Naranjo und seinen Schülern (u. a. Helen Palmer) am Esalen-Institut in Kalifornien weiterentwickelt wurde. Neben diesem psychologischen Traditionsstrang gibt es auch den christlichen: Im amerikanischen Jesuitenorden wurde das Enneagramm nach intensiver Prüfung schon sehr früh als Instrument der Seelsorge und geistlichen Begleitung übernommen und seit Mitte der Siebzigerjahre durch Mitarbeiter in der Mission weltweit mündlich verbreitet. 1984 erschien das erste (christliche) Enneagrammbuch in den USA, 1989 das erste in Deutschland.

Wissenschaftlicher Hintergrund

Seit 1971 wird das Enneagramm auch wissenschaftlich an wichtigen psychologischen Fakultäten amerikanischer Universitäten erforscht. Federführend ist dabei u. a. der Fachbereich für Psychiatrie und Verhaltensforschung an der Stanford School of Medicine, Kalifornien. Auch in Deutschland ist das Enneagramm Thema von Diplom- und Doktorarbeiten unterschiedlichster Fachbereiche wie Medizin, Psychologie, Kultur-, Sozial- und Religionspädagogik sowie Theologie, Religionswissenschaft und Philosophie. Besonders für interdisziplinäre und klinische Forschungsarbeit stellt das Enneagramm ein weites Feld dar.

Interdisziplinäre Forschung

Erkenntnistheoretisch bewegt sich das Enneagramm im Spannungsfeld zwischen *Intuition*, die das „Wesentliche" eines Musters erfasst, und *wissenschaftlicher Empirie*, die sich um systematische und präzise Kategorien bemüht. Diese Vorgehensweise gehört zum Konzept eines phänomenologischen Denkansatzes: Typologische Phänomenologie ist die intuitive Kunst, in äußeren komplexen Persönlichkeitsanteilen das Wesen zu erkennen und anschließend durch begleitende analytische Kontrolle anhand einzelner Indikatoren herauszufiltern. Entscheidend ist dabei die Fähigkeit, die Einzigartigkeit eines jeden Individuums stets im Blick zu behalten und nicht um der „stimmigen Typzuordnung" willen zu vernachlässigen.

Phänomenologischer Denkansatz

Kernaussagen und Ergebnisse

Das Enneagramm hat in Verbindung mit anderen therapeutischen Instrumenten eine stark fokussierende Wirkung, weil es hilft, das „eigentliche Thema" eines Menschen schneller aufzufinden. Es wirkt außerdem als synthetische und integrierende Kraft, wenn es zur Ergänzung und Vertiefung anderer Persönlichkeitsmodelle eingesetzt wird.

Fokussierende Wirkung

Alle Persönlichkeitsmuster sind gleich wertvoll. Die Muster werden deshalb von den meisten Autoren mit „neutralen" Zahlen bezeichnet, wobei die NEUN nicht besser ist als die EINS oder ZWEI usw.

Die neun Persönlichkeitsmuster

EINS: Vollkommenheit

Wertorientierung
Die Eins strebt nach Vollkommenheit. Sie lebt nach einem hohen Wertesystem und versucht, die Welt entsprechend zu verbessern und zu belehren. Einser sind ernsthafte Menschen, leben für ihre Arbeit und versagen sich oft das Vergnügen. Fehler und Unordnung belasten Einser, provozieren bei ihnen Ärger, Sturheit und Groll und können zu ihrem wundesten Punkt, dem Zorn, führen. Ihre Gaben sind Geduld, Sanftmut und Gelassenheit.

ZWEI: Hilfsbereitschaft

Beziehungs-orientierung
Die Zwei ist die personifizierte Hilfsbereitschaft. Sie ist beziehungsorientiert, engagiert sich für andere und will gebraucht werden. Mit Schmeichelei und Zuwendung wirbt sie um Vertrauen und Anerkennung. Manipulativ wird sie, wo sie sich für unentbehrlich hält oder Privilegien sichern will. Sie nähert sich damit unbewusst ihrem eigenen wunden Punkt, dem Stolz, der hinter ihrem Wunsch zu gefallen steckt. Die Gaben der Zwei sind Fürsorglichkeit, Mitmenschlichkeit und Demut.

DREI: Erfolg

Leistungs-orientierung
Die Drei ist leistungsorientiert und lebt für den Erfolg. Konkurrenz und Gewinnaussichten beflügeln sie. Ihr Wunsch nach Effizienz und Selbstbehauptung formt ein Image, das dem Wettbewerb entsprechend optimiert und „marktgängig" angelegt wird. Dahinter verbirgt sich ihr wundester Punkt, die Täuschung. Die Gaben der Drei sind Ehrlichkeit, Gefühlstiefe und die Fähigkeit, Visionen ins Konkrete umzusetzen.

VIER: Sehnsucht

Gefühls-orientierung
Die Vier lässt sich von ihrer Sehnsucht leiten. Sie entwickelt ein starkes Gespür für alles Schöne und Außergewöhnliche, leidet aber auch daran, dass vieles für sie unerreichbar bleibt. Empfindlichkeit und Melancholie sind gefühlsmäßige Reaktionen darauf. Zur Abwehr entwickelt sie an ihrem wundesten Punkt den Neid, der das Schöne nicht bei anderen lassen kann. Ihre Gaben sind Ausgeglichenheit, Kreativität und die Kunst, die großen existenziellen Themen symbolisch zu gestalten.

FÜNF: Privatsphäre

Die Fünf legt Wert auf ihre Privatsphäre und schottet sich gern gegen Verpflichtungen und Anforderungen von außen ab, um in Ruhe beobachten und nachdenken zu können. Sie sammelt systematisch-analytisches Wissen, spaltet sich aber dabei gefühlsmäßig von Situationen und Menschen ab. Aus ihrer Zurückhaltung und Nicht-Teilhabe wird ihr wundester Punkt, der Geiz. Die Gaben der Fünf sind Klarheit, Objektivität und Gastfreundschaft.

Innenorientierung

SECHS: Loyalität

Die Sechs ist loyal, zuverlässig, treu und warmherzig, aber auch vorsichtig. Vor Bedrohungen schützt sie sich, indem sie Halt bei einer (kritisch wahrgenommenen) Autorität oder in sicheren Gruppen sucht. Ihre Unentschiedenheit und ihre Selbstzweifel wecken in ihr Solidarität für andere Unsichere oder Unterlegene, weisen aber auch auf ihren wundesten Punkt hin, die Angst. Die Gaben der Sechs sind Mut, Vertrauen und Entschiedenheit.

Außenorientierung

SIEBEN: Optimismus

Die Sieben ist optimistisch, zukunftsorientiert, begeisterungsfähig und schnell. Der schmerzlichen Seite der Wirklichkeit weicht sie aus und konzentriert sich auf alle positiven Möglichkeiten, für die sie eine hohe Reizempfänglichkeit besitzt. Genährt wird die Lust nach Abwechslung durch ihren wundesten Punkt, die Unmäßigkeit. Die Gaben der Sieben sind Heiterkeit und ganzheitliches, innovatives Denken gepaart mit Realitätssinn.

Zukunfts-orientierung

ACHT: Direktheit

Die Acht ist energiegeladen, direkt und konfrontativ. Sie verschafft sich Respekt durch entschlossenes Auftreten, das andere einschüchtern kann. Ihre demonstrative Stärke verbirgt ihre Verletzlichkeit und blockiert das eigene Gespür für Grenzüberschreitungen gegenüber anderen. Ohne Feingefühl entsteht der wundeste Punkt der Acht, die Schamlosigkeit. Die Gaben der Acht sind Behutsamkeit, Belastbarkeit und die gesunde Ausübung von Macht.

Machtorientierung

119

NEUN: Harmonie

Konsens-orientierung

Die Neun schätzt Harmonie und Bequemlichkeit. Sie hat feste Gewohnheiten und neigt zur Zerstreuung und zum Nichtstun. Sie ist friedfertig und versteht die unterschiedlichsten Positionen. So fällt es ihr schwer, Stellung zu beziehen oder wichtige Entscheidungen zu treffen. Aus Versäumnissen werden Unterlassungssünden, die den wundesten Punkt der Neun aufdecken, die Faulheit. Die Gaben der Neun sind Tatkraft, Versöhnung und Friedenstiften.

Durchführung einer Analyse

Der Enneagramm-Typen-Test (ETT)

Intuitiver Fragebogen

Es gibt etliche phänomenologische Enneagrammtests in Form von intuitiven Fragebögen, die durchaus ihren Zweck erfüllen. Wissenschaftlich seriös und auf empirischen Untersuchungen basierend ist der Enneagramm-Typen-Test (ETT) des Diplompsychologen und Theologen Markus Becker aus dem Jahr 1991. Becker entwickelte einen Test mit 115 Fragen, der einen ausreichend hohen „Stabilitätsindex" (Reliabilität) von über 0,8 erreicht, also nicht nur kurzzeitige Stimmungen, sondern tatsächlich die dauerhaften „typischen" Eigenschaften einer Person erfasst. Im Vergleich mit dem weit verbreiteten und allgemein anerkannten „Freiburger Persönlichkeitsinventar" (FPI-R) zeigt sich, dass der ETT sehr genau die Eigenschaften erfasst, mit denen die neun Muster beschrieben werden (positive Validitätsprüfung).

Der Zeitbedarf für das Ausfüllen des Fragebogens liegt bei etwa 60 bis 90 Minuten. Die Auswertung erfolgt anschließend selbst mit Hilfe einer Normentabelle, die das persönliche „Enneagramm-Profil" ermittelt.

Generell ist zu sagen: Jeder Enneagrammfragebogen oder Typentest verlangt am Ende, dass man in der Lage ist, das erhobene Testprofil auch zu deuten. Hier können erfahrene Enneagramm-Kenner weiterhelfen, indem sie das Testergebnis mit dem vergleichen, was sie an der betreffenden Person selbst wahrnehmen. Zur stimmigen Interpretation kann auch eine Fremdeinschätzung durch eine andere Person herangezogen werden, die den Betreffenden gut kennt und den Fragebogen im Blick auf ihn ausfüllt. Der Vergleich von Selbst- und Fremdeinschätzung liefert wertvolle Hinweise für die Gesamtdeutung.

Ebenso sinnvoll kann es sein, den Test selbst gleich zweimal auszufüllen, wobei einmal das berufliche und einmal das private Ich antwortet. Da wir beruflich oft Rollen übernehmen und uns vorgegebenen Strukturen anpassen, zeigt sich das persönliche Muster meist im privaten Ich. Wird der Test in größeren Zeitabständen wiederholt, kann man nicht nur das durchgehende Typmuster, sondern auch aktuelle Themen und Fragestellungen erfassen. Für die stimmige Typfindung ist ein Test aber keinesfalls Bedingung. Er kann im ungünstigsten Fall sogar den Blick auf das eigentliche Anliegen des Enneagramms verstellen: Wer per Test nur schnell wissen möchte, welcher „Typ" er ist, vergisst leicht, dass es sich bei diesem Modell um einen *Entwicklungsweg* handelt, der zu wesentlichen und langfristigen Veränderungsprozessen einlädt.

Sinnvolle Wiederholung

Selbstanalyse

Welcher Typ bin ich? Bei dieser Fragestellung ist der Weg bereits das Ziel: Die persönliche Selbsterforschung und Konfrontation mit den neun Mustern führt zu einer Auseinandersetzung mit der eigenen Persönlichkeit. Stimmige wie illusorische Selbsteinschätzungen können überprüft und gegebenenfalls revidiert werden. Die Lektüre eines oder mehrerer Enneagrammbücher kann bereits diesen Prozess auslösen. Als sehr hilfreich erweist sich auch der Besuch eines Enneagrammkurses, bei dem man in der Interaktion mit anderen lernt, die neun Muster als lebendige Energiefelder wahrzunehmen. Diese Kurse unterstützen einerseits die persönliche Typklärung, andererseits helfen sie, Vorurteile gegenüber Menschen mit anderen Mustern abzubauen und neue Dimensionen in der Beziehung zu „fremdartigen" Typen zu erschließen.

Selbsteinschätzung

121

Typ-Diagnostik

Typspezifische Interviews

Eine ausgefeilte und bereits jahrelang erprobte Technik zur Typ-Diagnostik sind typspezifische Interviews. Diese Methode wurde von Claudio Naranjo initiiert und von Helen Palmer weiterentwickelt. In einem persönlichen Interview wird mit Hilfe eines alle neun Muster umfassenden Fragekatalogs das individuelle Muster des Befragten „eingekreist". Dabei achtet der Interviewer auch auf nonverbale Hinweise wie Körperhaltung, Mimik, Gestik, Aufmerksamkeitsstil usw. Diese Form von Interviews kann auch in größeren Gruppen, den so genannten Panels, erfolgen, wobei mehrere Vertreter eines Typs auf einem Podium sitzend interviewt werden. Die Beobachter haben dabei die Gelegenheit, typspezifische Gemeinsamkeiten zu erfassen und den intuitiven Stil eines Musters besser zu verstehen.

Unterstützende Techniken

Enneagramm-Lehrer setzen inzwischen eine Vielfalt weiterer unterstützender Techniken ein, die das Muster evozieren und die individuelle Wahrnehmung typspezifischer Persönlichkeitsstrukturen fördern. Eingesetzt werden u. a. Elemente aus Gestaltarbeit, Maltherapie, Körperarbeit, therapeutische Techniken wie Focusing, Atemübungen, Tanz, Gebärdenspiel, Psychodrama, Bibliodrama, Schreib- oder Musiktherapie sowie Elemente der kreativen Theaterarbeit.

Nutzen für den Anwender

Persönlicher Nutzen

Lebenserfahrung ist Voraussetzung

Die Komplexität des Enneagramms macht es zu einem auch über Jahre hoch wirksamen Instrument der Selbstwahrnehmung und Persönlichkeitsentwicklung. Das beste Einstiegsalter für die Selbsterforschung mit dem Enneagramm liegt etwa bei 30 bis 35 Jahren. Für Schüler oder Studenten eignen sich erfahrungsgemäß Modelle wie der MBTI®-Typentest (vgl. Modell 9) oder das DISG®-Persönlichkeitsmodell (vgl. Modell 3) besser. Personen dagegen, die in der zweiten Lebenshälfte stehen

122

und mit Erfahrungen des Scheiterns zurechtkommen müssen, finden im Enneagramm eine „Schule der Vierzigjährigen" (C. G. Jung), die sie bei der Bewältigung existenzieller Fragen oder Notlagen unterstützt. In gesundheitlichen, beruflichen oder privaten Krisen stecken aus enneagrammatischer Sicht wichtige Umkehrchancen, weil das Modell dazu anregt, die Hauptschwächen der Muster als Transformationspunkte für positive Eigenschaften zu verstehen. Die Konfrontation mit den eigenen Schwächen und wunden Punkten hat also eine positive Zielsetzung: die heilsame Veränderung der eigenen Persönlichkeit.

Beruf und Karriere

Besondere Kraft entfaltet das Enneagramm als Modell für Konfliktmanagement und Mediation. In der Wirtschaft wird das Enneagramm herangezogen, wenn es um ganzheitliches Coaching, Teamstrukturierung, Menschenkenntnis für Personen mit Leitungsaufgaben oder um Selbstkontrolle für Führungskräfte geht. Das Enneagrammkursangebot umfasst inzwischen typspezifisches Zeitmanagement, Enneagrammtraining für Führungskräfte, Mitarbeiterschulung mit dem Enneagramm, Coaching sowie Konfliktbearbeitung und Mediation.

Schwerpunkt Konfliktmanagement

Auch wenn man einen rein funktionalen Ansatz („ich will, dass alle besser funktionieren") ablehnen muss, so motiviert das Modell, die Stärken und positiven Entfaltungsmöglichkeiten von Mitarbeitern präziser zu erfassen und ihr Aufgabenfeld entsprechend zu gestalten. Voraussetzung sind allerdings eine ehrliche Selbstwahrnehmung der eigenen Schattenanteile, die z. B. durch Supervision gestützt werden kann, sowie ein geschulter Blick für die tatsächlichen Muster und die unterschiedlichen Bedürfnisse der eigenen Mitarbeiter. Verantwortungsbewusst eingesetzt, vertieft dann die Einbeziehung des Enneagramms auf der psychologischen Ebene die Zufriedenheit und bessere Zusammenarbeit innerhalb eines Teams.

Teamoptimierung

„Rat der neun Weisen"

Ein darüber hinaus spirituell geprägter Ansatz zur Konfliktbewältigung ist der *„Rat der neun Weisen"*, ein spezielles Setting, das von Marion Küstenmacher entwickelt wurde. Ein konkretes Problem wird mit Hilfe eines Moderators so lange im Licht der Weisheit aller neun Muster betrachtet, bis ein Lösungsweg aufscheint, der keinen verletzt und dem alle neun Ratgeber (als Stellvertreter der Weisheit hinter den Mustern) zustimmen können. Dieses ganzheitliche Modell erweist sich auch als sehr nützlich, wenn es um die Suche nach einer neuen beruflichen Aufgabe oder um eine Vision für ein Team, eine Firma oder eine Gemeinde geht.

Privatleben

Zwischenmenschliche Beziehungen

Wohl am intensivsten genutzt wird das Enneagramm zur Klärung und Harmonisierung zwischenmenschlicher Beziehungen, wo die Muster immer wieder „aufeinander prallen". Innerhalb der eigenen Familie ist es für viele Menschen aber oft am schwierigsten, die verschiedenen Muster zu erkennen. Dieses Problem hat Hellpach in seiner „Typenschau-Regel" formuliert: *„Je fremder eine andere Person für mich ist, desto mehr geht sie scheinbar in einem Typ auf. Je näher sie mir steht, desto mehr nehme ich sie als unverwechselbares Individuum wahr."* Spezielle Enneagramm-Kurse oder Einzelberatungen zu Partnerschaftsfragen oder Eltern-Kind-Beziehungen bieten den geschützten Rahmen, um die eigenen Muster und deren typische Verwicklungstendenzen besser erkennen und gemeinsame Entwicklungsmöglichkeiten finden zu können.

Marktpräsenz und Kosten

Keine Lizenzierung

Da das Enneagramm nicht lizenziert ist, schwanken die Preise für Enneagramm-Seminare deutlich. Inzwischen bieten evangelische wie katholische Bildungshäuser, Volkshochschulen, Kirchengemeinden, Firmen und freiberufliche Therapeuten Enneagramm-Kurse an. Je nach Anbieter kostet ein Wochenendseminar zur Einführung (ohne Übernachtung und Verpflegung) zwischen 150 und 320 EUR. Kirchliche Bildungshäuser machen häufig die preisgünstigeren Angebote. In der

124

Zeitschrift „Enneaforum" des ÖAE findet sich ein umfangreiches Kursangebot für die jeweils nächsten sechs bis neun Monate mit Preisangaben zu allen Seminaren.

Die Teilnahme an einer Jahresintensivgruppe mit rund 140 Stunden kostet etwa 1.400 EUR. Wer sich zum Enneagramm-Kursleiter bzw. Trainer ausbilden lassen möchte, muss je nach Länge der angebotenen Weiterbildung (bis zu 250 Stunden) mit Kosten zwischen 1.400 und 3.200 EUR rechnen. Der zeitliche Rahmen beträgt dafür etwa 12 bis 18 Monate, unterrichtet wird in Blockseminaren von vier bis sechs Tagen.

Einzel- oder Gruppen-Exerzitien mit dem Enneagramm sind wichtige **Exerzitien** Auszeiten und Erfahrungsräume, um sich für die spirituelle Dimension des Modells zu öffnen. Es lohnt sich, in Klöstern und kirchlichen Häusern nachzufragen, ob Exerzitien mit enneagrammkundiger seelsorgerlicher Begleitung angeboten werden. Für eine Exerzitienwoche mit täglichem Einzelgespräch kann man mit Kosten um 300 EUR (ohne Übernachtung und Verpflegung) rechnen.

Kontakt

Ökumenischer Arbeitskreis Enneagramm e.V. (ÖAE)
Geschäftsstelle:
ÖAE, Frau Eveline Schmidt
Ententeich 8
D-29225 Celle
Fax: (0 51 41) 4 68 37

Netzwerk für psychologische und spirituelle Enneagramm-Arbeit im deutschsprachigen Raum. Der Verein umfasst über 550 Mitglieder u. a. aus Deutschland, Schweiz, Österreich, Liechtenstein, Niederlande, Belgien und Frankreich und bietet inklusive seiner Mitgliederzeitschrift „Enneaforum" europaweit das größte Podium für alle, die das Enneagramm beruflich wie privat nutzen. Die jährliche Haupttagung des ÖAE im Februar ist auch für interessierte Nicht-Mitglieder offen und bietet u. a. die Gelegenheit, wichtigen und international anerkannten Enneagramm-Autoren bzw. -Lehrern persönlich zu begegnen und mit ihnen zu arbeiten.

Enneagramm-LehrerInnen in der mündlichen Tradition
nach Helen Palmer e.V.
Bernhard Linner
Max Slevogtstr. 12
D-67240 Bobenheim-Roxheim
Tel und Fax: (0 62 39) 99 56 90
Internet: members.aol.com/emt 142857

Der gemeinnützige Verein umfasst rund 60 Mitglieder und widmet
sich der Kontaktpflege zertifizierter Enneagramm-LehrerInnen in der
mündlichen Tradition. Service für Interessierte: Man kann beim Verein
Adressen von Enneagramm-LehrerInnen im näheren Wohnumfeld anfordern, um sich über deren Kursangebote zu informieren.

Gesellschaft für Professional Training und Enneagramm Studien
Jürgen Gündel (1. Vorsitzender)
Schimperstr. 1
D-68161 Mannheim
Tel. und Fax: (0 621) 1 44 49
Internet: ennpraxma@aol.com

Die Gesellschaft bietet eine Ausbildung im „Professional Training nach
Helen Palmer" nach US-amerikanischem Standard (Abschluss als zertifizierter Enneagramm-Lehrer) sowie Seminare und Supervision an.

Institut für personenzentrierte Enneagramm-Arbeit
Dipl.psych. Hans Neidhardt
Moltkestr. 18
D-69469 Weinheim / Bergstraße
Tel.: (0 62 01) 18 68 05
Fax: (0 62 01) 18 68 05
E-Mail: Hans.Neidhardt@t-online.de
Internet: www.Hans-Neidhardt.de

Das Institut bietet Seminare, Jahresintensivgruppen und eine Ausbildung zum Enneagramm-Kursleiter an.

126

Enneagramm Forum Schweiz
Dr. Samuel Jakob-5728 Gautschi
Haldenstr. 132
CH-5728 Gontenschwil
Tel.: + 41-0 62-773 13 31
Fax: + 41-0 62-773 82 68
E-Mail: samuel.jakob@bluewin.ch

Zusammenschluss von über 80 Enneagramm-Trainern aus den verschiedensten Richtungen (Therapie, Psychologie, Kirche, Wirtschaft), ein Aus- und Weiterbildungsprogramm wird derzeit entwickelt. Das Forum steht allen Enneagramm-Interessierten in der Schweiz und deren Nachbarländern offen.

The Enneagram Company
Neueggstr. 8
CH-9212 Arnegg
Tel.: + 41-71-38 009 64
Fax : + 41-71-38 009 85
E-Mail: enneagram@bluewin.ch
Internet: members.aol.com/enneacomp

Das Angebot richtet sich speziell an Führungskräfte und Berufstätige mit leitenden Aufgaben im Personalbereich.

Literatur

Bücher

Die Bibliographie der bisherigen Publikationen über das Enneagramm allein in den USA und im deutschsprachigen Raum umfasst rund 300 Titel. Zur Einführung werden hier einige Klassiker empfohlen:

Becker, Markus: *Der Enneagramm-Typen-Test.* München: Claudius Verlag. 11. Aufl. 2001

Ebert, Andreas / Rohr, Richard: *Das Enneagramm. Die 9 Gesichter der Seele*. München: Claudius Verlag. 37. Aufl. 2001

Ebert, Andreas / Rohr, Richard: *Erfahrungen mit dem Enneagramm*. München: Claudius Verlag. 5. Aufl. 1996

Küstenmacher, Marion (Hrsg.): *Das Enneagramm der Weisheit. Spirituelle Schätze aus drei Jahrtausenden*. München: Claudius Verlag 1996

Küstenmacher, Marion und Werner: *Das Enneagramm-Spiel*. München: Claudius Verlag 1998

Palmer, Helen: *Das Enneagramm. Sich selbst und andere verstehen lernen*. München: Droemer-Weltbild Verlag 2000

Zeitschriften

Enneaforum
Deutschsprachige Enneagrammzeitschrift (halbjährlich) des ÖAE.
Die Mitgliederzeitschrift des ÖAE (siehe unter Kontakt) informiert über Seminarangebote und Termine, enthält Buchbesprechungen sowie Kontaktadressen von Regionalgruppen und widmet sich im redaktionellen Teil der erfahrungsorientierten Auseinandersetzung mit wichtigen Autoren und Ansätzen der Enneagramm-Arbeit. Interessierte können ein kostenloses Probeexemplar des Heftes bei der Geschäftsstelle des ÖAE anfordern. Bitte 2 EUR in Briefmarken für das Rückporto beilegen.

Enneagram Monthly
Amerikanische Enneagramm-Zeitschrift (monatlich)
117 Sweetmilk Creek Rd.
Troy, NY 12180-9105
U.S.A.
Tel.: +1-518 279 44 44
Fax: +1-518 279 30 19
E-Mail: EnneaMonth@aol.com
Internet: www.ideodynamic.com/enneagram-monthly

Multimedia

Das Enneagramm-Video. Die neun Gesichter der Seele. VHS-Kassette in Buchhülle. Farbig. 35 Min.

Das Enneagramm. CD-ROM für Windows. Die 9 Gesichter der Seele. München: United Soft Media (Typenbeschreibung, Biografien, Typentests, Meditation). Siehe dazu auch im Internet unter www.enneagramm.de

Die Autorin

Marion Küstenmacher ist evangelische Theologin und Germanistin, ausgebildete Verlagslektorin, freiberufliche Autorin und Enneagramm-Trainerin. Seit 1988 ist sie mit dem Enneagramm vertraut und führte zahlreiche Vorträge, Seminare, Pastoralkollegs und Exerzitien zur Spiritualität des Enneagramms durch. Marion Küstenmacher ist Gründungsmitglied des Ökumenischen Arbeitskreises Enneagramm, langjährige Redakteurin der deutschsprachigen Enneagramm-Zeitschrift *Enneaforum*, Co-Autorin von *Das Enneagramm-Spiel* und Herausgeberin von *Das Enneagramm der Weisheit. Spirituelle Schätze aus drei Jahrtausenden* (beide Claudius Verlag). Sie lebt mit ihrem Mann und drei Kindern in Gröbenzell bei München.

Roland Spinola

Modell 5: Das Herrmann-Dominanz-Instrument (H.D.I.®)

Überblick

Das *Herrmann-Dominanz-Instrument (H.D.I. ®)* ist die deutsche Version des Herrmann Brain Dominance Instrument (HBDI) und die wichtigste Anwendung des Herrmann-Dominanz-Modells. Es besteht aus einem Fragebogen mit 120 Fragen, dessen Auswertung zeigt, in welchem Maße eine Person bestimmte Denkweisen bevorzugt, nutzt oder vermeidet, das heißt, es erstellt eine Denkstilanalyse.

Denkstilanalyse

Andere Anwendungen des Modells beschäftigen sich z. B. mit der Analyse von Texten, Unternehmenskulturen oder Werbeanzeigen.

Das Modell gründet auf den Ergebnissen der Hirnforschung und bietet eine metaphorische Darstellung der Gehirnfunktionen, vor allem auf der Basis der Theorien von Roger Sperry (funktionale Unterschiede der linken und rechten Großhirnhälfte) und Paul D. MacLean (Dreiteilung des Gehirns: Cerebrum, limbisches System und Stammhirn).

Entwickelt wurde das H.D.I.® in den 70er-Jahren von Ned Herrmann, seinerzeit Leiter der Führungskräfteschulung bei General Electric in den USA. Nach einer Ausbildung bei Ned Herrmann hat Roland Spinola 1982 das Modell ins Deutsche übertragen und im deutschsprachigen Raum eingesetzt. 1988 wurde das Herrmann Institut gegründet und ist seit 2001 als Herrmann International Deutschland zuständig für die Zertifizierung von Lizenznehmern und die Auswertung von H.D.I.®-Fragebögen in Deutschland, Österreich, der Schweiz und anderen Ländern Zentraleuropas.

Der Fragebogen besteht aus 120 Fragen; zum Ausfüllen werden ca. 20 Minuten benötigt. Die Auswertung geschieht durch eine dafür zertifizierte Stelle mit Hilfe eines Computerprogramms und zeigt, grafisch und tabellarisch, die Ausprägung bevorzugter Denkstile. Zu den beiden farbigen

Auswertungsblättern werden in einer Mappe vier Broschüren geliefert, die Informationen zur Interpretation der Ergebnisse liefern. Das Ergebnis ist wertneutral, d. h., es gibt keine guten und schlechten oder positiven und negativen Ergebnisse. Idealerweise wird das Instrument im Rahmen eines Coachings, einer Beratung oder einer Trainingsmaßnahme eingesetzt.

H.D.I®.-Anwendungen

Das H.D.I.® findet in folgenden Bereichen Anwendung:

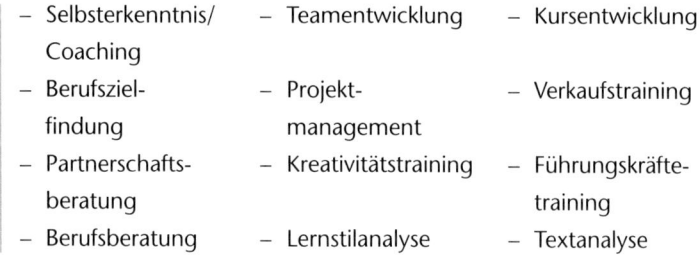

- Selbsterkenntnis/ Coaching
- Berufsziel- findung
- Partnerschafts- beratung
- Berufsberatung

- Teamentwicklung
- Projekt- management
- Kreativitätstraining
- Lernstilanalyse

- Kursentwicklung
- Verkaufstraining
- Führungskräfte- training
- Textanalyse

Abb. 1: Das Herrmann-Dominanz-Modell

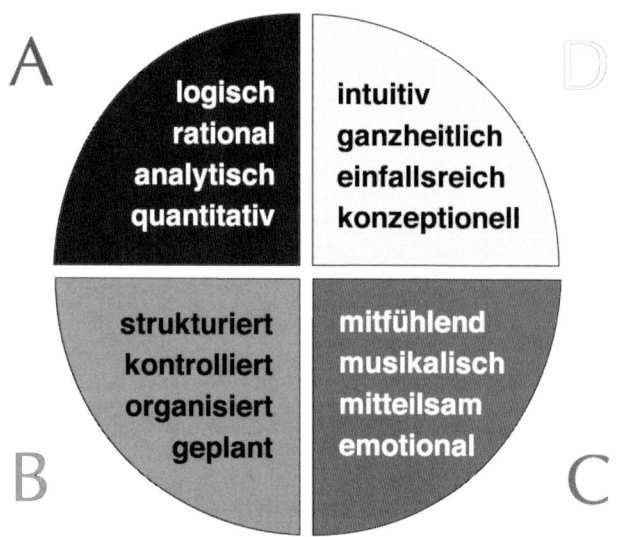

Entwicklung und wissenschaftlicher Hintergrund

Benannt ist das Modell nach seinem Entwickler Ned Herrmann, einem Amerikaner, der viele Jahre bei General Electric für die Führungskräfteentwicklung verantwortlich war. Herrmann war Physiker, hat sich neben seiner Tätigkeit als Manager in einem multinationalen Konzern auch als Sänger, Maler und Bildhauer einen Namen gemacht. Diese scheinbar entgegengesetzten Begabungen haben ihn auch dazu gebracht, immer wieder über unterschiedliche „Dominanzen" im Denken und Verhalten von Menschen nachzudenken und zu forschen. So entstand das Modell, das seit Beginn der 80er-Jahre in der Personalentwicklung eingesetzt wird.

Verhaltens-Dominanzen

Basis des Modells sind die Erkenntnisse zweier Gehirnforscher: Roger Sperry und Paul D. MacLean. Roger Sperry hat für seine Forschungen über die unterschiedliche Arbeitsweise der beiden Großhirnhemisphären den Nobelpreis bekommen; später haben zahlreiche andere Wissenschaftler weiter in diese Richtung geforscht (z. B. Michael Gazzaniga, Robert Ornstein). Es gibt eine gesicherte Basis von Wissen über die spezifischen Eigenarten der beiden Großhirnhemisphären. Ein Modell, das unterschiedliche Denkstile darstellt, kann ohne diese Erkenntnisse nicht auskommen.

Eine weitere wesentliche Theorie über die Arbeitsweise unseres Gehirns stellte Paul D. MacLean mit seinem „triune brain" auf: Neocortex, limbisches System (MacLean führte den Begriff „limbisch" ein) und Reptiliengehirn (Stammhirn) bilden eine entwicklungsgeschichtlich gewachsene „Dreieinigkeit" (vgl. Modell 2).

Dreiteilung des Gehirns

133

Abb. 2: Die beiden Großhirnhemisphären

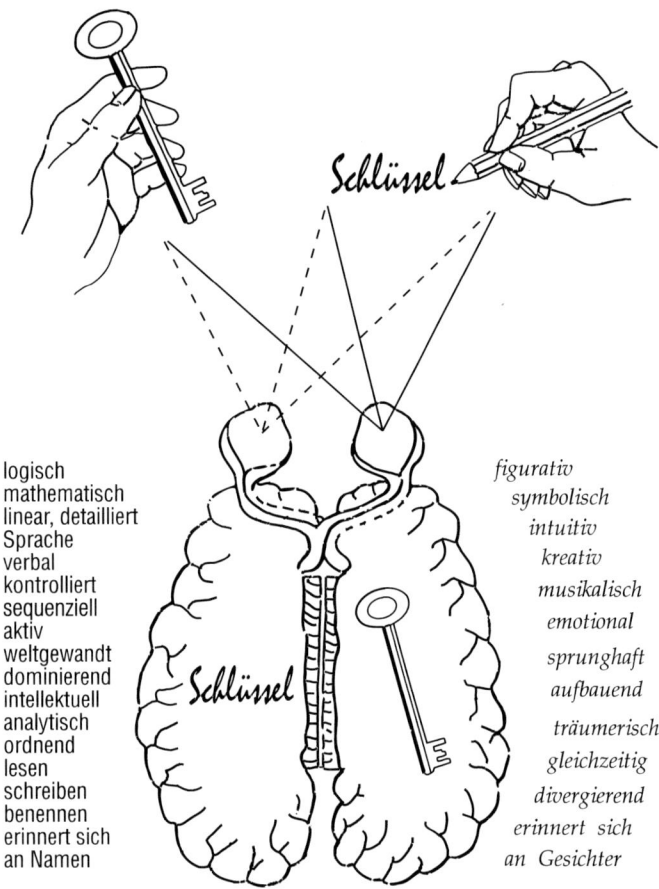

logisch
mathematisch
linear, detailliert
Sprache
verbal
kontrolliert
sequenziell
aktiv
weltgewandt
dominierend
intellektuell
analytisch
ordnend
lesen
schreiben
benennen
erinnert sich
an Namen

figurativ
symbolisch
intuitiv
kreativ
musikalisch
emotional
sprunghaft
aufbauend
träumerisch
gleichzeitig
divergierend
erinnert sich
an Gesichter

Linke und rechte Gehirnhälfte

Unterschiedliche Arten zu denken und damit auch wahrzunehmen, zu artikulieren und zu kommunizieren haben in unterschiedlichen Teilen unseres Gehirns ihren Ausgangspunkt. Die linke Hälfte des Großhirns (linke Hemisphäre) ist für die Mehrzahl aller Menschen führend für die Sprache, logisches Denken und kritische Vernunft. Hier arbeiten wir eher Schritt für Schritt, analysieren und können mit Zahlen und Begriffen umgehen. Die rechte Gehirnhälfte übernimmt die Führung, wenn es darum geht, mit Mustern, Bildern, Visionen und nonverbalen Ideen umzugehen; Empathie und Emotionen werden dort verarbeitet, wir können Musik empfinden und unser Unterbewusstsein scheint sich ebenfalls eher der rechten Gehirnhälfte zu bedienen.

Zwei- bis dreihundert Millionen Nervenfasern verbinden über den so genannten Balken (Corpus Callosum) die beiden Hemisphären und sorgen für eine sehr schnelle Verknüpfung aller Informationen. Das bedeutet, dass wir das Zusammenspiel der unterschiedlichen Denk- und Verhaltenspräferenzen nicht als getrennte Prozesse empfinden. Man sollte sich eher zwei Partner vorstellen, die sich die jeweiligen Aufgaben zuspielen, für die sie besser geeignet sind.

Das limbische System ist eher handlungsorientiert und spielt eine große Rolle beim Verarbeiten von Emotionen. Gerade in den letzten Jahren ist das limbische System genauer untersucht worden; es hat völlig neue Erkenntnisse ergeben, z. B. über die Amygdala („Mandelkern"), die in der Diskussion über den Begriff der „emotionalen Intelligenz" eine Rolle spielt.

David Loye hat in seinem Buch *Gehirn, Geist und Vision* Folgendes festgestellt: *„Ein populäres Missverständnis ist, dass die beiden Hemisphären mit ganz verschiedenartigen Funktionen besetzt sind, über die sie eifersüchtig wachen, sich dauernd befehdend wie zwei benachbarte Ritterburgen. Ein wissenschaftliches Missverständnis ist, dass das Gerede um die Gehirnhälften eine Modekrankheit darstellt, die ihren Höhepunkt bereits überschritten hat. Tatsache ist aber: Die Gehirnforschung hat noch einen langen Weg vor sich, bevor dieser Problemkreis angemessen untersucht ist. Auch mit der Anwendung stehen wir ganz am Anfang. Entdeckungen über die funktionalen Differenzen der Gehirnhälften werden nur zaghaft von anderen Wissenschaften bei der Bewältigung der Probleme berücksichtigt, deren Lösung für die Menschheit dringlich ist."*

Auf jeden Fall haben die bahnbrechenden Ergebnisse der Gehirnforschung der letzten Jahrzehnte viele Fachleute in anderen Arbeitsgebieten dazu angeregt, sich mit dem menschlichen Gehirn und seinen faszinierenden Möglichkeiten zu beschäftigen. Dabei sind brauchbare Ansätze für ein verbessertes Verstehen menschlicher Kommunikation, für kreative Problemlösung und für die Zusammenarbeit im Team entwickelt worden.

Die Validität des Herrmann-Dominanz-Instruments wurde während seiner Entwicklung von unabhängigen Fachleuten überprüft; die Er-

Validität von H.D.I®.

135

gebnisse wurden bei der Weiterentwicklung des Fragebogens laufend berücksichtigt. In Ned Herrmanns erstem Buch *The Creative Brain* (deutsch: *Kreativität und Kompetenz*) hat C. Vic Bunderson ein ausführliches Kapitel über die Validierung des H.D.I.® veröffentlicht. Er begleitet die Weiterentwicklung des Instrumentes auch heute noch.

Kernaussagen und Ergebnisse

Denkpräferenzen Jeder Mensch hat *Denk- und Verhaltenspräferenzen*, die für ihn typisch sind und die er bevorzugt. Sie sind Ausdrucksweise seiner Einmaligkeit und bestimmen, wie er kommuniziert, lernt und lehrt, Entscheidungen trifft, mit anderen Menschen zusammenarbeitet und sich im Rahmen seiner Möglichkeiten entwickelt. Diese Dominanzen haben sich auf der Grundlage der angeborenen Eigenheiten durch das Elternhaus, die Ausbildung und die soziale Umgebung entwickelt.

Die Art und Weise, wie wir an eine Aufgabe herangehen, unsere Kreativität einsetzen oder mit anderen Menschen kommunizieren, ist gekennzeichnet durch die Denkweise, die wir bevorzugen: Während der eine z. B. eine Situation sorgfältig analysiert und dann eine logische und rationale Entscheidung trifft, hat ein anderer die gleiche Situation als Gesamtbild vor Augen und trifft seine Entscheidung intuitiv. Beide tun dies aus der Erfahrung heraus, mit ihrer jeweiligen Methode erfolgreich zu sein.

Das H.D.I.® stellt diese für jeden einzigartige Kombination von Denkpräferenzen anschaulich dar – sowohl für eine einzelne Person als auch für Paare oder Gruppen. Das Ergebnis kann dann mit einer Aufgabe, einem Berufswunsch, einer privaten oder beruflichen Situation (zum Beispiel einem Konflikt oder einer Aufgabe in einem Team) verglichen werden – daraus ergeben sich wertvolle Hinweise für erfolgreiches Handeln.

4 Kategorien Das Modell von Herrmann berücksichtigt die Erkenntnisse über Aufbau und Funktionsweise des Gehirns. Es ordnet die Denk- und Verhaltensweisen in folgende vier Kategorien ein: einerseits die linke und die rechte Hemisphäre, andererseits der obere Bereich und der untere

136

Bereich. So ergeben sich vier Quadranten, A, B, C, D, denen bestimmte Merkmale zugeordnet werden.

Abb. 3: Das H.D.I.® – Unsere vier unterschiedlichen Ichs

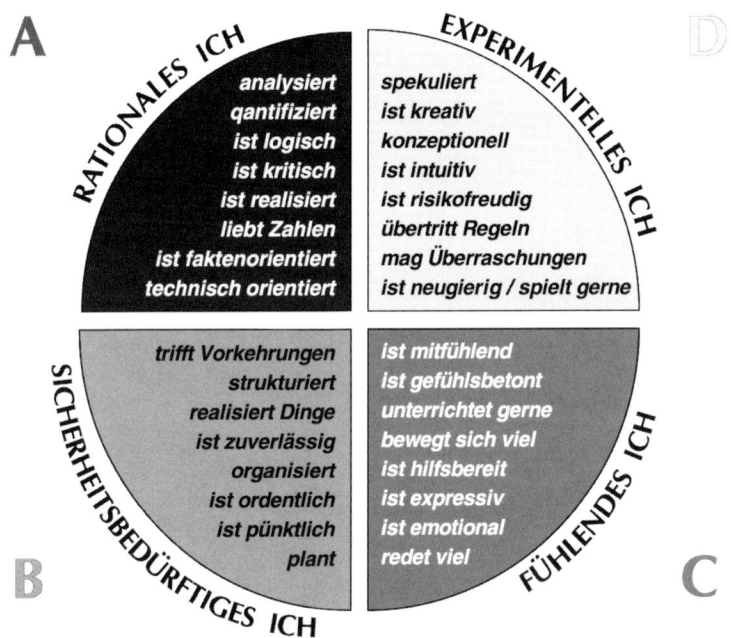

Diese Einteilungen geben den komplexen Aufbau und die Arbeitswei-se des Gehirns natürlich nicht direkt wieder. Sie dienen als Modell, ähnlich wie eine Landkarte uns als Modell einer Landschaft dient. Die Gültigkeit (Validität) des Herrmann-Dominanz-Instruments (H.D.I.®) ist unabhängig von der Frage, in welchem Maße unser Denken und Verhalten tatsächlich von den oben beschriebenen gehirnphysiologi-schen Funktionen gesteuert wird; das Instrument ist in sich valide. Ned Herrmann nennt daher sein *Ganzhirnmodell* „metaphorisch", um deutlich zu machen, dass er nicht den Anspruch erhebt, physiologi-sche Gehirnstrukturen abzubilden.

Abb. 4: Die Entwicklung des Herrmann-Dominanz-Instruments (H.D.I.®)

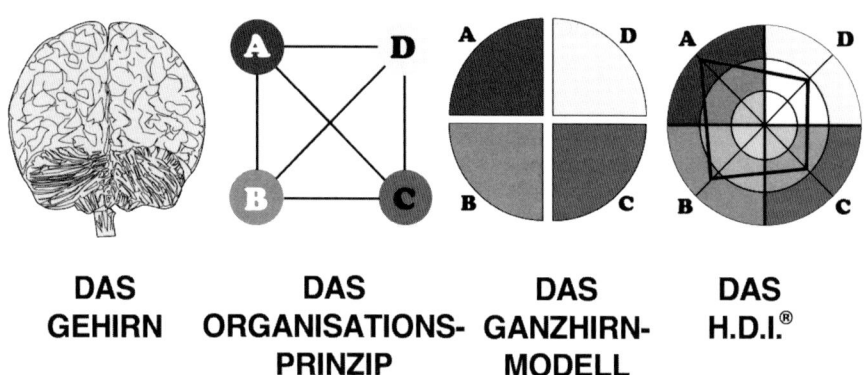

| DAS GEHIRN | DAS ORGANISATIONS-PRINZIP | DAS GANZHIRN-MODELL | DAS H.D.I.® |

Die H.D.I.®-Profile

Profile sind wertfrei

Es gibt keine großen oder kleinen Profile, normale oder anormale – jedes Profil ist wertfrei, hat aber weit reichende Konsequenzen. So wird ein Mensch mit einem geringen Wert im Quadranten A Aufgaben, die einen hohen analytischen Anteil aufweisen, eher aus dem Wege gehen (was oft unbewusst geschieht). In ähnlicher Weise wird ein Mensch mit einem hohem A-Wert gerne „den Dingen auf den Grund" gehen, kritisch hinterfragen, prüfen und rechnen.

Ein anderes Beispiel: Menschen mit einem hohen B-Wert brauchen oft Sicherheit, Struktur und Ordnung, sie können sehr zuverlässig sein und Projekte voranbringen. Wenn Sie dagegen einem Menschen begegnen, dessen Arbeitsplatz ein einziges Chaos ist – und der sich darin auch wohl fühlt und keine großen Schwierigkeiten hat, zu finden, was er sucht –, dann hat er vermutlich einen geringen Wert im B-Quadranten. Da die Summe aller vier Quadrantenwerte immer etwa gleich groß ist (es handelt sich ja um eine relative Verteilung), wird dieser

Mensch möglicherweise einen großen D-Quadranten haben, der es ihm erlaubt, viele Ideen zu produzieren, auch wenn viele dabei sind, die nie realisiert werden.

Solche Bevorzugungen (und Vermeidungen!) haben natürlich einen erheblichen Einfluss auf die Art und Weise, wie wir z. B. eine Arbeit erledigen, mit anderen Menschen umgehen oder etwas Neues lernen. Berufszielfindung, Teamzusammensetzung und die Optimierung des eigenen Lernens (und Lehrens!) sind daher besonders markante Anwendungsfelder des H.D.I.®

Durchführung einer Analyse

Mit Hilfe eines Fragebogens wird ermittelt, welche Denkweisen der Einzelne bevorzugt, nutzt oder vermeidet. Das H.D.I.® ist eine Selbstanalyse – daher der etwas ungewöhnliche Begriff „Instrument". Der Begriff „Test" wird bewusst vermieden – damit soll deutlich werden, dass es keine „guten" oder „schlechten" Ergebnisse gibt und dass man auch nicht bestehen oder durchfallen kann. Das Ergebnis der Auswertung ist wertfrei; es hat jedoch erhebliche Konsequenzen für viele Aspekte unseres Handelns.

H.D.I®. kein Test

Es wird tabellarisch und in Form eines grafischen Profils dargestellt und zeigt die relative Verteilung der Präferenzen.

Das Profil zeigt bevorzugte Denkweisen, die man auch als Potenzial, Talent oder persönliche Präferenz bezeichnen kann, keine Kompetenzen. Kompetenzen und Fähigkeiten entstehen auf der Grundlage von Präferenzen durch Studium, Lernen, Training, Erfahrung, Fleiß usw. Das sind Vorgänge, die den persönlichen Einsatz verlangen und die unser persönliches Wachstum ermöglichen.
Ich versuche meinen Teilnehmern im Training diesen Zusammenhang durch folgende Formel klar zu machen:

Kompetenz = Präferenz x Aufwand.

Kompetenz

Abb. 5: H.D.I.®-Musterprofil

Quadrant	A	B	C	D
Profiltyp:	2	2	1	1
Paarweise Eigenschaftsbeschreibung:	3	3	9	9
Profilwerte:	35	42	120	138

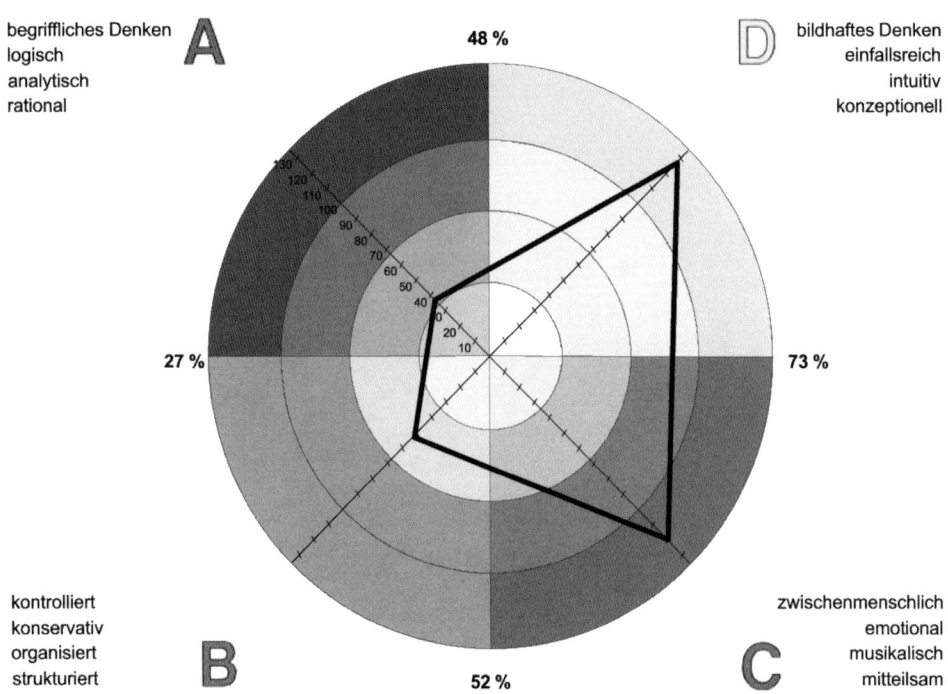

Das Multiplikationszeichen in der Formel ist entscheidend: Präferenz allein genügt nicht – aber es macht auch deutlich, dass ein noch so hoher Aufwand nicht ausreicht, eine hohe Kompetenz zu erzeugen, wenn das Talent dafür fehlt. Dieser Aspekt wird oft übersehen: „Du kannst alles schaffen, wenn du nur willst und dich anstrengst" ist nichts als eine Leerformel. „Übung macht den Meister" – ja, aber nur wenn das Talent vorhanden ist, sonst hilft auch noch so viel Übung nicht.

Das H.D.I.® unterscheidet drei typische, sehr anschauliche Darstellungen: Durchschnittsprofil, Gruppenprofil und ProForma-Profil.

H.D.I®.-Durchschnittsprofil

Beim Durchschnittsprofil werden die Werte einer Gruppe von Menschen je Quadrant arithmetisch gemittelt und als ein Profil dargestellt. Sinn ergibt das, wenn diese Menschen ein Merkmal gemeinsam haben, z. B. den Beruf. Ist die Anzahl der Beispiele groß genug und das Merkmal genau genug, so kommt man zum typischen Profil für diesen Beruf. Der Durchschnitt aus fünf Ingenieuren ist nicht sehr aussagekräftig, aber 60 Verhaltenstrainer ergeben ein sehr prägnantes, berufstypisches Profil. Jemand, der diesen Beruf ergreifen will, kann durch Vergleich seines individuellen Profils mit diesem Berufsprofil erhebliche Erkenntnisse darüber gewinnen, ob er in diesem Beruf erfolgreich und glücklich werden kann.

Typisches Berufsprofil

141

Abb. 6: Beispiel eines berufsspezifischen H.D.I.®-Durchschnitts-profils: Verhaltenstrainer

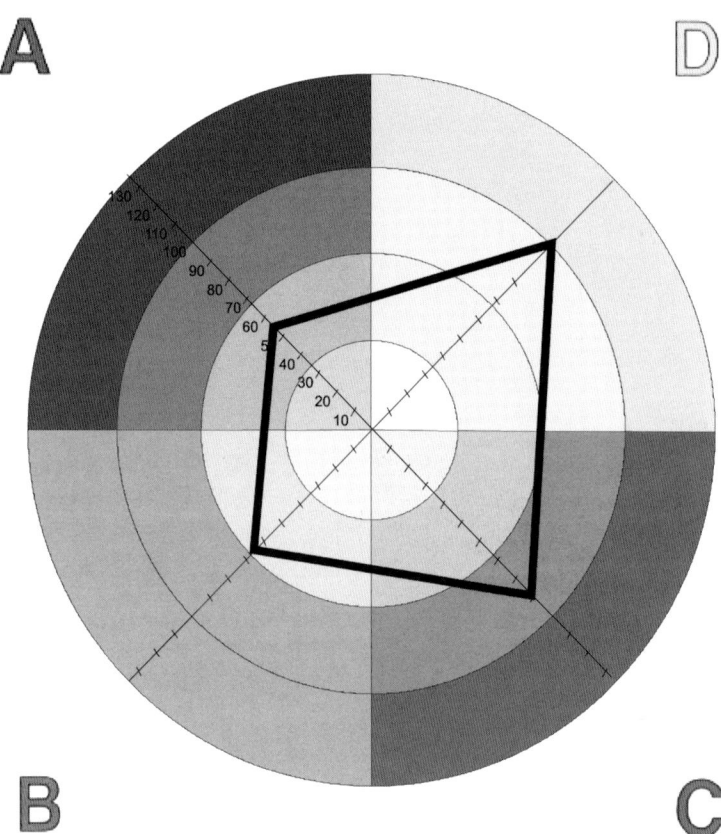

H.D.I.®-Gruppenprofil

Konflikte und
Synergie

Die Darstellungsform bei H.D.I.® ermöglicht die Aufzeichnung mehrerer Profile auf einem Blatt. Damit kann vom einzelnen Paar bis zum großen Team ein großer Bereich abgedeckt werden. Bei Paaren werden Potenziale für Konflikte und Synergie deutlich und bei Gruppen kann man erkennen, wie homogen oder heterogen sie aufgebaut sind. Daraus und aus dem Studium der Detailinformationen des zweiten Auswertungsblattes lassen sich interessante Fragen formulieren.

Bei einem Paar oder einem heterogenen Team:
Wie gehen wir mit den großen Unterschieden unserer Denkpräferenzen um? Können wir daraus Synergie und positive Spannung erzeugen („Gegensätze ziehen sich an") oder zermürben wir unsere Beziehung an den potenziellen Konflikten (denn nur „Gleich und Gleich gesellt sich gern")?

Abb. 7: Beispielprofil: Paar mit Konfliktpotenzial

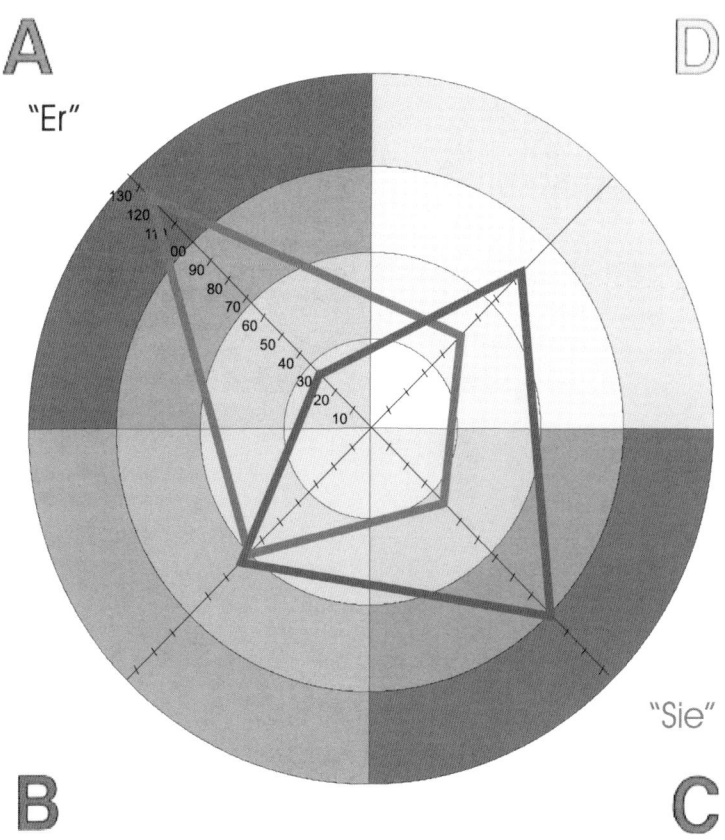

Bei einem homogenen Team:
Wie gelingt es uns, die nicht abgedeckten Präferenzen in unserem Projekt zu berücksichtigen: Durch Delegation der entsprechenden Aufgaben nach außen oder durch Erweiterung unseres Teams, möglicherweise nur zeitweise?

ProForma-Profile

Abstrakte Profile Dies sind Profile, die nicht aus der Auswertung eines von einer Person ausgefüllten Fragebogens entstanden sind. Den besten Eindruck über die vielen Möglichkeiten bekommt man, wenn man sich vorstellt, dass man durch das Modell wie durch ein Vergrößerungsglas schaut, z. B.

- auf einen Menschen (z. B. eine historische Persönlichkeit, einen Politiker, einen Prominenten),
- auf einen Text (einen Brief, einen Bericht, eine Werbeanzeige),
- eine Unternehmenskultur (Managementverhalten, Regeln, Geschäftsgebaren, Kundenorientierung).

Solche ProForma-Profile können nur von erfahrenen Kennern des Modells erstellt werden. Der Aufwand ist teilweise erheblich – der Nutzen allerdings auch, wie zwei Beispiele erläutern:

Wie viel Erfolg bringt eine den linken Modus ansprechende Anzeige für ein Auto (technische Daten und Diagramme, Sicherheitsaspekte etc.), wenn die angepeilte Kundengruppe eher aus dem rechten Modus heraus denkt, z. B. Vertriebsleute, Marketingexperten, Trendsetter?

Wie viel Zukunftsorientierung, Kreativität und Risikofreude (alles eher D-Werte) kann ein Unternehmen von seinen Führungskräften erwarten, wenn die Analyse seines Management-Modells den geringsten Wert im D-Quadranten hat?

144

Nutzen für den Anwender

Das H.D.I.® macht es Menschen möglich, sich folgende Fragen zu be-antworten: *Wer bin ich, was kann ich, was macht mich einmalig und wo liegen daher meine Möglichkeiten, beruflich und privat erfolgreich und zu-frieden zu werden? Welche Konsequenzen für den persönlichen, privaten wie beruflichen Lebensweg hat dies, was will ich eventuell ändern?*

Wichtig ist, dass dies wertneutral erfolgt, d. h. dass nicht von vorne herein bestimmte Denk- und Verhaltensweisen als gut oder schlecht klassifiziert werden.

Das Ergebnis und damit der Nutzen für den Einzelnen (und seine Um-gebung, z. B. Lebenspartner oder Arbeitgeber) ist ein genaueres und detaillierteres Wissen über die eigenen Möglichkeiten und Begren-zungen. Dies birgt Chancen für Veränderungen. Ich habe oft erlebt, dass Teilnehmer in Seminaren durch die Einsicht in ihre spezifische Einmaligkeit zu einer neuen Bewertung ihrer beruflichen Position kamen und Änderungen herbeigeführt haben, die sie erfolgreicher und glücklicher machten.

Chancen für Veränderung

Im Team oder generell im Verhältnis zu anderen Menschen können wir beginnen, einen Dialog darüber zu führen, was uns unterscheidet, was uns gemeinsam ist und wie wir aus diesen Unterschieden und Ge-meinsamkeiten Synergie entwickeln können.

Ich bin davon überzeugt, dass sich Menschen nur wenig grundlegend ändern und dass das auch gar nicht erstrebenswert ist. Wir wachsen, wir erwerben neue Einsichtigen, Fähigkeiten und Kompetenzen, aber wir bauen dabei auf der unverwechselbaren Mischung unserer Talente auf.

Wachstum durch Förderung vorhandener Talente

Einige spezielle Anwendungen sollen das verdeutlichen:

Selbsterkenntnis

Wir werden uns unserer Einmaligkeit bewusst und lernen sie schät-zen. Das hilft uns, unsere Einstellung gegenüber anderen Menschen

Wachsende Selbstachtung

und ihrer Einmaligkeit zu überprüfen. Unsere Selbstachtung wächst ebenso wie der Respekt und die Toleranz anderen gegenüber.

Konfliktanalyse

Andere Denkweisen erkennen

Oft treten Konflikte zwischen Menschen auf, weil sie sich in unterschiedlichen Denkweisen bewegen; das gilt für das Privatleben ebenso wie für die berufliche Zusammenarbeit. Diese Unterschiede deutlich sichtbar zu machen und wertfrei darzustellen, kann der erste Schritt sein, Konflikte abzubauen und ein Bewusstsein für eine andere Qualität der Beziehung zu schaffen.

Kreativität

Polarität birgt Kreativität

Kreativität entsteht aus dem Wechselspiel unterschiedlicher Denkstile: der Zusammenführung von Analyse und Idee, Fakten und Vorstellungen, Ordnung und Chaos, Traum und Wirklichkeit.

Abb. 8: Innovationen und Kreativität entwickeln: das iterative Modell

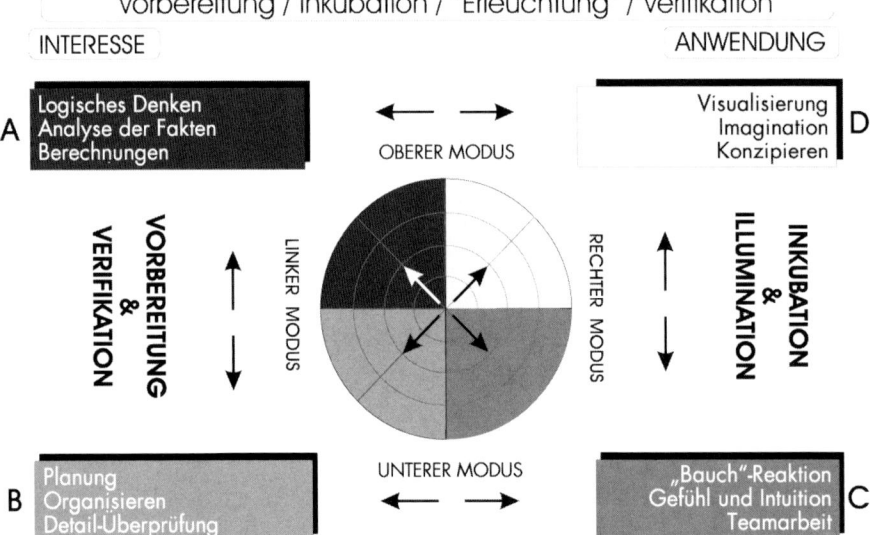

Oft reicht ein Gehirn nicht aus, für große Probleme auch große Lösungen zu finden. Statt uns mit einer kleinen Lösung zu begnügen, können wir weitere Gehirne mit anderen Dominanzen zu Hilfe rufen und gemeinsam mehr erreichen. Es kann gezeigt werden, dass Innovation als Ergebnis von Kreativität und Umsetzung ein Ganzhirnprozess ist und daher konsequenterweise Menschen mit unterschiedlichen Präferenzen zusammenarbeiten sollten.

Das H.D.I.® basiert nicht auf einem Konstrukt

Dem H.D.I.® liegt kein Konstrukt zugrunde, das z. B. durch die Erhebung bei einer Anzahl anderer Menschen gebildet wurde. Damit wird ein Vergleich mit einer oft nicht ganz durchschaubaren Theorie vermieden. Das führt zu der oben genannten Wertfreiheit und erlaubt gleichzeitig den Vergleich mit eigenen Zielen oder mit Anforderungen, die sich z. B. aus einer Aufgabe oder einer beruflichen Position ergeben. Das H.D.I.® gibt diese Ziele nicht vor und lässt dadurch dem Einzelnen jede Freiheit bei der Formulierung der eigenen Ziele. Die Vermeidung des Begriffes „Test" unterstreicht diesen für das H.D.I.® sehr wichtigen Sachverhalt.

Kein Konstrukt

Das Profil wird unmittelbar als stimmig und anschaulich erlebt

Das H.D.I.® ist eine Selbstanalyse – es ist also weiter nicht erstaunlich, dass nahezu alle Teilnehmer das Ergebnis als „stimmig" erleben. Ned Herrmann nennt dies „face validity". Die Darstellung trägt den unterschiedlichen Denkstilen Rechnung: die grafische Darstellung für den mehr visuellen Denkstil und die tabellarische Auflistung für die Detailanalyse. Die Farben unterstützen die Anschaulichkeit.

Das H.D.I.® erlaubt die anschauliche Darstellung von Gruppen

Ein wesentlicher Vorzug des H.D.I.® besteht darin, die Zusammensetzung von Gruppen darzustellen und so mit einem Blick das Besondere einer Gruppe zu erkennen. Einen weiteren Vorzug stellt die Möglichkeit des Durchschnittsprofils typischer Profile dar, z. B. Berufe. Damit ist ein Vergleich zwischen dem eigenen Profil und einer Anforderung möglich.

Vielfalt der Anwendungen

Vielfältige Anwendung

Die Liste der Anwendungen des H.D.I.® ist nicht begrenzt, da einerseits alle menschlichen Aktivitäten von der einmaligen Ausprägung unserer Denk- und Verhaltenstile bestimmt werden und andererseits kein vorgegebenes Konstrukt einschränkend wirkt. Die folgenden Liste zeigt die Vielfalt der Anwendungen:

– Kommunikation
– Konfliktbewältigung
– Teambildung
– Mitarbeiterführung
– Kreatives Problemlösen
– Berufsberatung
– Studien- bzw. Ausbildungswahl
– Lernstilanalyse
– Seminarentwicklung
– Personalberatung
– Werbewirkungsanalyse
– Zielgruppenanalyse
– Eheberatung

Vorteile der zentralen Auswertung

Die zentrale Auswertung des H.D.I.® hat erhebliche Vorteile:

– Die Integrität des Auswertungsalgorithmus wird gewahrt.
– Die Ergebnisse stehen vor dem Veranstaltungstermin zur Verfügung, und es wird keine Zeit während der Veranstaltung benötigt, bei der man eventuell auf den Langsamsten warten muss. Herrmann International Deutschland übernimmt die Fragebogenauswertung (z. B. Terminverfolgung).

- Der Seminarleiter / Trainer kann sich und seine Methodik aufgrund des bereits vorher vorliegenden Gruppenergebnisses auf die Teilnehmer einstellen.
- Zusatzauswertungen, z. B. Gruppenprofile, Durchschnittsprofile und Statistiken, sind per Computer beliebig möglich.

Wer eine Auswertemöglichkeit im eigenen Büro benötigt, kann die Auswertung per Modem in Anspruch nehmen.

Marktpräsenz und Lizenzierung

Marktpräsenz

Das Herrmann-Dominanz-Instrument (H.D.I.®) wurde 1982 von Roland Spinola auf dem deutschen Markt eingeführt. Ende der 80er-Jahre gründete er das Herrmann Institut Deutschland als offizieller Repräsentant der Herrmann International, Lake Lure, NC, USA, für den deutschsprachigen Raum. Seit Juli 2001 wird es als Herrmann International Deutschland weitergeführt. Seit Beginn wurden über 100.000 deutschsprachige Fragebogen ausgewertet; weltweit wird die Anzahl der Auswertungen von Herrmann International mit ca. einer Million angegeben. Im deutschsprachigen Raum wurden bis Anfang 2002 ca. 500 Personen zertifiziert.

Das H.D.I.® liegt inzwischen in den folgenden Sprachen vor: Englisch, Französisch, Deutsch, Dänisch, Spanisch, Portugiesisch, Italienisch, Holländisch, Türkisch, Koreanisch, Japanisch und Thai. Institute bestehen neben Herrmann International Deutschland in den USA, in Australien, Mexiko, Argentinien, Brasilien, Frankreich, England und der Türkei; weitere sind in Vorbereitung.

Internationale Verbreitung

Lizenzierung

Voraussetzung für die Lizenzierung ist der Besuch eines Seminars (zurzeit eintägig) und eines Workshops (zurzeit zweitägig). Teilnehmer sind überwiegend erfahrene Trainer und Berater.

149

Im Seminar werden das Modell, seine Grundlagen und das H.D.I.® ausführlich vorgestellt, so dass der Teilnehmer beurteilen kann, welchen Nutzen das Instrument für ihn hat. Das Seminar ist deswegen auch für Personen geeignet, die selber nicht als Berater oder Trainer arbeiten, z. B. Unternehmer oder Leiter der Personalentwicklung.

Im Workshop wird der Stoff so vertieft, dass die Teilnehmer auch Hintergrundwissen erwerben und in Gruppenarbeiten lernen, aktiv mit dem H.D.I.® zu arbeiten.

Neben dem Computerprogramm H.D.I®-Win 2000 stellt Herrmann International Material zur Verfügung, das die Arbeit mit dem H.D.I.® unterstützt, z. B.

- das H.D.I.®-Spiel,
- über 100 Farbfolien für die Tageslichtprojektion,
- Präsentationen im PowerPoint-Format und
- eine Anzahl Dokumente im pdf-Format, die z. B. als Seminarunterlage verwendet werden können.

Im Laufe der Jahre entstand ein Netzwerk von H.D.I.®-Anwendern, die untereinander Erfahrungen austauschen.

Kosten und Service

Der Preis pro Auswertung (Stand Januar 2002) beträgt 90 EUR. Für lizenzierte Partner gelten Sonderkonditionen, ebenso für Benutzer des Service H.D.I.® Win 2000 (Auswertung via Modem). Gruppenprofile und Durchschnittsprofile werden, wenn sie bei Herrmann International Deutschland erfolgen, gesondert berechnet; im Service H.D.I.® Win 2000 sind sie kostenlos integriert. Das Computerprogramm wird gegen eine geringe Wartungsgebühr zur Verfügung gestellt; berechnet werden nur die tatsächlich ausgewerteten Fragebogen.

Für Beratung und Coaching berechnen die lizenzierten Partner ihre Honorare unabhängig von Herrmann International.

Herrmann International Deutschland stellt Beratung und Service individuell zur Verfügung. Das kann ein Kontakt zu anderen Partnern sein (internationale Partner oder lizenzierte Trainer/Berater) oder das Angebot, die Dienstleistung aus dem eigenen Haus zu erbringen, z. B. ein Kurzvortrag über das H.D.I.® oder ein Seminar im Haus des Kunden.

Kontakt

Herrmann International Deutschland
Oderdinger Straße 12
D-82362 Weilheim
Tel.: (08 81) 92 49 56-0
Fax: (08 81) 92 49 56-56
E-Mail: info@hid.de
Internet: www.hid.de

Literatur

Herrmann, Ned: *Das Ganzhirn-Konzept für Führungskräfte. Welcher Quadrant dominiert Sie und Ihre Organisation?* Wien: Carl Ueberreuter 1997

Herrmann, Ned: *Kreativität und Kompetenz. Das einmalige Gehirn.* Fulda: Paidia-Verlag 1991

Loye, David: *Gehirn, Geist und Vision.* Basel: Sphinx 1986

Schanz, Günther: *Der Manager und sein Gehirn. Neurowissenschaftliche Erkenntnisse im Dienst der Unternehmensführung.* Frankfurt am Main: Peter Lang 1998

Spinola, Roland / Peschanel, Frank D.: *Das Hirn-Dominanz-Instrument.* Speyer: GABAL 1988 (vergriffen)

Sonderdrucke von Zeitschriftenaufsätzen, z. B.:

Leonard, Dorothy / Straus, Susan: *Im Widerstreit der Ideen zur Innovation.* In: HARVARD BUSINESS MANAGER. Heft 2/1998. Aus: HARVARD BUSINESS REVIEW: Putting Your Company's whole Brain to Work. 7/8 – 1997

Der Autor

Roland Spinola studierte in München Ingenieurswissenschaften. Er arbeitete als beratender Ingenieur, Computerspezialist, Vertriebsleiter und als Manager im Bereich Aus- und Weiterbildung, darunter sechs Jahre im internationalen Schulungszentrum von IBM in Brüssel als Leiter der Führungskräfteentwicklung. Im Rahmen dieser Aufgabe entwickelte sich sein besonderes Interesse für die Zusammenhänge zwischen Gehirnfunktion und menschlicher Kreativität. 1982 lernte er Ned Herrmann und sein Modell der bevorzugten Denk- und Verhaltensstile kennen und erwarb nach einer Ausbildung bei ihm die Lizenz für die Anwendung und Auswertung des H.D.I.® Er war bis Mitte 2001 Geschäftsführender Direktor des von ihm gegründeten Herrmann Instituts Deutschland in Fulda. Dieses wird jetzt unter der Leitung von Jacqueline Geist in Weilheim weitergeführt. Roland Spinola arbeitet als Trainer für Herrmann International Deutschland und als selbstständiger Trainer mit den Schwerpunkten Kreativität, Kooperation und Synergie im Team, aufbauend auf der Grundlage des H.D.I.®-Modells.

FRANK M. SCHEELEN

Modell 6: INSIGHTS MDI® (Management-Development-Instruments) – Verhalten, Kompetenzen und Werte

Überblick

INSIGHTS MDI® (Management-Development-Instruments) ist ein System von zehn diagnostischen Verfahren zur Bestimmung der Verhaltens- und Wertepräferenzen, das vom SCHEELEN®-Institut für Managementberatung und Bildungsmarketing in Waldshut-Tiengen exklusiv angeboten wird.

INSIGHTS wird im Bereich der Arbeitspsychologie für Personalauswahl, Personalentwicklung und Teamentwicklung bei erwachsenen Personen eingesetzt. Für andere Bereiche und Einsatzzwecke – wie zum Beispiel Therapien und Schuleingangsdiagnostik – ist INSIGHTS MDI® nicht vorgesehen.

Schwerpunkt Personal-management

Es besteht aus vier großen Komplexen, die menschliches Verhalten umfassend analysieren und erklären: Kompetenzen, Verhaltensweisen, Anforderungen der Situation und Handlungsmotive. Das Modell geht von acht Verhaltenstypen aus, die in 60 Untertypen untergliedert werden können. Diese Vielfalt an Bereichen mit ihren Wechselwirkungen erlaubt eine treffsichere Vorhersage und ein gezieltes Training oder Coaching zur Verhaltenssteuerung und Kommunikationsoptimierung.

4 Verhaltens-komplexe

INSIGHTS MDI® gibt es in zehn verschiedenen Versionen für vier verschiedene Bereiche. Das reicht von der Top-Manager-Version über die Manager-Mitarbeiter-Version bis hin zur Verkäufer-Version. Entsprechend der Fähigkeiten werden dabei Führungsverhalten, Kommunikationsverhalten, Teamfähigkeit und Interaktionsvermögen untersucht. Eingegangen wird auf die Bereiche Verhalten, Kompetenzen, Werte und Arbeitsplatzsituation. Zusätzlich steht Literatur zu Verkauf, Beziehungsmanagement, Menschenkenntnis, Rekrutierung, Akkreditierung, Coaching und Mentoring zur Verfügung. Zudem kann auch auf Interviewleitfäden für Bewerbungsgespräche zurückgegriffen werden.

Anwendung im Alltag Die theoretischen Grundlagen der INSIGHTS MDI® können auch im Alltag, in beruflicher wie in privater Hinsicht, angewendet werden, um das Gegenüber besser zu verstehen und die Beziehung zu ihm zu gestalten. Im Bereich Teamzusammenstellung, Teamentwicklung und Teamkommunikation bietet das Instrument optimale Unterstützung der Personalentwicklung.

Abb. 1: Teamrad

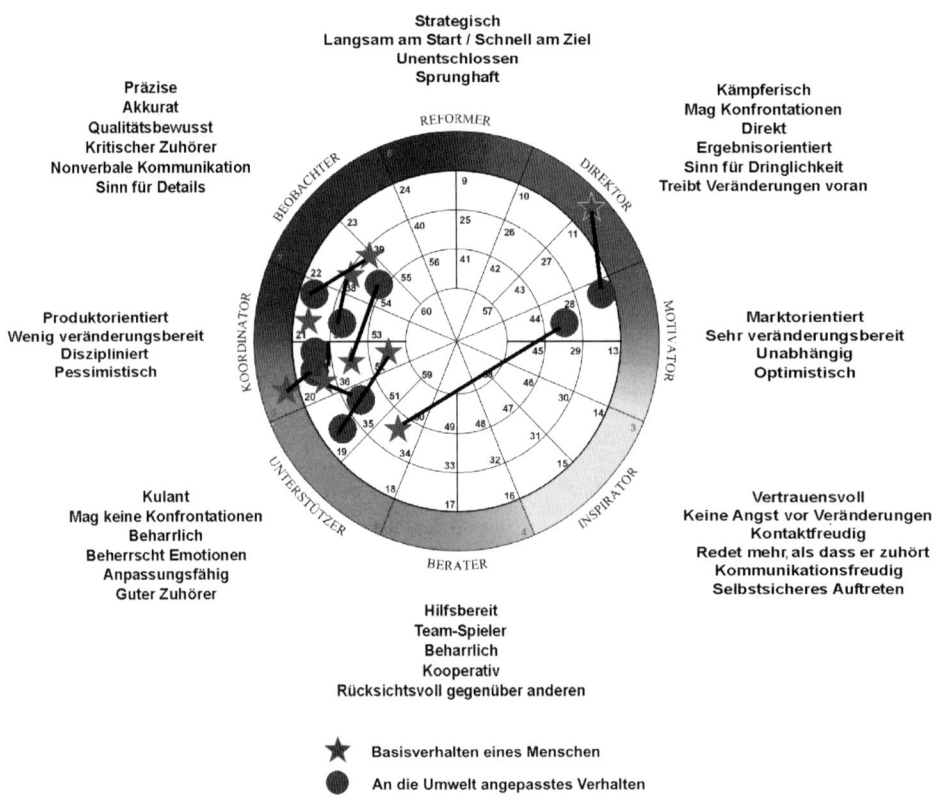

Mit dem INSIGHTS-Teamrad lernen Sie den „State of the art" Ihres Teams kennen. Dieses Beispiel zeigt Ihnen viele Experten (Koordinatoren), aber nur einen Veränderer (Motivator). Die Person des Motivators/Unterstützers macht einen Spagat und befindet sich in einer „Stresssituation" und vergeudet ihr Potenzial.

154

Entwicklung und wissenschaftlicher Hintergrund

Theoretische Wurzeln

Zentrales Anliegen der Persönlichkeitsforschung seit der Antike ist die Erklärung, Vorhersage und Veränderung menschlichen Verhaltens. Immer wieder wird die Frage diskutiert, ob Verhalten stärker genetisch oder stärker umweltbedingt ist.

Psychologie Jungs

Auch für Carl Gustav Jung, auf dessen analytischer Psychologie IN-SIGHTS-PotentialAnalyse® fußt, standen diese Aspekte im Mittelpunkt des Forschungsinteresses (vgl. Artikel „Die Typenlehre nach C. G. Jung"). Er ging von drei psychologischen Funktionen aus, die für alle Menschen gelten: *Denken versus Fühlen, Wahrnehmung versus Intuition und Extraversion versus Introversion.* Die weitere Entwicklung des Verfahrens wurde durch Jolande Jacobi (1996) vorangetrieben. Das Ergebnis ihrer Arbeiten sind *acht Persönlichkeitstypen*, auf die im Folgenden näher eingegangen wird.

Marston

Darüber hinaus liegt INSIGHTS-PotentialAnalyse® das Persönlichkeitsmodell des amerikanischen Psychologen William Moulton Marston (1986) zugrunde. Es geht zunächst von zwei Dimensionen aus: *widrige versus freundliche Umwelt* und *Aktivität versus Passivität.* Letztere Dimension entspricht Extraversion versus Introversion der oben erwähnten Autoren. Durch die Kombination dieser Modelle können 60 individuelle Persönlichkeitsprofile erfasst werden. Mit dem Instrument selbst können bis zu 384 Typen unterschieden werden mit 19.200 Textvarianten. In der Regel wird eine derartig tief gehende Differenziertheit der Analyse nur in der Personalauswahl und im Coaching benötigt.

DISG / Jung

Die INSIGHTS-PotentialAnalyse® basiert auf C. G. Jung und dem so genannten *DISG-Persönlichkeitsprofil®* (vgl. Modell 3) und stellt gleichzeitig eine Weiterentwicklung dar: Es werden mehr Persönlichkeitsbereiche erfasst und differenzierter analysiert.

Darüber hinaus werden Trainingspläne entwickelt, um bestimmte Kompetenzen (Selbstmanagement, Führung, Verkauf, Kommunikation u. v. a. m.) gezielt aufzubauen.

Untersuchungen

Validierungs-studien

Die wissenschaftliche Weiterentwicklung geschieht durch fortlaufende Validierungsstudien auf internationaler Ebene.

In den vergangenen Jahren wurden Untersuchungen zu verschiedenen Themen durchgeführt, u. a. Teamentwicklung, Management und Verkauf. Ziel dieser Untersuchungen war und ist es, an unterschiedlichen Stichproben von Personen die Aussagen, die INSIGHTS zu Verhaltenseigenschaften macht, auf ihre Gültigkeit in der Praxis zu überprüfen. Warburton (1995/2000) untersuchte erfolgreich, ob sich das Verhalten von 91 Mitarbeitern aus dem mittleren Management verschiedener Industriezweige vorhersagen ließ. Darüber hinaus wurde die Übereinstimmung mit anderen eignungsdiagnostischen Verfahren überprüft, die sich ebenfalls bewährt haben.

Ein dritte Untersuchung belegte an einer Stichprobe von 150 Managern, dass Auftreten oder Ausbleiben bestimmter Reaktionen (Arbeitszufriedenheit, körperliche Gesundheit, psychische Gesundheit, Fluktuation) mit INSIGHTS MDI® vorhergesagt werden konnten.

Durchgeführte Untersuchungen sind in einem 120-seitigen *„Handbuch zur empirischen Forschung und praktischen Anwendung"* dokumentiert, das den Beratern zur Verfügung gestellt wird. 2001 wurde eine Cross-Culture-Studie mit deutschen und amerikanischen Daten durchgeführt. Eine 2002 abgeschlossene dreijährige Studie zeigt bei 200 Allfinanz-Führungskräften, wie Führungs- und Verkaufserfolg mit Persönlichkeitsmerkmalen und mit Motiven und Werten korreliert.

Testgütekriterien

Die Erfüllung bestimmter Gütekriterien ist Voraussetzung, um Aussagen oder Vorhersagen mit INSIGHTS MDI® machen zu können, die in der Praxis zutreffen bzw. zutreffen werden.

156

Das erste Gütekriterium ist die Objektivität, die Unabhängigkeit der Messergebnisse vom Untersuchenden. Soll z. B. bei demselben Bewerber oder Mitarbeiter von unterschiedlichen Personalberatern oder -verantwortlichen die Eignung für eine bestimmte Arbeitsstelle festgestellt werden, so müssen beide Berater zu den gleichen Ergebnissen gelangen. Daher werden unsere INSIGHTS-Partner in Seminaren ausbildet und üben an Beispielen die Interpretation der Ergebnisse.

Objektivität

Das zweite Gütekriterium ist die Zuverlässigkeit (Reliabilität). Sie beschreibt, wie genau bestimmte Verhaltenseigenschaften von einem Diagnoseverfahren gemessen werden. Für INSIGHTS-PotentialAnalyse® liegt die Zuverlässigkeit der Messung bei 0,9. Der höchstmögliche Zahlenwert lautet 1. Zuverlässigkeits-Kennzahlen von 0,9 werden in der Regel nur von Intelligenz- und Konzentrationstests erreicht. Die meisten Persönlichkeitsverfahren weisen Zuverlässigkeitskennzahlen von ca. 0,8 oder darunter auf und messen damit ungenauer als INSIGHTS.

Reliabilität

Das dritte Gütekriterium wird als Gültigkeit (Validität) bezeichnet. Es fragt danach, ob ein Persönlichkeitsverfahren das misst, was es messen soll. Ein Diagnoseinstrument, das Extraversion messen soll, aber in Wirklichkeit Zielstrebigkeit erfasst, misst nicht valide. Die Gültigkeit von Verhaltensvorhersagen, die INSIGHTS MDI® macht, konnten durch die oben genannten Untersuchungen nachgewiesen werden.

Validität

Aufgrund dieser Werte ermöglicht INSIGHTS MDI® die objektive, zuverlässige und gültige Messung bestimmter Verhaltenseigenschaften und Handlungsmotive und stellt damit ein leicht handhabbares und treffsicheres Diagnoseverfahren dar.

Kernaussagen und Ergebnisse

Die INSIGHTS-MDI®-Komponenten

Kompetenzen

Kompetenz-Check Dieser Bereich gibt Auskunft über Erfahrungen, Wissen und Kompetenzen, über die eine Person verfügt. Von 280 Kernkompetenzen wurden die wichtigsten 23 herausgefiltert. Es handelt sich hier um Faktoren, die im Gegensatz zu anderen Persönlichkeitsbereichen gelernt und trainiert werden können.

Ziel des Kompetenz-Checks ist es, die für die jeweilige Situation angemessene Kompetenz einzusetzen. Dabei werden persönliche Kompetenzen mit den Arbeitsplatzanforderungen abgeglichen. Damit kann die Personalentwicklung gezielt Ressourcen des Einzelnen aufbauen sowie Stellen passgenau besetzen.

Verhaltensweisen

8 Verhaltenstypen Es können acht grundsätzliche Verhaltenstypen gemessen werden:

- *Direktor:* ergebnisorientiert, zielstrebig
- *Motivator:* marktorientiert, unabhängig
- *Inspirator:* kontaktorientiert, flexibel
- *Berater:* teamorientiert, kooperativ
- *Unterstützer:* beziehungsorientiert, geduldig
- *Koordinator:* produktorientiert, diszipliniert
- *Beobachter:* qualitätsorientiert, präzise
- *Reformer:* kontrollorientiert, perfektionistisch

158

Abb. 2: 8 INSIGHTS-Typen

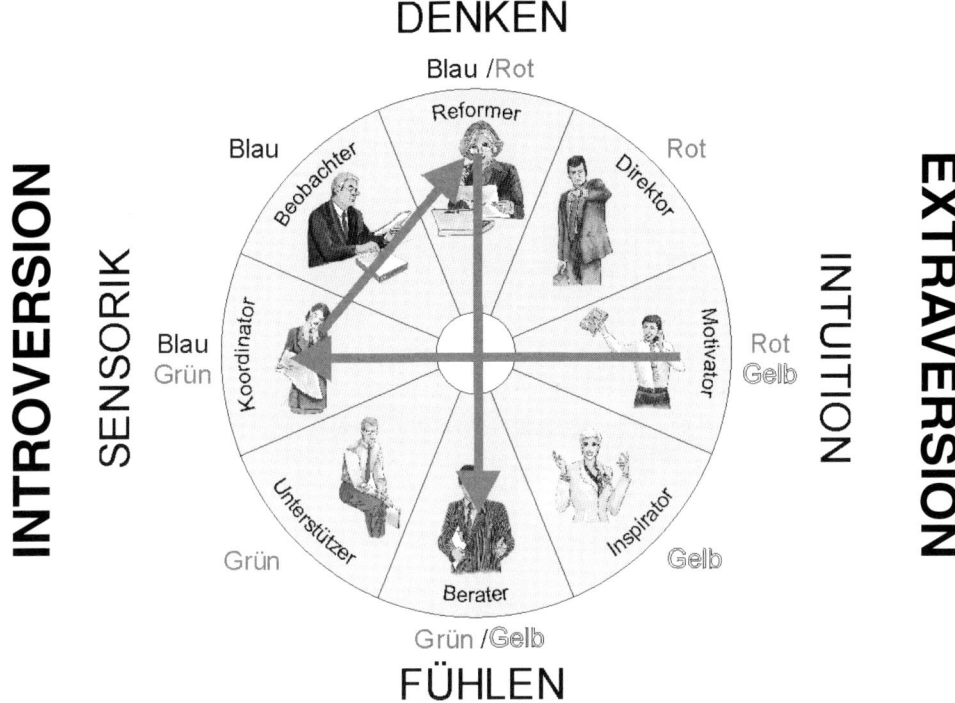

Diese Typen werden in 60 Mischtypen verfeinert. Die Feststellung der jeweiligen Verhaltenseigenschaften erfolgt auf zweierlei Weise. Einmal werden persönliche Präferenzen und Ressourcen ermittelt, über die eine Person verfügt. Zum anderen kann festgestellt werden, in welchem Umfang jemand diese Ressourcen an seiner aktuellen Arbeitsposition einbringt.

Persönliche Ressourcen

Anhand der vorhandenen Ressourcen können für Zwecke der Personalauswahl die voraussichtliche Arbeitszufriedenheit und der Arbeitserfolg festgestellt werden.

Für Zwecke der Personalentwicklung wird aufgezeigt, wo Bedarf an Coaching- oder Trainingsmaßnahmen besteht.

Bringt sich ein Mitarbeiter voll in die Arbeit ein, kann mit hoher Arbeitszufriedenheit, hoher mentaler und physischer Gesundheit, geringen Fehlzeiten und geringer Fluktuation gerechnet werden.

Anforderungen der Arbeitsplatzsituation
Hinsichtlich der Situation kann INSIGHTS Tätigkeitsanforderungen erfassen, die eine bestimmte (Berufs-)Situation an eine Person stellt. Dabei werden die Anforderungen im Sinne der oben genannten Typen formuliert. Die Passfähigkeit von Situationsdiagnostikum und Verhaltensstildiagnostikum gibt Auskunft über die Eignung einer Person für einen bestimmten Arbeitsplatz bzw. über den Ansatzpunkt von Trainings und Coachings. Ebenso können Arbeitsgestaltungsmaßnahmen abgeleitet werden.

Person und Situation

Menschliches Verhalten hängt von zwei großen Komplexen ab: der Person und der Situation. Die zentrale Bedeutung der Verhaltensvorhersage kommt daher der Wechselwirkung von Person und Situation zu. INSIGHTS MDI® ist das einzige Diagnosesystem, das diesen sowohl in der Wissenschaft als auch in der Praxis zu Unrecht vernachlässigten Bereich der Situation abdeckt.

Handlungsleitende Ziele

Handlungsmotive (nach Eduard Spranger)
Ebenso erfasst INSIGHTS PIW sechs grundlegende Handlungsmotive von Menschen: Sie beschreiben, welche Ziele für eine Person handlungsleitend sind und wie sie motiviert werden kann, etwas zu tun.

- *Theoretisches Motiv:*   intellektuelle Prozesse und hohe Fachkompetenz
- *Ökonomisches Motiv:*   Unternehmertum und Nutzenorientierung
- *Ästhetisches Motiv:*   Selbsterfüllung und Harmonie
- *Soziales Motiv:*   Selbstlosigkeit und anderen helfen wollen
- *Individualistisches Motiv:*   Führung und Leadership
- *Traditionelles Motiv:*   Sinn im Leben finden

Motive und Wertestrukturen haben großen Einfluss auf unser Verhalten. Man kann so weit gehen zu sagen, dass Verhalten nur zu verstehen ist, wenn man über Kenntnis der dazugehörigen Motivstruktur eines Menschen verfügt. So hat es zum Beispiel wenig Sinn, einen Verkäufer mit nur gering ausgeprägtem ökonomischem Motiv einzustellen, auch wenn er vom Verhaltenstyp scheinbar ideal auf die Tätigkeitsbeschreibung passt.

Abbildung 3: Persönliche Interessen, Einstellungen und Werte (PIW)-Beispiel

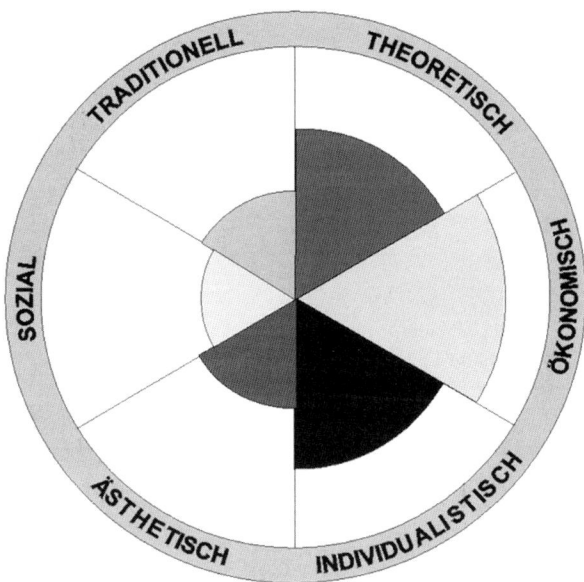

Interpretation der Ergebnisse

INSIGHTS MDI® erfasst nicht die gesamte Persönlichkeit, sondern nur einen definierten Verhaltensausschnitt. Persönlichkeits-Messverfahren, die für sich in Anspruch nehmen, eine Persönlichkeit ganzheitlich zu messen, sind als unseriös einzustufen. Es gibt mehrere Tausend Messverfahren für die unterschiedlichsten Anwendungsbereiche. Die meisten dieser Verfahren erfassen mehrere Eigenschaften. Ein einzelnes Verfahren, das mehrere Zehntausend Eigenschaften misst, dürfte weder entwickelbar noch durchführbar sein. Ein Verfahren, das nur einige, z. B. drei oder vier, Eigenschaften misst, erfasst aber nicht die gesamte Persönlichkeit.

Definierter Verhaltensausschnitt

Es kommt daher darauf an, denjenigen Verhaltensausschnitt aus der Gesamtpersönlichkeit zu messen, der für einen bestimmten Anwendungszweck relevant ist. INSIGHTS MDI® beschränkt sich dabei auf Eigenschaften, die ausschließlich für berufliche Zwecke wichtig sind. Daher enthält die Interpretation keine Aussagen zu anderen Bereichen

Berufliche Zwecke

oder zu Eigenschaften, die keine berufliche Relevanz haben. Dies sind zum Beispiel therapeutische Fragestellungen, Rehabilitationszwecke, Schuleignungsdiagnostik und forensische Aussagen.

Keine Bewertung

Die Kenntnis einer bestimmten Eigenschaft sagt über das beobachtbare Verhalten zunächst noch wenig aus. Eine Bewertung, ob diese Eigenschaft für sich genommen „gut" oder „schlecht" oder ein Mensch „geeignet" oder „ungeeignet" ist, wäre ethisch nicht zu verantworten. Menschliches Verhalten hängt sowohl von der Person als auch von der Situation ab. Daher sollte auch die Situation bekannt sein, um Verhaltensvorhersagen zu machen. Jemand, der introvertiert ist, ist daher in der Situation „Verkauf von Werbemitteln" wahrscheinlich nicht optimal aufgehoben. In der Situation „Reparatur technischer Anlagen" ist Introversion hingegen ein Faktor, der Erfolg begünstigen kann. INSIGHTS MDI® kann beides feststellen und Vorschläge machen, welcher Arbeitsplatz (= Situation) am besten zu einer bestimmten Person passt und umgekehrt. Jene Personen auszuwählen, deren Verhaltenseigenschaften in bestimmten Situationen Erfolg bedingen, ist Sache des Unternehmens. Ebenfalls ist es Sache des Unternehmens, Arbeitsplätze so zu gestalten, dass sie bestimmten Anforderungen genügen, damit eine Arbeit für Menschen überhaupt ausführbar, schädigungslos, beeinträchtigungsfrei und persönlichkeitsförderlich ist.

Passung von Persönlichkeit und Anforderungen

Die Feststellung und Herstellung der *Passung von Persönlichkeit eines Mitarbeiters oder künftigen Mitarbeiters und den Anforderungen* einer Arbeitsstelle ist eine zentrale Aufgabe des Unternehmens und eine notwendige Voraussetzung für Arbeitserfolg und Arbeitszufriedenheit. Bleiben diese aus, ist in den meisten Fällen die Ursache bei fehlender Passung zu suchen. INSIGHTS MDI® versetzt ein Unternehmen in die Lage, diese Passung zu gewährleisten. Die Mitarbeiter werden die von ihnen erwartete Leistung erbringen. Sie werden eine hohe Arbeitszufriedenheit erleben, was die Fluktuation vermindert und Kosten reduziert.

Mitarbeiter werden somit in der Realität zum wertvollsten Kapital eines Unternehmens und nicht nur in den Hochglanzbroschüren. Dies führt wiederum zur Konsistenz zwischen nach außen gezeigter und nach innen gelebter Unternehmensphilosophie. Damit ist eine weitere Voraussetzung für Unternehmens- und Arbeitserfolg gegeben.

Abb. 4: INSIGHTS MDI®-Arbeitsplatzanalyse

● Basisstil
★ Adaptierter Stil
■ Arbeitsstelle

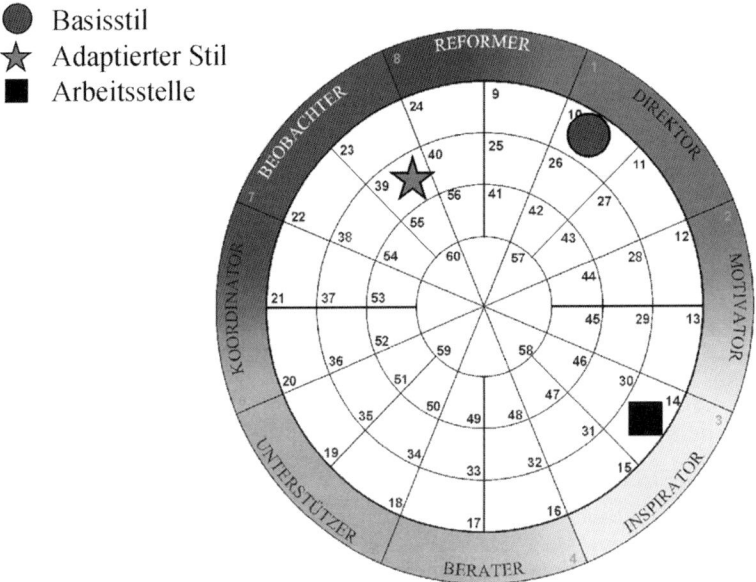

Die Person im Beispiel bewegt sich in ihrem „Adaptierten Stil" weg von der Arbeitsstelle. So kann nie Arbeitszufriedenheit entstehen.

Ableitung von Handlungen

Die von INSIGHTS MDI® gelieferten Informationen sind nicht Selbstzweck. Sie sollen Personen Anleitung geben, ihr Verhalten so zu steuern, dass sie ihre Ziele unter verschiedenen Bedingungen erreichen. Dies bedeutet, dass Menschen entsprechend ihren persönlichen Präferenzen handeln können.

Anleitung zum Handeln

Dies kann geschehen, indem sie sich entweder in bestimmte „zu ihnen passende" Situationen, z. B. Arbeitsstelle, hineinbegeben oder indem sie sich Ressourcen aneignen, die ihnen das erfolgreiche Bewältigen von bisher zu schwierigen Anforderungen erlauben, oder indem eine Arbeitsstelle personenorientiert umgestaltet wird.

Diese Ziele werden erreicht, indem der Ist-Zustand mit Hilfe von INSIGHTS MDI® erfasst und durch Beratung, Coaching und/oder Training entsprechende Optimierungsprozesse in Gang gebracht werden.

Durchführung einer Analyse

Ablauf

Ergebnisse selbsterklärend

INSIGHTS MDI® wird als computerunterstützter Fragebogen und als Internetversion eingesetzt. Die Durchführung von INSIGHTS ist sehr einfach. Es müssen Eigenschaftswörter angekreuzt werden. Die Auswertung erfolgt durch ein Computerprogramm, so dass individuelle Auswertungsfehler ausgeschlossen sind.

Die Durchführung dauert zwischen 10 und 15 Minuten. Die Auswertung beansprucht wenige Minuten. Der Analysetext wird von der Software generiert. Dies gewährleistet eine maximale Objektivität in der Verfahrensdurchführung und -auswertung. Die Ergebnisse liegen sofort vor und sind selbsterklärend.

Akkreditierung

In Akkreditierungseminaren wird an realen Analysen die Interpretation eingeübt. Ergänzend stehen umfangreiche Handbücher zur Verfügung. Ebenso wird die Ergebnisinterpretation durch die telefonische Hotline des SCHEELEN®-Institutes unterstützt.

Die Akzeptanz der INSIGHTS MDI® bei den Probanden ist außerordentlich hoch. Dieser Umstand ist Voraussetzung für eine partnerschaftlich orientierte Beratung, so dass ein maximaler Nutzen gestiftet wird.

Die Interpretation wird durch das SCHEELEN®-Institut oder dessen akkreditierte Partner vor Ort durchgeführt. Sie werden dafür in entsprechenden Seminaren geschult und sind mit INSIGHTS vertraut. Darüber hinaus können sie unsere Unterstützung auch bei der Ergebnisinterpretation erhalten.

Einsatz der INSIGHTS-MDI®-Komponenten

Handlungskompetenzen

Fertigkeiten und Erfahrungen

Mit dem INSIGHTS-Kompetenz-Modell wird festgestellt, über welche Ressourcen im Bereich der Fertigkeiten und Erfahrungen ein Mitarbeiter verfügt. Dem wird gegenübergestellt, welche Fertigkeiten für eine bestimmte Fähigkeit erforderlich sind. Somit stellt das Instrument

164

eine wichtige Entscheidungshilfe im Bereich Personalauswahl, adäquate Stellenbesetzung sowie Personalentwicklung dar. Ressourcen der Mitarbeiter können optimal eingesetzt werden und Defizite können gezielt abgebaut werden. Im Kompetenzmodell wurden aus 280 eruierten Kernkompetenzen die 23 herausgefiltert, die die größte Relevanz für den Arbeitsbereich besitzen. Je nach Tätigkeitsfeld entsteht ein bestimmtes Ranking der geforderten Kompetenzen. Diese 23 Kernkompetenzen sind:

- Zielorientierung
- Kundenorientierung
- Kreativität und Innovation
- Kontinuierliches Lernen
- Überzeugen
- Teamwork
- Schriftlicher verbaler Ausdruck
- Management
- Persönliche Effektivität
- Diplomatie
- Analytisches Problemlösen
- Führung
- Soziale Fertigkeiten
- Entscheidungen treffen
- Selbstführung
- Präsentieren
- Flexibilität
- Konfliktmanagement
- Verhandlungskompetenz
- Mitarbeiterförderung
- Planen und organisieren
- Empathie
- Zukunftsorientiertes Denken

INSIGHTS-PotentialAnalyse® – wie sich Menschen verhalten

Die INSIGHTS-PotentialAnalyse® erfasst acht Verhaltenstypen, die in 60 Positionen weiter differenziert werden können.

	Direktor	Motivator	Inspirator	Berater	Unterstützer	Koordinator	Beobachter	Reformer
Emotionen	Ausgeprägtes Ego, zeigt Verärgerung	Enthusiastisch, willensstark	Löst Spannungen, möchte andere akzeptieren	Verständnis, Umgänglichkeit	Mäßigung, Anpassung	Weist persönliche Aggressionen zurück	Will Dinge richtig machen, weist zwischenmenschliche Aggressionen zurück	Bedächtig, introvertiert
Ziel	Dominanz, Unabhängigkeit, Veränderung	Position, Macht	Popularität, Bestätigung	Intimität, geringer Druck, Hilfsbereitschaft	Kontrolliertes Umfeld, möglichst wenig Veränderung	Korrektheit	Korrektheit, Vorhersehbarkeit	Erstklassigkeit
Beurteilt andere nach	Ihrer Fähigkeit, Aufgaben zu erledigen	Vorgefassten Maßstäben	Verbalen Fähigkeiten	Loyalität, Persönlichkeit	Freundschaft	Kognitiven Fähigkeiten	Verstandesfunktionen	Hilfs- und Leistungsbereitschaft
Beeinflusst andere durch	Charakterstärke, Hartnäckigkeit	Optimismus in Bezug auf Projekte, Anerkennung und Status	Lob, Gefälligkeiten	Rat und Tat	Beständigkeit, Freundlichkeit	Fakten, logische Argumente	Logische Argumente, Fakten	Effizienz, Perfektion
Wert für das Unternehmen	„Zeig's ihnen"-Haltung und Fantasie	Beeinflusst und motiviert andere dazu, Ziele zu erreichen	Innovationen, sorgt für gutes Betriebsklima	Zuverlässig, aufrichtig	Berechenbar, hält gleichmäßiges Tempo	Definiert, klärt, sammelt Informationen, kritisiert und testet	Testet, klärt, bewertet	Erforscht sämtliche Wege, bevor er eine Entscheidung trifft, beständig, sorgfältig

	Direktor	Motivator	Inspirator	Berater	Unterstützer	Koordinator	Beobachter	Reformer
Besonders ausgeprägt	Ungeduld, Individualismus	Geltungsbedürfnis	Optimismus, Schmeichelei	Toleranz	Geringe Risikobereitschaft, passiver Widerstand gegen Veränderungen	Analyse	Analysiert, testet	Hohe Selbstkritik, Autorität
Wird unter Druck	Ruhig, analytisch, streitlustig, logisch	Leicht gelangweilt, ungeduldig, aggressiv	Unvorsichtig, unorganisiert, unbeständig	Nachgiebig, nachtragend	Unterwürfig zu Vorgesetzten und Kollegen	Unruhig	Beunruhigt, festgefahren	Ungeduldig, negative Geisteshaltung
Fürchtet	Langsamkeit, als zu jovial betrachtet zu werden	Mangel an Verantwortung, Fehlschläge	Verlust von Selbstwertgefühl und sozialer Anerkennung	Konflikte, starken Druck	Veränderung, Unordnung	Emotionen, irrationales Handeln	Lächerlichkeit, abrupte Veränderungen	Unordnung, Versagen
Wäre effektiver mit mehr	Geduld, Personenbezogenheit, Bescheidenheit, Erkenntnis, dass er oder sie Fehlurteile fällen könnte	Kontrolle und Führung, Verständnis der Zusammenhänge, langsameres Tempo	Zeiteinteilung, Emotionskontrolle, Objektivität, Einhaltung von Zusagen	Objektivität, weniger Einmischung	Bereitschaft, sich mitzuteilen, mehr Selbstvertrauen durch Feedback	Selbstvertrauen, Klarheit der Aufgabe, aufrichtiger Anerkennung, stressfreier Umgebung	Flexibilität, Verständnis für andere, mehr Enthusiasmus	Toleranz und Verständnis für die Arbeitsweise anderer
Kommunikation und Beeinflussung	Veränderung zu Ihrem Vorteil nutzen	Veränderung für Sie arbeiten lassen	Aufregend	Gute Teamspieler	Die entscheidenden Standards berücksichtigen	Risiken verteilen	Funktioniert zuverlässig	Volle Kontrolle über das Geschäft haben
Kommunikation und Beeinflussung	Gelegenheiten nutzen können	Gelegenheiten zu Ihrem Vorteil nutzen können	Eine offene Abteilung führen	Den Bedenken aller Rechnung tragen	Vernünftig	Realistische Ziele und Aufgaben	Uns im Laufe der Zeit besser kennen lernen	Das volle Potenzial aus Ihren Ressourcen herausholen können

	Direktor	Motivator	Inspirator	Berater	Unterstützer	Koordinator	Beobachter	Reformer
Kommunikation und Beeinflussung	In einer sichtbaren Position sein	Akzeptiert werden dafür, wer Sie sind und was Sie tun	Anerkennung gewinnen	Beziehungsorientiert	Praktisch	Hier sind die klaren detaillierten Anweisungen	Sehr akkurat	Auf leichte Kontrollierbarkeit angelegt
Kommunikation und Beeinflussung	Druck ausüben, wo er wirkt	Selbst das Kommando geben	Neu	Loyal	Keine halsbrecherischen Herausforderungen	Wir haben keine Eile	Durch Forschungen bewiesen	Gibt Ihnen Kontrolle über das Ergebnis
Kommunikation und Beeinflussung	Gebührende Anerkennung bekommen	Sie sind wichtig für den Erfolg Ihrer Firma	Einzigartig	Ihre Hilfe wird geschätzt	Stressfreie Herausforderung	Machen wir das ordentlich	Alles bleibt kontrollierbar	Die Maßstäbe an der richtigen Stelle anlegen
Kommunikation und Beeinflussung	Keine Unterbrechungen	Den Laden auf Ihre Weise laufen lassen	Leicht an Ihre Zwecke anzupassen	Einen Konsens erzielen	Sichere Investition	Wissen, wie so etwas gemacht werden muss	Risiken minimieren	Durchdacht
Kommunikation und Beeinflussung	Geradlinig	Respektiert werden für das, was Sie tun	Das richtige Image kreieren	Nahtlos einbinden	Entspricht dem Standard	Nicht noch mehr Chaos	Das Geschäft nach Zahlen führen	Lassen Sie uns das richtig machen
Kommunikation und Beeinflussung	Das Rudel führen	Sein eigener Herr sein	Lockeres Teamwork	Ein solides Fundament schaffen	Bewährt	Alles auf sicherem Kurs halten	Zuverlässig	Im Blick auf Finanzen und Abläufe entwickelt
Kommunikation und Beeinflussung	Genau im Einklang mit der Richtung, in der Sie gehen	Der Gewinn kommt von allein	Gut mit allen zurechtkommen	Beruhigende Gewissheit	Für jeden leicht anzuwenden	Veränderungen müssen nicht unberechenbar sein	Bewährt	Den menschlichen Faktor minimieren

Handlungsmotive

INSIGHTS-Handlungsmotive – welche Wertesysteme den Handlungen des Einzelnen zugrunde liegen. Das WARUM hinter unserem Team.

	Theoretisches Motiv	Ökonomisches Motiv	Ästhetisches Motiv	Soziales Motiv	Individualistisches Motiv	Traditionelles Motiv
Handlungsneigung	Intellektuelle Prozesse und hohe Fachkompetenz	Unternehmertum und Nutzenorientierung	Selbsterfüllung und Harmonie	Selbstlosigkeit und anderen helfen wollen	Führung und Leadership	Sinn im Leben finden
Übersteigerungen	Vernachlässigung praktischer Dinge (Familie, Geld)	Arbeitssucht	Realitätsverlust	Vernachlässigung der eigenen Person	Vernachlässigung der Bedürfnisse anderer	Selbstaufopferung für Überzeugungen
Stressfaktoren	Fehlende rationale Begründungen	Vergeudung von Ressourcen	Rationale Begründungen	Individualismus	Kein eigenes Vorwärtskommen	Opposition anderer gegen eigene Überzeugung
Wirkungsvolle Kommunikation	Schwerpunkt auf Fakten und Forschung legen	Schwerpunkt auf Ertrag aus Investitionen legen	Schwerpunkt auf subjektives Erleben legen	Schwerpunkt auf Nutzen für andere legen	Schwerpunkt auf die Stärkung der Macht legen	Schwerpunkt auf das Näherkommen dem eigenen Ideal legen

Nutzen für den Anwender

Selbstselektion

Arbeitsplatzwahl Am Anfang eines Tätigkeitsprozesses steht die Entscheidung einer Person, sich bei einem Unternehmen zu bewerben oder nicht. Diese Entscheidung hängt von der Person des Bewerbers oder der Bewerberin ab, weniger vom Unternehmen; daher spricht man auch von Selbstselektion. Unternehmen versuchen natürlich, diesen Selbstselektionsprozess zu ihren Gunsten zu beeinflussen, indem sie sich so präsentieren, dass sich voraussichtlich geeignete Personen bewerben und ungeeignete nicht. Damit verbundene Aktivitäten von Unternehmen werden als Personalmarketing bezeichnet. Im Vorfeld einer Bewerbung, aber auch im persönlichen Gespräch mit Bewerbern, die für ein Unternehmen attraktiv sind, stellen sich viele dieser Unternehmen verzerrt dar. Bewerber erhalten so nur wenig relevante Informationen, um ihre Interessen und Fertigkeiten mit den Anforderungen der Arbeitstätigkeit zu vergleichen. Tritt eine Bewerberin oder ein Bewerber aufgrund dieses Zerrbildes in ein Unternehmen ein, sind damit Bedingungen für eine hohe Fluktuation geschaffen. Das ist weder im Sinne der Unternehmen noch der Bewerber. Zurzeit ist diese Gefahr im Bereich der Informationstechnologie besonders ausgeprägt, da die Unternehmen dringend qualifizierte Kräfte suchen.

Fremdselektion

Personalauswahl Auch im Bereich der Personalauswahl, hier auf Seiten der Organisation, spielen Verhaltensstil und Werte des Individuums eine wesentliche Rolle. Die Bedeutsamkeit dieser Faktoren für die Personalauswahl kann umso mehr zum Zuge kommen, je deutlicher Unternehmen ihre Ziele formuliert haben. An dieser Stelle tangiert die Organisationsentwicklung die Personalauswahl und -entwicklung.

Interessen-gleichheit Der Grad der Deckungsgleichheit von Interessen des Individuums mit Organisationsinteressen kann mit INSIGHTS eruiert werden. Diese lässt eine starke Verbundenheit beider Seiten erwarten. Auch hier ist in der Konsequenz von einer verminderten Fluktuation und hoher Arbeitsleistung auszugehen.

170

Arbeitstätigkeit

Die Interessen einer Person an einer bestimmten Tätigkeit hängen auch eng mit dem Grad des Zufriedenheitspotenzials dieser Tätigkeit für jene Person zusammen. Kann jemand seine Interessen ausleben oder Bedürfnisse durch seine Tätigkeit erfüllen, wird er oder sie auch in einem Unternehmen bleiben, was die Fluktuation mindert.

Zufriedenheits-potenzial

Die neuere arbeitspsychologische Forschung ist bestrebt, Arbeitszufriedenheit und Leistung nicht als nebeneinander stehende, sondern als zusammenhängende Konzepte zu integrieren. So soll die Leistungsmotivation nicht per se als hoch oder niedrig gemessen werden; vielmehr hängt die Höhe ihrer Ausprägung bei einem Individuum davon ab, ob die Tätigkeit einer Person den Interessen derselben entspricht. Insofern sollten die Interessen den Zusammenhang zwischen Leistungsmotivation und tatsächlich erbrachter Leistung moderieren.

Personalentwicklung

Die Kenntnis der Verhaltenspräferenzen und Handlungsmotive von Mitarbeitern kann hier eine wertvolle Hilfe zur Integration in und Bindung an das Unternehmen sein. Ebenso stellt sie wesentliche Eckpfeiler für die Verzahnung von Personalentwicklung und Organisationsentwicklung dar. Diese Bereiche werden in der Praxis nach wie vor getrennt betrachtet. In vielen Fällen wird zwar von Ganzheitlichkeit der Personalauswahl gesprochen. Bei genauerem Hinsehen ist aber festzustellen, dass es sich hierbei vorwiegend um ein Bild nach außen zu Imagezwecken handelt, aber unternehmensintern davon keine Rede sein kann. Mit den INSIGHTS-MDI®-Tools Arbeitsplatzanalyse sowie PotentialAnalyse und PIW (Persönliche Interessen und Werte) kann man diese ganzheitliche Sicht der Personalentwicklung etablieren.

Ganzheitliche Personalauswahl

Outplacement

Hilfe zur
Neuorientierung

Verlässt ein Mitarbeiter das Unternehmen, können Interessen und Werte bei der Neuorientierung eine wertvolle Hilfe sein. Beratungsunternehmen im Bereich Outplacement versuchen anhand der Interessen eines Individuums Tätigkeiten zu finden, deren Anforderungen zu diesen kompatibel sind. Hier wird auch deutlich, dass Interessen und Werte als stabile personenspezifische Faktoren aufgefasst werden können und nicht durch die Situation bedingt sein müssen, sondern von ihr evoziert werden. Werden Interessen als prädisponierende Faktoren gesehen, kann die Erwartung, bald eine adäquate Tätigkeit auszuüben, als auslösendes Moment für die Entwicklung einer (vorweggenommenen) Identität als Mitglied einer neuen Organisation betrachtet werden. Damit kann durch qualifizierte Outplacementberatung ein ganz entscheidender Grundstein für Unternehmenserfolg und individuellen Berufserfolg gelegt werden.

Marktpräsenz, Lizenzierung und Kosten

4 Millionen
Analysen

INSIGHTS MDI® ist seit 1990 auf dem deutschen, seit 1984 bereits auf dem internationalen und amerikanischen Markt. Es gibt ca. 150 lizenzierte INSIGHTS-MDI®-Berater in Deutschland, der Schweiz, Österreich, Polen und Italien, weltweit etwa 2.500. Bisher wurden weltweit vier Millionen Analysen erstellt, davon ca. 500.000 im deutschsprachigen Raum, Norditalien und Polen. Die Tools sind in zwölf Sprachen erhältlich.

Es gibt zehn Versionen für die entsprechenden Tätigkeitsbereiche. Der Zeitbedarf für die Durchführung beläuft sich auf 10 bis 15 Minuten. Ein Bericht umfasst 10 bis 35 Seiten, je nach Version.

Der Einzelpreis liegt zwischen 33 und 200 EUR je nach Version; die Akkreditierung kostet 1.994 EUR.

Neu ist der Potential-Check im Internet: www.Potential-check.de

INSIGHTS MDI® wurde vom Q-Pool 100 zertifiziert nach ISO 9126 und erhielt im März 2002 die Note *Sehr gut.*

Kontakt

Exklusiver Lizenzträger für Zentral-Europa:
SCHEELEN® Institut für Management und Bildungsmarketing
Klettgaustraße 21
D-79761 Waldshut-Tiengen
Tel.: (0 77 41) 9 69 40
Fax: (0 77 41) 96 94 20
E-Mail: info@scheelen-institut.de
Internet: www.scheelen-institut.de

Literatur

Bonnstetter, B. J. / Suiter, J. I. / Widrick, R. J.: *The universal language.* Target Training International 2001

Buttler, J. / Scheelen, F. M.: *Managementkompetenz.* Landsberg am Lech: Moderne Industrie 2001

Jacobi, J.: *Die Psychologie von C. G. Jung.* Frankfurt: Fischer 1996

Marston, W. M.: *Emotions of normal people.* Ormskirk: Lyster 1986

Scheelen, F. M.: *Menschenkenntnis auf einen Blick.* Landsberg am Lech: mvg 2000

Scheelen, F. M.: *So gewinnen Sie jeden Kunden.* Landsberg am Lech: mvg 2000

Warburton, D. M.: *Discovering the Person at Work.* Scottsdale: Target Training International 1995

Markenrechte, eingetragene Warenzeichen des SCHEELEN-Institutes:
- – INSIGHTS MDI® by SCHEELEN®
- – INSIGHTS-PotentialAnalyse® by SCHEELEN®
- – INSIGHTS Methode® by SCHEELEN®
- – Success INSIGHTS® by SCHEELEN®
- – INSIGHTS International®

Der Autor

Frank M. Scheelen absolvierte nach einer kaufmännischen Ausbildung und längerer Tätigkeit in einem Großunternehmen diverse Trainerausbildungen, u. a. in den USA, und gründete 1990 sein eigenes Unternehmen: das SCHEELEN© Institut für Management und Bildungsmarketing.

Er gilt als internationaler Experte in den Bereichen Personalauswahl, persönliche Spitzenleistung und Beziehungsmanagement. Er ist exklusiver Lizenznehmer der INSIGHTS MDI® und Tracy College International in Zentraleuropa. Namhafte Unternehmen nutzen seit Jahren sein Know-how zur langfristigen Erfolgsoptimierung.

Der Herausgeber der deutschsprachigen Ausgabe von „Executive Excellence", einem weltweit renommierten Business-Newsletter, ist gefragter Business-Speaker, Berater und erfolgreicher Autor von Büchern, Audio- und Videoprogrammen. Er ist Mitglied in: Q-Pool 100, offizielle Qualitätsgemeinschaft internationaler Wirtschaftstrainer und Berater; Club 55, Gemeinschaft europäischer Marketing- und Verkaufsexperten; DGAT Deutsche Gesellschaft für Angewandte Typologie.

Frank M. Scheelen verfolgt mit seiner Arbeit ein anspruchsvolles Ziel: die Performance des Einzelnen und der gesamten Organisation zu effektivieren. Sein INSIGHTS-MDI®-Beraternetzwerk steht Anwendern vor Ort zur Verfügung und wird kontinuierlich erweitert.

Wolfgang Bergander

Modell 7: INTERPLACE® – eine Teamanalyse-Software

Überblick

INTERPLACE® liefert Analysen und Empfehlungen bei komplexen Fragen der interpersonellen Beziehungen im Team und für den Personaleinsatz. Es werden Stärken und Schwächen von Teammitgliedern ermittelt. Das Instrument wird als PC-Anwendung im Bereich des „Human Resource Management" weltweit von namhaften Firmen eingesetzt.

INTERPLACE® baut auf einer Teamrollentheorie auf, die sich aus den bevorzugten Verhaltensweisen von Menschen bei der Arbeit ergibt. Die zugrunde liegende Teamrollentheorie wurde von Meredith Belbin über mehrere Jahre erforscht.

Schwerpunkt: Verhaltensweisen bei der Arbeit

Die Datenerhebung erfolgt durch die Bearbeitung von Arbeitsbögen. Die Ergebnisse sind computerausgewertete Berichte in Form von Grafik- und Textdarstellungen.

Zum Kennenlernen von INTERPLACE® bietet Bergander Team- und Führungsentwicklung einen zweitägigen INTERPLACE®-Workshop an.

INTERPLACE® wird auf folgenden Gebieten eingesetzt:

- Führungsentwicklung
- Individuelle Personalberatung
- Personalentwicklung
- Besetzung offener Positionen
- Assessment
- Aufbau effektiver Teams und Reorganisation erfolgloser Teams

Zielgruppen Die Resultate aus INTERPLACE® sollen die Informationsbedürfnisse dreier Gruppen decken. Eine große Gruppe besteht aus sehr beschäftigten Führungskräften, die nur begrenzt Zeit haben, wichtige Entscheidungen zu treffen. Eine weitere große Gruppe besteht aus Fachleuten, deren Fachkenntnisse sich auf die Bereiche Training, Managemententwicklung, Managementausbildung und den Human-Resource-Bereich im Allgemeinen beziehen. Eine dritte Gruppe von Anwendern umfasst Personen, die an einem Selbstmanagement interessiert sind. Hier wurde die Hilfestellung von INTERPLACE®, die sowohl Individuen als auch Teams Empfehlungen gibt, sehr geschätzt.

Entwicklung und wissenschaftlicher Hintergrund

Die Forschung Belbins

9 Teamrollen In einer über zehnjährigen Forschung hat Meredith Belbin mit seinen Kollegen in Cambridge die Frage untersucht, warum einige Teams trotz hochkarätiger Besetzung weniger erfolgreich als andere Teams sind.

Er begann seine Forschung am Henley College (Großbritannien) durch Beobachtungen von Teams bei ihrer Zusammenarbeit. Er konzentrierte sich auf die individuellen Beiträge der Teilnehmer, welche Verhaltensweisen sie zeigten und welche Strategien sie anwendeten, um ihren Beitrag zur Zielerreichung des Teams durchzusetzen. Die Beobachtungen erfolgten in einem wiederkehrenden Umfeld unter denselben Rahmenbedingungen, indem die Kandidaten in Teams ein Unternehmensplanspiel mit einem messbaren Ergebnis durchführten. Durch seine jahrelangen Beobachtungen identifizierte Belbin zunächst acht unterschiedliche Formen von Beiträgen mit ausgeprägten Stärken und mit zwangsläufig einhergehenden Schwächen. Er nannte diese Formen der Beiträge *Teamrollen* und gab ihnen aufgrund ihrer unterschiedlichen Charakteristik Namen. Später fand er noch eine neunte Teamrolle (Spezialist). Die Teamrollen sind in Abbildung 1 dargestellt.

Datenerhebungsformat Belbin fand auch heraus, dass es nicht zulässig ist, einer Person nur eine der neun Teamrollen zuzuweisen. Also musste es für jede Person eine unterschiedliche Ausprägung der neun Teamrollen geben. Mit dieser Erkenntnis begann er, eine Methode zur Feststellung der Aus-

176

prägung zu entwickeln. Es entstand ein Datenerhebungsformat für eine Selbsteinschätzung. Dieses Datenerhebungsformat ist in sieben Abschnitte unterteilt. Jeder Abschnitt bezeichnet eine Situation eines Beitrages im Team. Die Abschnitte werden von den Kandidaten durch eine Vergabe von Punkten bewertet.

Um der Subjektivität einer Selbsteinschätzung zu begegnen, wurde eine Hinterlegung durch Fremdeinschätzungen geschaffen. Bei mindestens vier Fremdeinschätzungen ist eine Gesamteinschätzung in INTERPLACE® erstellbar.

Abb. 1: INTERPLACE®-Teamrollen

Teamrollenbeitrag	Zulässige Schwächen
NEUERER/ERFINDER: Kreativ, fantasievoll, unorthodox, löst schwierige Probleme.	Schwach im Kommunizieren mit und Führen von Menschen.
WEGBEREITER/WEICHENSTELLER: Extravertiert, begeistert, gesprächig, erforscht Möglichkeiten, entwickelt Kontakte.	Verliert das Interesse, wenn die Anfangsbegeisterung abgeflacht ist.
KOORDINATOR/INTEGRATOR: Reif, sicher und vertrauensvoll. Ein guter Vorsitzender. Erklärt Ziele und fördert den Entscheidungsprozess.	Nicht unbedingt die cleverste und kreativste Person eines Teams.
MACHER: Dynamisch, aufgeschlossen, stark angespannt. Fordert heraus, macht Druck, findet einen Weg, Hindernisse zu umgehen.	Neigt zur Provokation und zu Temperamentsausbrüchen.
BEOBACHTER: Ruhig, strategisch und scharfsinnig. Sieht alle Möglichkeiten. Urteilt genau.	Mangel an Antrieb und Fähigkeit, andere zu inspirieren.
TEAMARBEITER/MITSPIELER: Umgänglich, freundlich, einsichtig und zuvorkommend. Zuhörend, formend, baut Reibungsverluste ab.	Nicht entscheidungsfähig bei Zerreißproben.
UMSETZER: Diszipliniert, zuverlässig, konservativ und effektiv. Setzt Ideen in die Tat um.	Etwas unflexibel, langsam in der Reaktion auf neue Möglichkeiten.
PERFEKTIONIST: Sorgfältig, gewissenhaft, ängstlich. Deckt Fehler und Unterlassungen auf. Liefert pünktlich.	Übermäßig besorgt. Delegiert ungern.
SPEZIALIST: Selbstbezogen, ist engagiert. Liefert Informationen oder technisches Wissen, das kaum verfügbar ist.	Leistet einen Beitrag nur im engsten Rahmen.

Entwicklung des Instruments

Seit INTERPLACE® auf den Markt gebracht wurde, hat es einige Versionsänderungen und vier größere Generationswechsel erfahren. Die deutsche INTERPLACE® für Windows hat von der Erfahrung mehrerer hundert Anwender früherer INTERPLACE®-Modelle aus Englisch sprechenden Teilen der Welt profitiert, ebenso von den Erfahrungen aus

Internationale Erfahrungen

177

niederländisch-, dänisch- und schwedischsprachigen Versionen. Anwendungen in Industrie, Dienstleistungssektor und dem öffentlichen Dienst liefern praktische Beweise für die Funktionsfähigkeit und Standhaftigkeit des Systems.

Die deutsche Version erschien erstmalig 1994 und wurde zuvor mit etwa 1.000 Personen getestet und auf den deutschen Sprachgebrauch angepasst. Derzeit wird INTERPLACE® als Internetanwendung weiterentwickelt, damit auch Einzelpersonen die Möglichkeit haben, ihr *Teamrollenprofil* direkt über die Onlinedateneingabe ihrer *Selbsteinschätzung* und, wenn gewünscht, das Einholen von *Fremdeinschätzungen* zu generieren. Für den englischsprachigen Raum steht diese Möglichkeit schon jetzt zur Verfügung.

Kernaussagen und Ergebnisse

Der Name INTERPLACE® wurde der Analyse-Software nach Abschluss der Erforschung der Teamrollentheorie von Belbin Associates in Cambridge (Großbritannien) gegeben.

Schwerpunkte

Stärken und Schwächen im Team

INTERPLACE® fokussiert auf die individuellen Teamrollenbeiträge von Personen, die in einen gemeinsamen Arbeitsprozess eingebunden sind. Als Ergebnis werden Teamrollenstärken und -schwächen der erfassten Personen eruiert. Die Aussagen werden genutzt, um vorhandene Stärken in den Arbeitsprozess einzubringen und Schwächen zu tolerieren und durch andere Personen zu kompensieren. Die INTERPLACE®-Ergebnisse sind eine Grundlage für eine gemeinsame Diskussion der zusammenarbeitenden Personen, mit dem Ziel, sich gegenseitig zu ergänzen, Defizite und Konfliktpotenziale zu entdecken und gemeinsam Handlungspläne zu entwickeln. INTERPLACE® liefert Hinweise zur Verbesserung der Zusammenarbeit und zum Abbau von interpersonellen Reibungsverlusten. INTERPLACE® liefert keine Personalentscheidungen. Festgestellte Teamrollenprofile sind keine Testergebnisse, die als gute oder schlechte Profile zu werten sind.

Datenerhebung

Die Datenerhebung erfolgt durch eine Selbsteinschätzung in Form der Bearbeitung eines Arbeitsbogens. Auf Wunsch kann die Selbsteinschätzung durch Fremdeinschätzungen von Beobachtern hinterlegt werden. Die Erhebung erfolgt ebenfalls über einen weiteren Arbeitsbogen. Ferner besteht die Möglichkeit, Wunschprofile für Tätigkeiten zu erzeugen, um geeignete Kandidaten für die Stellenbesetzung zu finden.

Erhobene Daten werden in das System INTERPLACE® eingegeben und verarbeitet. Die Ergebnisse sind Berichte in Form von Grafik- und Textdarstellungen. Die Berichte sind als individuelle Teamrollenprofile der Teilnehmer, Teamkombinationsberichte, Arbeitsbeziehungsberichte der Teammitglieder untereinander, Firmenprofile und als Arbeitsplatzübereinstimmungsprofile verfügbar.

Mögliche Profile und Berichte

Als Human-Resource-Management-System ermöglicht INTERPLACE® bessere Entscheidungen zum Personaleinsatz.

INTERPLACE® beinhaltet keine Daten über die Qualifikationen oder Erfahrungen eines Kandidaten, liefert allerdings eine wichtige Ergänzung zu diesen Informationen. Diese Ergänzung ist sonst kaum greifbar, da sie sehr persönlich ist.
Das System benötigt drei Eingaben:

Keine Messung von Qualifikation

- wie man sich selbst in der Teamrollenterminologie sieht,
- wie andere einen sehen (optional) und
- wie der direkte Vorgesetzte die Erfüllung eines Arbeitsplatzes sieht (optional).

Durchführung einer Analyse

Selbsteinschätzung

Es hat sich als zweckmäßig herausgestellt, dass die betroffenen Personen eine kurze Information über die Belbin-Teamrollentheorie erhalten. Diese Information sollte wertfrei sein und den Hinweis beinhalten, dass kein Test durchgeführt wird, sondern dass ein bevorzugtes und weniger bevorzugtes Verhalten bezüglich der Zusammenarbeit mit anderen Personen ermittelt wird. Nach dieser Information, die auch schriftlich erfolgen kann, bearbeitet die Person einen Datenerhebungsbogen. Der Arbeitsbogen ist in sieben Abschnitte unterteilt. Jeder Abschnitt bezeichnet eine Situation eines Beitrags im Team oder einer Form der Zusammenarbeit, wie z. B.: „Welchen Beitrag kann ich in meinem Team leisten?" Für jeden Abschnitt sind zehn Antwortsätze vorgegeben.

Punktverteilung Der Kandidat überprüft pro Abschnitt, welche der vorgegebenen Antwortsätze auf ihn zutreffen. Auf die zutreffenden Antwortsätze werden pro Abschnitt zehn verfügbare Punkte verteilt. Die ermittelten Punkte werden auf einem Antwortbogen notiert, der das Dateneingabeformat darstellt. Die Bearbeitungszeit für die Durchführung einer Selbsteinschätzung beträgt etwa 20 Minuten. Die Eingabe der Daten in INTERPLACE® durch den Anwender beträgt zwischen zwei und fünf Minuten. Der Bericht der Selbsteinschätzung ist sofort abrufbar.

Abb. 2: Muster eines Teamrollenprofils – Selbsteinschätzung

```
 Kandidatenberichte                                                    _ □ x x

    TEAMROLLENPROFIL NACH SELBSTEINSCHÄTZUNG
              Name :  Hans Muster
              Firma :  Demo


   Rolle am besten  |   Rolle kann angenommen   |
      vermeiden     |          werden           |      natürliche Rollen
                    |                           |
     0    10    20  | 30    40         50    60 |  70    80    90    100


     .    .     .   | .     .     NE   .    .   | .     .     .    X   .
     .    .     .   | .     .     WW   .    .   | .     .  X     .    .
     .  X  .     .  | .     .     KI   .    .   | .     .     .    .   .
     .    .     .   | .     .     MA   .    .   | .     .     X.    .   .
     .    .     .   | .     .     BO   .    .   | .     . X     .    .   .
    X     .     .   | .     .     TM   .    .   | .     .     .    .   .
     .  X  .     .  | .     .     UM   .    .   | .     .     .    .   .
     .    .     .   | .     .     PF   .   X|   .     .     .    .   .
     .    .     .   | .  X  .     SP   .    .   | .     .     .    .   .


     Drucken                                                    Beenden
```

180

Fremdeinschätzung

Fremdeinschätzungen werden von Beobachtern eingeholt. Beobachter sind Personen, die mit der zu beobachtenden Person in einer Arbeitsbeziehung stehen. Diese können Teammitglieder, Vorgesetzte, Kollegen gleicher Ebene oder Mitarbeiter sein.

Die Beobachter bearbeiten einen Datenerhebungsbogen, indem sie vorgegebene Eigenschaften, die auf den Kandidaten zutreffen, markieren. Der Datenerhebungsbogen bietet 45 positive Eigenschaften und 27 negative Eigenschaften an. Die Bearbeitung einer Beobachtung dauert zwischen fünf und zehn Minuten. Die Eingabe der Daten in INTERPLACE® durch den Anwender, wiederum abhängig von der Fertigkeit, liegt bei etwa zwei Minuten pro Beobachter.

INTERPLACE® verarbeitet die markierten Eigenschaften in ihren Kombinationen pro Beobachter, normiert sie und erstellt pro Beobachter eine Teamrollenreihenfolge. Auch hier sind Berichte sofort abrufbar.

Beobachtungen Dritter

Abb. 3: Muster eines Teamrollenprofils – Fremdeinschätzung

EINSCHÄTZUNGSERGEBNISSE IN GEORDNETER FOLGE

Kandidat: Hans Muster
Firma : Demo

Einschätzung	Teamrollen:								
	1	2	3	4	5	6	7	8	9
Selbsteinschätzung	NE	MA	WW	BO	PF	SP	UM	KI	TM
Max	WW	MA	NE	BO	SP	KI	PF	UM	TM
Susanne	NE	MA	BO	WW	SP	TM	PF	UM	KI
Willi	NE	WW	BO	MA	KI	UM	PF	SP	TM
Vera	NE	MA	WW	BO	KI	UM	TM	PF	SP
GESAMTEINSCHÄTZUNG	NE	MA	WW	BO	PF	KI	SP	UM	TM

Drucken   Beenden

Diese Darstellung zeigt die Teamrollenpräferenzen in ihrer Reihenfolge von 1 bis 9, wobei 1 die stärkste Ausprägung und 9 die schwächste Ausprägung darstellt. Nach der Selbsteinschätzung folgt die Wahrnehmung der Beobachter. Aus der Selbsteinschätzung und den Fremdeinschätzungen bildet INTERPLACE® eine Gesamteinschätzung.

Das Kreisdiagramm in Abb. 4 zeigt die Ausprägung der Teamrollen getrennt nach Selbsteinschätzung und Summe der Beobachter.

Abb. 4: Kreisdiagramm Selbst- versus Fremdeinschätzung

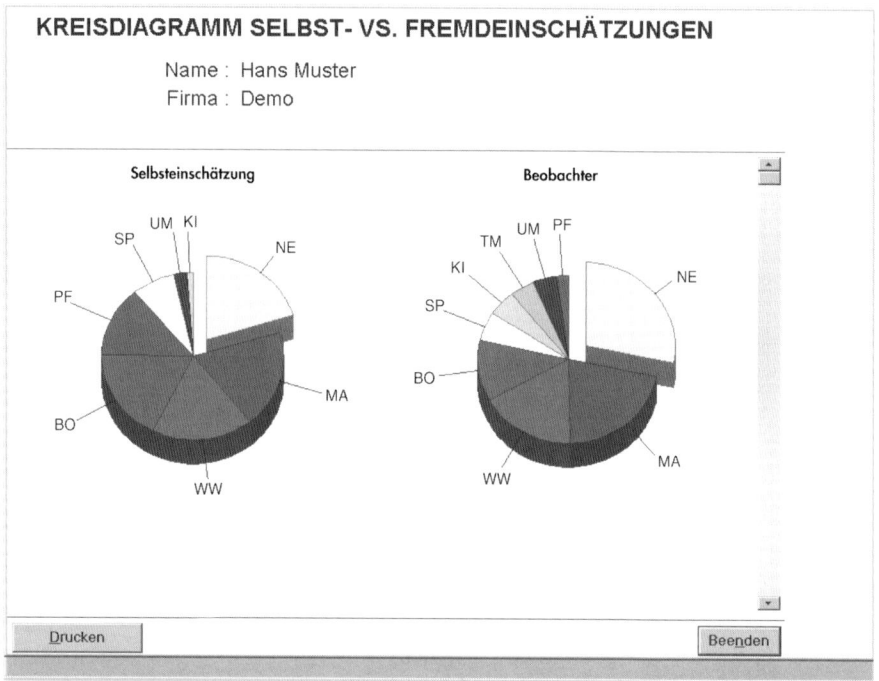

Der folgende Bericht in Abb. 5 gibt der betroffenen Person einen Hinweis, welche Elemente in ihren Aufgaben enthalten sein sollten, damit sie ihre Stärken voll in den Arbeitsprozess einbringen kann.

Abb. 5: Die vier besten Teamrollen

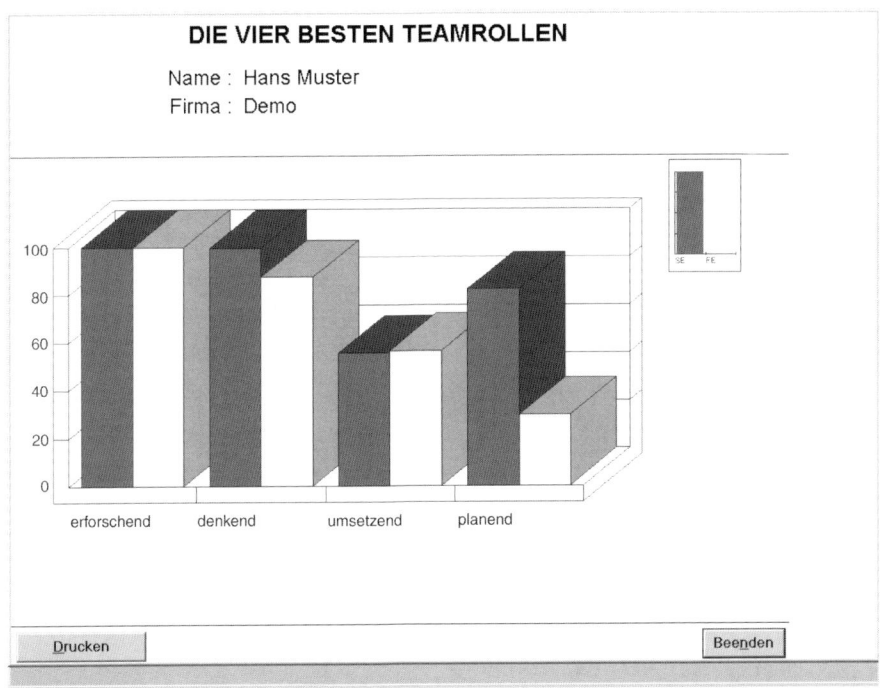

Der linke Balken zeigt die Ausprägung der Selbsteinschätzung. Der rechte Balken zeigt, wie weit die Selbsteinschätzung durch die Fremdeinschätzungen unterstützt wird.

Auswertung Abb. 5:

In dem oben gezeigten Beispiel bedeutet dies für Hans Muster, dass sich seine Leistungsfähigkeit voll entfaltet, wenn er Lösungsansätze für Probleme liefern oder neue Wege erschließen kann. Hans Muster bevorzugt es, vor dem Handeln zu denken und die Umsetzung von Aufgaben zu planen. Er ist ein idealer Kandidat zur Entwicklung von Strategien. Aufgaben mit vorgegebenen Lösungswegen, hohem administrativem Anteil und einem hohen Anspruch an Genauigkeit wird er nicht mit Hingebung erfüllen, er wird sie eher vor sich her schieben und mit hohem Energieverlust, wahrscheinlich auch nur mit dem notwendigen Druck erledigen.

**Beispiel-
auswertung**

183

Durchführung von Teamanalysen

Notwendig für eine Teamauswertung ist die Erfassung aller Teammitglieder. Es ist mindestens die Erhebung der Selbsteinschätzungen erforderlich. Besser ist die Hinterlegung der Selbsteinschätzungen mit Fremdeinschätzungen.

In dem folgenden Beispiel sind fünf Teammitglieder erfasst: Andy Kerl, Hans Muster, Heidi Berg, Peter Ziegenwirt und Werner Flens der Firma Demo.

Teamkombinationsbericht
Durch die Auswahl der Teammitglieder kann ein Teamkombinationsbericht erstellt werden. Der Teamkombinationsbericht gibt Auskunft über Stärken und Schwächen des Teams und liefert eine Empfehlung über die beste Nutzung der vorhandenen Teamrollen der Mitglieder. Hier der Bericht des Beispielteams der Firma Demo:

Abb. 6: Teamrollen-Kombinationsbericht

TEAMROLLEN-KOMBINATIONSBERICHT

Für: Andy Kerl   Peter Ziegenwirt
       Hans Muster   Werner Flens
       Heidi Berg

In diesem Team besteht die Ansicht, dass neue Wege gegangen werden können, aber nur wenn es gut geht. Dies hängt zum großen Teil davon ab, ob die Mitglieder gut miteinander kommunizieren und jeweils Anerkennung für die Rolle des anderen zeigen. Sehr viel hängt von der Übertragung des richtigen Arbeitsinhaltes und der Zielsetzung auf die Gruppe ab. Das Team muss der Versuchung widerstehen, Haarspaltereien zu betreiben und sich selbst auferlegten Prioritäten zu beugen. Wenn dies dem Team gelingt, hat es eine gute Chance, hervorragende Resultate zu erzielen.

Bei der Vergabe von Aufgaben und Funktionen im Team wird empfohlen:

Andy Kerl

- ist die geeignetste Person, die Teamaktivitäten zu koordinieren und sicherzustellen, dass jedes Mitglied seine angemessene Rolle einnimmt und das Team das vereinbarte Ziel anstrebt.

Drucker   Beenden

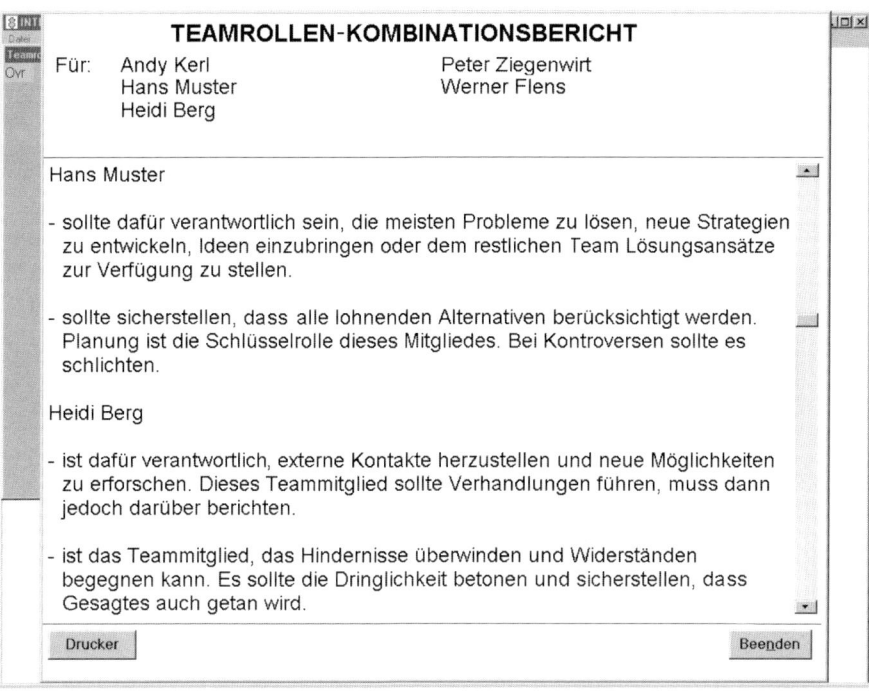

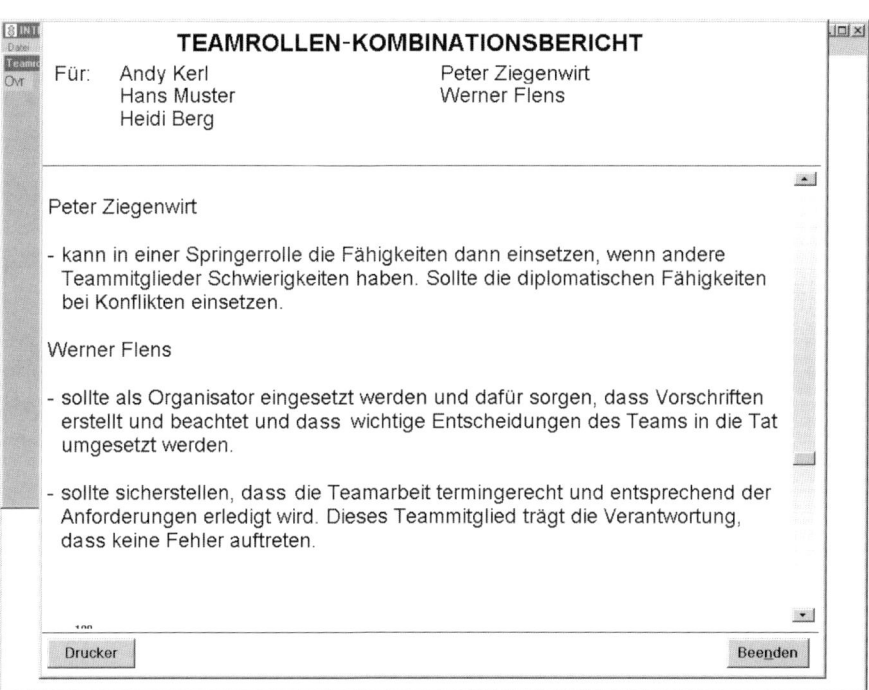

Arbeitsbeziehungen der Teammitglieder

Jedes Teammitglied hat eine Beziehung zu jedem anderen Mitglied. INTERPLACE® bietet die Möglichkeit, die Arbeitsbeziehungen abzufragen. In seinen Forschungen hat Belbin untersucht, was eintritt, wenn festgestellte Profile in eine Zusammenarbeit treten. Dabei hat er festgestellt, dass die Arbeitsbeziehungen zusätzlich von den hierarchischen Positionierungen der Kandidaten untereinander abhängig sind. Demnach werden in der Auswertung Beziehungen berücksichtigt, die entweder auf einer gleichberechtigten Partnerschaft basieren oder hierarchische Abhängigkeiten in sich bergen. Die Abfrage aller Arbeitsbeziehungen der Teammitglieder untereinander unter Berücksichtigung ihrer hierarchischen Abhängigkeiten liefert die Grundlage zur Entwicklung eines Beziehungsnetzwerks.

Arbeitsplatzbesetzungsanalysen

Stellenprofil In dem Modul Arbeitsplatzanalysen besteht die Möglichkeit, ein Teamrollenprofil, das zur Ausübung einer Tätigkeit wünschenswert ist, zu erzeugen. Mit einer Datenerhebung werden für die Tätigkeit 16 Parameter und ihre Ausprägung abgefragt. Die Parameter sind:

- Autonomie
- Beharrlichkeit
- Präzision
- Vorbereitet sein
- Dominanz
- Koordination
- Diplomatie
- Kontakte herstellen
- Robustheit/Belastbarkeit
- Alltägliche Toleranz
- Toleranz bei Unsicherheit
- Verantwortung teilen
- Originalität/Ideenreichtum
- Analytische Fähigkeiten
- Erfahrungen/Sachverstand
- Strategischer Überblick.

186

Die Ausprägung der Parameter wird in fünf Stufen bewertet:

- Kritisch
- Wichtig
- Brauchbar
- Unerheblich
- Nützlich.

Die Datenerhebung führt in der Regel die aufnehmende Führungskraft durch. In jüngster Zeit zeigen sich sehr gute Ergebnisse mit einer
äußerst hohen Akzeptanz, wenn die Datenerhebung von dem auf-
nehmenden Team in einer gemeinsamen Diskussion durchgeführt
wird. Hier kommen die unterschiedlichen Sichtweisen der einzelnen
Teammitglieder hinsichtlich Parametern und ihren Ausprägungen auf
den Tisch. In der Regel ist dies eine Diskussion auf hohem Niveau. Die
Teammitglieder nähern sich an, verstehen sich besser und erzielen ein
gemeinsam getragenes Ergebnis. Diese Diskussion allein ist schon ein
Beitrag zur Teamentwicklung.

Diskussion wichtig

Abhängig von der Form der Datenerhebung variiert die Bearbeitungszeit. Wird die Erhebung durch eine Einzelperson, z. B. die Führungskraft, durchgeführt, dann werden etwa 30 Minuten benötigt. Bei der
Datenerhebung im Team kann die Bearbeitung bis zu mehreren Stunden dauern. Dies ist abhängig von der Teamgröße, der Konsensfähig-
keit und natürlich von den vertretenen Teamrollen. Ein ausgewoge-
nes Team braucht weniger Zeit als ein Team mit einem Überhang an
Koordinatoren und Teamarbeitern.

Bearbeitungszeit

Die Eingabe der Daten ist innerhalb weniger Minuten durchführbar.
Der Bericht über das Sollprofil kann direkt bei INTERPLACE® abgerufen werden.

INTERPLACE® bietet auch die Funktion an, aus der Datenbank bereits
erfasster Personen die geeignetsten für die Tätigkeit in einer Beset-
zungsrangfolge herauszufiltern.

Mit einer weiteren Funktion kann ein verfügbarer Kandidat einer Tätigkeit zugeordnet werden. Ein daraus resultierender Bericht gibt Aus-

187

kunft hinsichtlich der Übereinstimmung zwischen Profil des Kandidaten und Wunschprofil der Tätigkeit. Es werden ferner Hinweise gegeben, was bei Abweichungen zu beachten ist und inwiefern flankierende Maßnahmen zur Kompensation ergriffen werden müssen.

Bewusste Reduktion

An dieser Stelle sei darauf hingewiesen, dass Arbeitsplatzbelegungsanalysen nur Stärken und Schwächen von Teamrollen untersuchen. Die berufliche Qualifikation und die Erfahrungen der Kandidaten bleiben hier unberücksichtigt.

Nutzen für den Anwender

Auf eine für jedermann verständliche Art – ohne umfangreiche Einweisungen – werden in kurzer Zeit Berichte aufbereitet, die den Betroffenen eine Grundlage zur Ermittlung von Personal- und Teamentwicklungsmaßnahmen anbieten.

Gegenseitige Kompensation

Die beteiligten Personen sehen ihre Stärken und Schwächen gespiegelt und erkennen, wie sie damit umgehen können und was sie beachten müssen, um ihre Schwächen zu kompensieren. Die Teilnehmer stellen mit Erleichterung fest, dass sie nicht aufgefordert werden, ihre Schwächen zu beheben, sondern dass ihnen empfohlen wird, nach einem Teammitglied zu suchen, das die Schwächen kompensieren kann. Sich gegenseitig ergänzen wird zum zentralen Thema, dies fördert die Zusammenarbeit und erhöht die Effizienz.

Der Einsatz von INTERPLACE® und die Ermittlung von Teamrollenprofilen liefert eine Grundlage für die individuelle Personal-, Team- und Führungskräfteentwicklung bis hin zu einer ergänzenden Information bei der Besetzung von Tätigkeiten.

Basis für Handlungspläne

Das Haupteinsatzgebiet von INTERPLACE® liegt im Bereich der Teamanalysen. Da wir nicht ein unerschöpfliches Reservoir an Mitarbeitern haben, wird es wohl kaum möglich sein, ideale Teams zu bilden. Bildung, Berufserfahrung und Verfügbarkeit werden bei der Teamzusammensetzung in Anbetracht der heute limitierten Ressourcen im Vordergrund stehen. So müssen wir uns zwangsläufig mit vorhandenen

188

Teams auseinander setzen. INTERPLACE® hilft in diesen Situationen, Defizite aufzudecken. Aus dieser Erkenntnis können Teams Handlungspläne entwickeln, um Defizite zu kompensieren.

Anwender von INTERPLACE® sind:

- – Personalentwickler,
- – Trainer,
- – Personalberater,
- – Führungskräfte,
- – Projektleiter.

Marktpräsenz und Lizenzierung

Marktpräsenz

INTERPLACE® ist seit 1985 auf dem Markt und wurde zunächst in Großbritannien eingesetzt. Die erste deutsche Variante erschien 1994 und wurde im Rahmen von Weiterentwicklungen laufend angepasst und ist heute als Windows-Einzelarbeitsplatzanwendung (Dongle-geschützt) verfügbar. International sind über 1.000 Anwendungen in mehr als 15 Ländern installiert. Derzeit sind in Deutschland über 50 Installationen im Einsatz.

Weltweit sind weit über 1.000 INTERPLACE®-Lizenzen vergeben. Daraus kann geschlossen werden, dass insgesamt mehr als 1.000.000 Analysen durchgeführt sind.

INTERPLACE® ist in folgenden Sprachen verfügbar: Dänisch, Deutsch, Englisch, Finnisch, Französisch, Holländisch, Japanisch, Norwegisch, Slowenisch, Schwedisch, Spanisch, Tschechisch und bald in Chinesisch und Koreanisch.

In vielen Sprachen verfügbar

Lizenzierung

Die Lizenzierung erfolgt über den Erwerb der Software INTERPLACE®. Das dazugehörende Trainerhandbuch gibt ausführliche Hinweise über die Hintergründe und die Anwendung, ferner wird ein Trainer-Foliensatz geliefert.

Zusätzlich können vertiefende Kenntnisse in einem INTERPLACE®-Workshop erworben werden. Auf Wunsch können die Teilnehmer einen Test ablegen. Bei positivem Ergebnis erhalten die Teilnehmer von Belbin Associates eine Urkunde als zertifizierter INTERPLACE®-Anwender.

Kosten

Der Preis der Software beträgt 3.065 EUR zuzüglich Mehrwertsteuer. Wer die Software nicht erwerben möchte und Analysen von INTERPLACE®-Lizenznehmern als Dienstleistung beziehen möchte, zahlt in der Regel 55 EUR pro Person zuzüglich Mehrwertsteuer. Dieser Preis ist jedoch von der Preisgestaltung der INTERPLACE® anwendenden Institute abhängig. Ferner hängt der finanzielle Aufwand vom Nutzungsbedarf ab. Folgend einige Beispiele:

Einzelprofilerstellung
Eine Person möchte ihr Teamrollenprofil erfahren. Sie fordert die Datenerhebungsunterlagen an (kostenlos) und sendet die Selbsteinschätzung und optional Fremdeinschätzungen (vier bis sechs) an Bergander Team- und Führungsentwicklung (Papierform). Nach der Auswertung erhält die Person die persönlichen Berichte per Post. Es werden 55 EUR berechnet.

Profilerstellung für Teams
Der Anwender (Personenkreis siehe oben) fordert die Datenerhebungsunterlagen als Kopiervorlage an (kostenlos). Er organisiert die Datenerhebung der Selbsteinschätzungen und optional Fremdeinschätzungen (vier bis sechs pro Teammitglied) und sendet die Antwortbögen an Bergander Team- und Führungsentwicklung (Papierform). Nach der Auswertung erhält der Anwender alle Berichte per

Post oder Fax. Neben den individuellen Berichten für die Teammit-glieder werden auch Teamkombinationsberichte und Arbeitsbezie-hungsberichte zur Verfügung gestellt. Es werden 55 EUR pro Team-mitglied (plus Zustellkosten bei eiliger Übermittlung) berechnet.

Unlimitierte Nutzung
Die Software INTERPLACE® kann zu einem Preis von 3.065 EUR er-worben werden. Der Preis der Software ist zum Erscheinungstermin des Buchs gültig. Zurzeit werden bei Belbin Associates unterschiedli-che Kaufvarianten entwickelt, z. B. Freischaltung für x Auswertungen. Kaufinteressenten müssen deshalb die Preise für die Ausgabe in Eng-lisch bei Belbin Associates unter www.belbin.com oder in Deutsch unter www.bergander.de anfragen.

Trainerseminar
Im Frühjahr und Herbst bietet Bergander Team- und Führungsent-wicklung einen zweitägigen INTERPLACE®-Workshop als offenes Se-minar an. Die Teilnehmer lernen die Belbin-Teamrollentheorie, die Anwendung von INTERPLACE® und die Interpretation der Ergebnis-se im Detail kennen. Der Preis für das Seminar beträgt 500 EUR.

Firmeninterne Seminare
Auf Anfrage werden firmeninterne Seminare durchgeführt.

Alle Preise verstehen sich zuzüglich Mehrwertsteuer (plus Versand- und Reisekosten).

Kontakt

Bergander Team- und Führungsentwicklung
Wolfgang Bergander
Nerotal 4
D-55286 Wörrstadt
Tel.: (0 67 32) 6 17 27
Fax: (0 67 32) 6 47 06
E-Mail: wolfgang@bergander.de
Internet: www.bergander.de

Literatur

Belbin, R. Meredith: *Management Teams – Why they succeed or fail.* Oxford: Butterworth-Heinemann 1981

Belbin, R. Meredith: *Managementteams – Erfolg und Misserfolg.* Wörrstadt: Bergander Verlag 1996

Belbin, R. Meredith: *Team Roles at Work.* Oxford: Butterworth-Heinemann 1993

Der Autor

Wolfgang Bergander ist Geschäftsführer bei Bergander Team- und Führungsentwicklung in Wörrstadt. Nach seinem Maschinenbaustudium an der Universität Essen war er von 1965 bis 1994 bei der IBM Deutschland überwiegend in Führungspositionen tätig. Auch in der operationalen Linienverantwortung war der Schwerpunkt seiner Arbeit immer auf den Bereich Personalentwicklung gerichtet. Seit 1985 beschäftigt er sich intensiv mit der von Dr. Meredith Belbin entwickelten Teamrollentheorie, die das Unternehmen *Bergander Team- und Führungsentwicklung* seit 1994 im deutschsprachigen Raum vertritt. Neben Trainingsaktivitäten für Projekt-, Prozess- und Führungsteams führt Wolfgang Bergander Moderationen von Veränderungsprozessen bei Kunden im In- und Ausland durch. Lehraufträge an der Fachhochschule Koblenz zum Thema Personalentwicklung und an der Berufsakademie Mannheim zum Thema Arbeiten im Team runden seine Aktivitäten ab.

RENÉ BERGERMAIER / REINER CZICHOS

Modell 8: Die LIFO®-Methode

Überblick

Die *LIFO®-Methode* (*LIFO®* steht für Lebensorientierung) hilft, Verhaltensmuster darzustellen, zu verdeutlichen und ein gegenseitiges Verständnis
zu erreichen. Dabei wird davon ausgegangen, dass Verhaltensmuster
hauptsächlich das Ergebnis bisherigen Lernens und gemachter Erfahrungen
sind. Sie sind verhältnismäßig stabil, stellen bevorzugtes Verhalten dar und
können mit ausreichender Motivation, Selbstdisziplin und Übung selbst
geändert werden.

Mit Hilfe der LIFO®-Methode werden die positiven und die möglichen negativen Aspekte der Verhaltensstile bewusst gemacht. Nach Erich Fromm
sind unsere Schwächen oft wenig mehr als der übertriebene Einsatz unserer Stärken. Der Schlüssel zu produktiverem Verhalten liegt darin, nicht
auf unseren Schwächen „herumzureiten", sondern unsere Stärken in den
Mittelpunkt zu stellen, den übertriebenen Einsatz jedoch zu begrenzen.
Hierauf beruhen die Konzepte *Stärkenmanagement* und *Stärkenentwicklung*.

Schwächen sind übertriebene Stärken

Stuart Atkins und Allan Katcher entwickelten die LIFO®-Methode (1963) auf
der Basis von Erich Fromms formulierten vier Verhaltensorientierungen bzw.
-stilen. Jeder Mensch bevorzugt einen oder mehrere dieser Orientierungen.
Die LIFO®-Grundstile sind *Leistung* (Unterstützend/Hergebend), *Aktivität* (Be-
stimmend/Übernehmend), *Vernunft* (Bewahrend/Festhaltend) und *Kooperation* (Anpassend/Harmonisierend); siehe Abb. 1.
Die Messung der Verhaltensstile erfolgt über einen Fragebogen, der die
bevorzugte Richtung und das Ausmaß aufzeigt, mit dem diese Stile benutzt werden.

Die LIFO®-Methode wurde 1977 internationalisiert und ist heute in mehr
als 20 Ländern vertreten. Weltweit gibt es mehr als 4.000 aktive Lizenznehmer (Trainer, Berater, Coaches) und mittlerweile haben mehr als acht
Millionen Menschen die LIFO®-Methode für sich eingesetzt.

Dialog im Vordergrund

Das Ausfüllen des LIFO®-Fragebogens dauert ca. 15 Minuten. Die Auswertung erfolgt per Hand und dauert zwei bis drei Minuten. Die Interpretation kann sofort nach dem Ausfüllen des Fragebogens zusammen mit einem lizenzierten Trainer, Berater oder Coach erfolgen. Obwohl es in einigen Sprachen (z. B. Englisch, Japanisch) einen computerisierten Bericht gibt, dient dieser lediglich als Hintergrundinformation, da bei der LIFO®-Methode der Dialog und nicht ein fertiger Bericht im Vordergrund steht.

Stärken entwickeln

Bei der Interpretation werden die Stärken der Verhaltensstile unterschieden, wie sie sowohl unter günstigen Bedingungen als auch ungünstigen Bedingungen (Stress oder Konflikt) eingesetzt werden, ferner, inwieweit Absicht, Verhalten und Wirkung im Sinne von Carl Rogers kongruent sind. Die LIFO®-Interpretation zeigt, wie man Stärken entwickeln und steuern kann, um sie im Umgang mit anderen produktiv und nicht nachteilig einzusetzen.

Abb. 1: Übersicht LIFO®-Stile und Zielsetzung

Unterstützend / Hergebend	Anpassend / Harmonisierend
Zielsetzung: Ideale, Excellence Fragen nach: Warum? Sinn, Zweck, Wert	Zielsetzung: Harmonie Fragen nach: Mit wem? Wer wird einbezogen, sollte teilnehmen soll informiert, soll eingeladen werden? Wer wird es befürworten?
Zielsetzung: Vernunft, Ordnung Fragen nach: Wie? Methode / System Warum? Grund / Logik	Zielsetzung: Aktion, Ergebnisse Fragen nach: Was? muss getan werden? Wann? Wie schnell?
Bewahrend / Festhaltend	Bestimmend / Übernehmend

Entwicklung und wissenschaftlicher Hintergrund

Leitgedanken

Stärkenmanagement

Die 1963 von Stuart Atkins und Allan Katcher entwickelte LIFO®-Methode basiert auf dem *Stärken-Schwächen-Paradoxon* von Erich Fromm (1947). Atkins und Katcher stellen ferner eine Verbindung zu dem *Stär-*

kenmanagementansatz von Peter Drucker (1955) her, der erfolgreiche Führungskräfte dahingehend beschreibt, dass sie zielorientiert ihre Stärken und Ressourcen einsetzen, ihren Fortschritt in Richtung Zielerreichung messen und den Ressourceneinsatz entsprechend steuern.

Wenn man jemanden von einer Idee begeistern will, dann muss man auf seine Stärken zielen, nicht auf seine Schwächen oder auf seine vernachlässigten Stile. Auch sollte man seine eigenen Stärken weiterentwickeln. Dies gilt vor allem auch im Management, denn als Führungskraft muss man inspirieren können, und das kann man nur, wenn man seine Stärken managt und entwickelt. Kenneth Blanchard brachte es in dem Buch *Ein-Minuten-Manager* (1985) auf den Nenner: *„Catch your people doing something right!"*

Carl Rogers Ansatz (1951) der gegenseitigen Wertschätzung als wichtige Voraussetzung für Veränderungsprozesse von Personen ist der dritte Leitgedanke der LIFO®-Methode. Carl Rogers bringt zum Ausdruck, dass man jemandem nur dann helfen kann, wenn man ihn mag; um ihn zu mögen, muss man ihn akzeptieren. Als Voraussetzung hierfür muss man ihn verstehen.

Gegenseitige Wertschätzung

Auf den von Erich Fromm entwickelten vier grundlegenden menschlichen Verhaltensorientierungen wurden mehrere hundert Items statistisch überprüft und 72 herausgefiltert und validiert.

72 Items

Stuart Atkins und Allan Katcher haben ihren Ansatz in gleichem Maße auf andere Systeme angewendet und sehen in ihnen die Ergänzung. So stellen *Myers-Briggs, Firo-B, Situational Leadership, Transaktionsanalyse* etc. und ihre Verknüpfung mit der LIFO®-Methode Ergänzungen dar, die einen Mehrwert für den Kunden bieten.

Reliabilität, Validität und kulturelle Unterschiede

Bei Seminaren und in Gesprächen wird öfters die Frage gestellt: „Wie genau sind die Ergebnisse?", „Sind sie für mich bei der Arbeit (oder zu Hause) wichtig?", „Wie reliabel ist der Fragebogen?". Dies sind wichtige Fragen, um die Glaubwürdigkeit für den Fragenden sicherzustellen.

Genauigkeit der Ergebnisse

195

Testtheoretische Kriterien wie Reliabilität, Validität und Objektivität sind bei jeder Form von Tests (z. B. bei Fähigkeiten, Fertigkeiten, Intelligenz, Persönlichkeit) sinnvoll und notwendig. Bei Tests stehen Sollkriterien, „richtig" oder „falsch" und „geeignet" oder „nicht geeignet", im Vordergrund, weshalb meist Kontrollfragen eingebaut sind, in der Hoffnung, dass der Ausfüller, soweit er nur vorgibt, so oder so zu sein, dies nicht merkt.

Interventions-instrument

Bei der LIFO®-Methode und bei vielen anderen Verhaltensstilanalysen geht es aber nicht um „richtig" und „falsch" oder „gut" und „schlecht"; Persönlichkeitsanalysen sind keine Tests und sollten auch nicht vorgeben, solche zu sein. Es sind Interventionsinstrumente. Die Verhaltensstilanalysen sollen die Präferenzen der Befragten messen. Der Ausfüllende selbst soll in die Lage versetzt werden, im Umgang mit seinen Verhaltenspräferenzen und der anderer effektiver zu werden.

Die testtheoretischen Kriterien sind somit nicht das Entscheidende; bedeutsamer ist, dass insgesamt mehr als acht Millionen Menschen bisher die LIFO®-Methode angewandt haben. Ferner wurden aufgrund der Werte im Fragebogen „Blind"-Reports erstellt. 94 Prozent der Personen konnten sich darin eindeutig wiederfinden.

Bei der Entwicklung der LIFO®-Methode wurden dennoch Untersuchungen zur Reliabilität und Validität durchgeführt.

Reliabilität

Test-Retest-Reliabilität

Mehrere Gruppen von Probanden (30 bis 60) wurden nach sechs bis zwölf Monaten wieder „getestet". Die Test-Retest-Reliabilität betrug 0.6 bis 0.68 für die Gruppen, wobei die Probanden zwischenzeitlich keine Information über die LIFO®-Methode erhalten hatten. Bei starker Ausprägung einzelner LIFO®-Stile lagen die Werte bei 0.9. Ähnliche Ergebnisse wurden von Allan Katcher bei Berechnung von Cronbachs Alpha-Koeffizient berichtet. Bei einer Studie in Deutschland wurden bei dem Lernstile-Fragebogen Test-Retest-Reliabilitäten zwischen 0.72 (Unterstützend/Hergebend; Günstige Bedingungen) und 0.53 (Anpassend/Harmonisierend; Ungünstige Bedingungen) sowie ein Cronbach-Alpha-Koeffizient zwischen 0.83 (Unterstützend/Hergebend; Günstige Bedingungen) und 0.65 (Bewahrend/Festhaltend; Ungünstige Bedingungen) festgestellt.

196

Validität

Bezüglich Validität berichtet Allan Katcher von einer Stichprobe von 392 Personen in den USA, bei der mit der LIFO®-Methode eine Überprüfung der Übereinstimmung zwischen Selbstbeschreibungen der „Probanden" und den Aussagen der Beobachter stattfand. Dabei zeigte sich auf einer Zehn-Punkte-Skala ein Durchschnittswert von 8.2.

Ebenfalls in Richtung Validität ist eine Studie an der norwegischen Universität Trondheim zu sehen, wo der Versuch gemacht wurde, Managertrainings auf die Lernstile der Teilnehmer auszurichten, um das Lernvermögen zu steigern. Am Ende eines jeden Tages wurde festgestellt, was und wie viel gelernt worden war. Das Ergebnis war, dass man 2,5-mal mehr lernen kann, wenn der eigene Lernstil sowie der des Trainers bekannt ist und darauf eingegangen wird.

Objektivität

Dies hat bei der LIFO®-Methode, wie auch bei anderen Verhaltensstilanalyseverfahren, mehr damit zu tun, wie gut die Qualität der Lizenzausbildung und die Fundiertheit des Lizenznehmers ist.

Kulturelle Unterschiede

Beobachtbares Verhalten zu beschreiben und nicht Eigenschaften zu verwenden, wurde von Atkins und Katcher bei der LIFO®-Methode bewusst gewählt, da „Eigenschaften" bei Dritten unterschiedliche Bilder auslösen. Sie sind sowohl zwischen als auch innerhalb von Kulturen aufgrund von Erfahrungen, Herkünften, Sprachcodes etc. recht unterschiedlich belegt.

Beobachtbares Verhalten

Trotz kultureller Unterschiede konnten alle vier LIFO®-Stile in allen Ländern, in denen die LIFO®-Methode zum Einsatz kam, eindeutig festgestellt werden. Bei kanadischen, amerikanischen, englischen und deutschen Managern zeigten sich ähnliche Ausprägungen. Die am häufigsten angewandten Stile waren hierbei eine Kombination aus Aktivität und Vernunft. Nicht so im japanischen Umfeld, wo sich anhand einer Befragungsgröße von 17.000 männlichen Personen zeigte, dass der bevorzugte Stil am häufigsten Unterstützend/Hergebend war, gefolgt von Bewahrend/Festhaltend. Bestimmend/Übernehmend ist hier am seltensten der bevorzugte LIFO®-Stil, was sich auch in der

Internationale Vergleichbarkeit

197

Häufigkeit von Trainings zum Durchsetzungsvermögen niederschlägt. Was für Länder gilt, stimmt auch für Firmen. Hier dominieren ebenfalls bestimmte Stile. Generell lässt sich das jedoch nicht für eine Branche ausdrücken. Also man kann nicht sagen, dass beispielsweise in allen Banken der gleiche Stil dominiert. Das wäre spekulativ, auch wenn z. B. bei der Citibank verstärkt der B/F-Stil (Bewahrend/Festhaltend) festgestellt wurde.

Im Zusammenhang mit einer Jobentscheidung ist es sehr wichtig, vorher viele Informationen über die Organisation zu erhalten. Ist man eher der „Stil-Exote", so ist Vorsicht geboten, denn die soziale Erwünschtheit bekommt man auf jeden Fall zu spüren. Will man sich jedoch verändern, ist es gut, bewusst zu einer Organisation zu gehen, in der ein anderer Stil als der dominiert, den man selbst bevorzugt. Insgesamt lässt sich jedoch feststellen, dass es nur wenige Stilmischungen gibt, mit denen man in bestimmten Organisationen nicht erfolgreich sein kann.

Kernaussagen und Ergebnisse

Verhalten und Kommunikation

4 Prinzipien Die LIFO®-Methode beruht auf folgenden Prinzipien des Verhaltens und der Kommunikation:

1. Wir lernen, uns anderen gegenüber so zu verhalten, dass unsere unterschiedlichen psychischen und physischen Bedürfnisse möglichst befriedigt werden. Das dadurch entstehende Verhaltensmuster (Kombination von Verhaltensstilen) wird unsere natürliche oder „bevorzugte" Orientierung anderen gegenüber.
2. Diese bevorzugte Orientierung ist die Quelle unserer Stärken. Sie kann noch produktiver eingesetzt werden, wenn wir sie voll verstehen und entwickeln.
3. Die Kombination der Verhaltensstile, die unsere Orientierung ausmacht, ist jedoch nicht immer und in allen Situationen hilfreich. Wenn wir unsere Stärken übertrieben

198

einsetzen, können sie auch ins Gegenteil umschlagen und zu Schwächen werden. Dadurch entstehen uns Nachteile, die wir aber in der Regel nicht wahrhaben wollen (siehe Abb.2).

4. Diese Tendenz, unsere Stärken übertrieben anzuwenden, wirkt sich besonders in stress- und konfliktreichen Situationen äußerst nachteilig aus. Wir können uns jedoch von Verhaltensstilen befreien, die unserem Ziel nach persönlicher Selbstverwirklichung zuwiderlaufen.

Abb. 2: Sinnvoller und übertriebener Einsatz am Beispiel des Verhaltensstils Aktivität

	Sinnvoller Einsatz Stärke	**Aktivität**	Übertriebener Einsatz Schwäche	
Bestimmend	richtungweisend		dominierend	**Übernehmend**
	dynamisch		impulsiv/aktivistisch	
	veränderungsorientiert		ruhelos	
	kraftvoll		Druck ausübend	
	wettbewerborientiert		streitbar	
	. ...			
	. ...			
	drängend		bedrängend	

Stärken weiterentwickeln

Das Wesentliche des LIFO®-Ansatzes ist, zu lernen, bereits vorhandene Stärken weiterzuentwickeln und mit ihnen umzugehen. Es geht nicht darum, diese Stärken im Hinblick auf festgeschriebene Normen oder Ausprägungen zu bewerten. Man kann sich auf die Problemlösung konzentrieren, ohne sich mit dem komplizierten Prozess von persönlicher Veränderung befassen zu müssen. Jeder Verhaltensstil lässt sich positiv umsetzen. Ziel ist es deshalb nicht, sich ändern zu müssen, sondern jeden einzelnen oder auch alle Stile je nach Situation effizient einzusetzen.

Jeder Stil kann effizient sein

Man denke bei Situationen z. B. an Teambesprechungen oder an private Interaktionen mit dem Partner. Auch innerhalb einer Situation kann man abhängig von den Rahmenbedingungen einen anderen Verhaltensstil verwenden. So verhält sich z. B. bei einer Teambesprechung eine Person unter günstigen Bedingungen anders als unter Stress- und Konfliktbedingungen.

Die einzelnen Verhaltensstile selbst spiegeln persönliche Ziele und Grundeinstellungen wider. Will z. B. jemand mit dem Grundstil „Aktivität" als aktiver und fähiger Mensch angesehen werden, gilt für die Person der Grundsatz: „Wenn ich will, dass etwas geschieht, muss ich dafür sorgen, dass es geschieht."

Abb. 3: Die vier LIFO®-Grundstile

Unterstützend / Hergebend	Anpassend / Harmonisierend
Bedürfnisse Zugänglicher und wertvoller Mensch sein Geschätzt, verstanden, akzeptiert werden Wissen, dass Ideale nicht verloren gehen **Stärken** Bewundert, unterstützt die Leistung anderer Stellt hohe Ansprüche an sich und andere Vertraut und glaubt anderen Hilft anderen und nimmt sie in Schutz **Schwächen** Gibt unnötige Hilfe und Ratschläge Ist enttäuscht und kritisch Wenn er keinen Wert sieht, packt er nicht an Lässt sich zu stark auf andere ein	**Bedürfnisse** Liebenswerter, beliebter Mensch sein Jeder soll mit dem Ergebnis zufrieden sein Gelegenheiten nutzen, anderen zu gefallen **Stärken** Feines Gespür für Gefühle und Bedürfnisse Gestaltet Beziehungen noch positiver Reagiert flexibel, keine festgefahrenen Muster Vermittelt bei gegensätzlichen Meinungen **Schwächen** Scherzt gerne, auch wenn es unangebracht ist Hält eigene Ansichten zurück, passt sich an Verbringt Zeit gerne in Sitzungen und gemütlichen Zusammenkünften
Bedürfnisse Objektiv und vernünftig sein Risiken vermeiden und beseitigen Jeder Schaden ist wieder gutzumachen **Stärken** Analysiert, interpretiert und schafft Fakten Begründet seine Meinung, zeigt Alternativen Methodisch, sauber, umsichtig, abwägend Maximiert, was bereits vorhanden ist **Schwächen** Verliebt in Fakten, verliert Interesse anderer Verwirrt durch zu viele Wahlmöglichkeiten Kontrolle durch Systeme, Strukturen Akzeptiert ungern Neues	**Bedürfnisse** Aktiver und fähiger Mensch sein Hindernisse überwinden Noch andere Möglichkeiten sehen **Stärken** Übernimmt Führung, bestimmender Einfluss Gibt Gefühl dringender Wichtigkeit Freut sich an Herausforderungen Sucht verborgene Widerstände **Schwächen** Dominiert und unterbricht andere, verhört Schafft Unsicherheits-Atmosphäre Nimmt riskante, unnötige Herausforderungen an Verfolgt Neues auf Kosten des Laufenden
Bewahrend / Festhaltend	Bestimmend / Übernehmend

Die Verhaltensstile

Die LIFO®-Methode betrachtet bei der Verhaltensbeschreibung die gesamten Stilkombinationen aus allen vier Stilen, abhängig von ihrer
Ausprägung. Damit ergeben sich nicht nur 4, 16 oder 32 verschiedene
Verhaltensmuster, sondern ein Vielfaches davon. Die sich aus den vier
Grundverhaltensstilen ergebenden Stilmischungen werden nachfolgend exemplarisch am LIFO®-Stil Aktivität (Bestimmend/Überneh-
mend) etwas ausführlicher beschrieben. Dabei wird zwischen günstigen Bedingungen und ungünstigen Bedingungen unterschieden.

Günstige Bedingungen
Der bestimmend-übernehmende LIFO®-Stil zeichnet sich durch Aktivität aus.   **Beispiel**
Menschen mit diesem LIFO®-Stil betrachten Situationen unter dem Aspekt   **„Aktivität"**
„Was will ich?" und verfolgen dann dieses Ziel. Sie entwickeln viel Initiati-
ve, sind sehr agil und setzen alle ihnen zur Verfügung stehenden Mittel ein,
um Dinge zu erledigen. Wünsche werden rasch in Handlungen umgesetzt. Sie
übernehmen Führung, organisieren ihr Umfeld und geben die Richtung an.
Sie sind wettbewerbsorientiert, mögen die Herausforderung in schwierigen
Situationen, richten ihre Energien gerne gleichzeitig auf mehrere unter-
schiedliche Situationen. Sie begeistern sich für neue Ideen und überreden an-
dere, mitzumachen. Man sagt ihnen, es geht nicht, und sie werden sofort
beweisen, dass es doch geht. Sie wollen Dinge in Bewegung setzen und dafür
verantwortlich sein. Sie strahlen Dringlichkeit aus: Gelegenheiten muss man
ergreifen, bevor es zu spät ist.
Sie schöpfen Kraft aus den Diskussionen und der Auseinandersetzung mit
anderen. Sie führen gerne Wortgefechte und respektieren Gegner, die es mit
ihnen aufnehmen.
Wird dieser Stil übertrieben, so sind diese Personen ungern bereit zu dele-
gieren. Sie lehnen es ab, anderen Verantwortung oder die Initiative zu über-
lassen. Sie neigen dazu, sich mit zu vielen Dingen zu beschäftigen und ver-
zetteln sich, weil jede neue Entwicklung sie von der laufenden Arbeit ablenkt.

Anhand dieser Beschreibung ist zu sehen, dass man den LIFO®-Stil
auch unter günstigen Bedingungen übertreiben kann.

Ungünstige Bedingungen

Personen, die unter ungünstigen Bedingungen diesen LIFO®-Stil haben, können ergänzend so beschrieben werden: Sie sind harte Gegner. Wer sich auf diesen Stil verlässt, gibt nicht leicht nach, sondern kämpft und streitet für seine Ansichten. Sie werden alles daransetzen, dem Widerstand zu leisten, der versucht, sie zu übervorteilen. Ungünstige Situationen werden mit Energie und Eifer angegangen – mit oder ohne Hilfe. Diese Personen reagieren gut in einer Krisensituation, dabei nutzen sie die Möglichkeit, sich selbst zu produzieren. Manager mit hohen Werten in dieser Stilrichtung muten ihrer Organisation oft Energien verschleißende Abenteuer zu, weil sie viel erleben und Dinge bewegen wollen.

Die Zeitperspektive bei Personen mit bestimmend-übernehmendem LIFO®-Stil ist kurz, denn es gibt ja so viele Möglichkeiten und man muss diese stets sofort am Schopfe packen. Auch bei dem LIFO®-Stil Anpassend/Harmonisierend ist die Zeitperspektive kurz, da man stets offen sein muss, um auf die Bedürfnisse der anderen einzugehen, als Voraussetzung dafür, die eigenen Bedürfnisse zu befriedigen.

Anders bei Personen mit dem LIFO®-Stil Unterstützend/Hergebend (Leistung), die ihre Werte und Ideale verfolgen. Werte gibt man nicht von jetzt auf gleich auf. Gleiches gilt für den Vernunft-Typus (Bewahrend/Festhaltend), denn entweder ist etwas logisch oder nicht.

Stilkombinationen

Stilmischungen In sehr vielen Fällen zeigt eine Person eine deutliche Präferenz für einen bestimmten Stil. Doch sind die anderen Stile ebenfalls vorhanden. Nehmen wir an, jemand hat ähnlich hohe Werte bei Bestimmend/Übernehmend und Unterstützend/Hergebend, dann prüft derjenige zunächst, ob die anstehenden Aufgaben/Themen für seine Werte oder die Sache sinnvoll sind. Kommt er zu dem Schluss, dass dies gegeben ist, wird er die Aufgaben/Themen mit Vehemenz verfolgen, ansonsten gibt es genügend andere Sachen zu tun, um die Werte zu unterstützen (dies wird in der nachstehenden Beschreibung deutlich).

Beispiel: *Stilmischung Bestimmend/Übernehmend und Unterstützend/Hergebend*

202

Unter günstigen Bedingungen

Die Person strahlt Dringlichkeit aus und zeigt Engagement für die Gruppe, die Gruppenziele sowie für die Ziele der Organisation. Sie will die Arbeit erledigen, setzt sich für die Arbeit hohe Maßstäbe; dabei müssen die Gründe für die Arbeit wichtig sein. Sie wird ähnliche Maßstäbe und Einsatzbereitschaft von anderen erwarten. Sie liebt Herausforderungen, besonders wenn diese der Entwicklung der Organisation zugute kommen. Sie delegiert Arbeit an jene, die ihre Fähigkeiten unter Beweis stellen.

Der übertriebene Einsatz ist charakterisiert durch zu starke Beschäftigung mit den Nöten und Problemen anderer, was zu Zeitproblemen bei den eigenen Aufgaben führt. Das bedeutet oft: zu schnelles Erledigen von Dingen bei unzureichender Organisation; zu häufiger und unkritischer Verlass auf die Meinung oder den Rat anderer und Unfähigkeit, Arbeiten zu Ende zu führen.

Unter ungünstigen Bedingungen

Im Konfliktfall ist die Person bereit zur Auseinandersetzung, weil es um das Prinzip geht und weil es Spaß macht. Sie ist offen und ehrlich im Meinungsaustausch, bereit, bei Emotionen nachzugeben. Sie duldet keine Angriffe auf Personen oder Prinzipien.

Bei Übertreibung ist sie bereit, Verantwortung und Schuld für eine Auseinandersetzung zu übernehmen, reagiert aber gleichzeitig bei geringfügiger Provokation überempfindlich, geht in die Defensive. Unter Stress reagiert sie impulsiv und unangebracht optimistisch hinsichtlich des Ergebnisses. Sie geht verschiedene Aktivitäten gleichzeitig an und hat hohe Verantwortungsbereitschaft und den Willen, niemanden zu enttäuschen. Sie ist zur Zusammenarbeit bereit, führt aber enge Kontrollen der Aktivitäten durch, um mit Situationen fertig zu werden.

Bei Übertreibung neigt sie zum Krisenmanagement, mischt sich ständig ein und ist inkonsistent hinsichtlich der Problemlösungen.

Es ist leicht zu erkennen, dass man nun zumindest noch den vernachlässigten Stil (niedrigster Wert) betrachten muss, um das Bild abzurunden. Ist z. B. der Stil Anpassend/Harmonisierend sehr niedrig, ist verständlich, dass dabei die ausgleichende, sensitive, empathische Art vernachlässigt wird, dass auf harmonische Beziehungen zu anderen, auf Kompromisse und auf Ausgleich zu wenig Wert gelegt wird.

203

Absicht, Verhalten und Wirkung

Ein weiteres Differenzierungsmerkmal bei der LIFO®-Methode sind innerhalb eines LIFO®-Stils die Unterscheidung nach Absicht (welche Absichten wir in den Situationen verfolgen), Verhalten (aus welchem Verhaltensstil heraus agieren wir) und Wirkung (welche Wirkung hat unserer Meinung nach unser Verhalten auf andere) sowie die möglichen Hintergründe für Unterschiede hierbei.

Kongruenz-Konzept

Mit der Fragebogenunterteilung in Absicht, Verhalten und Wirkung (AVW) wurde Carl Rogers *Kongruenz-Konzept* (1992) Rechnung getragen, das zum Ausdruck bringt, dass Kommunikation dann als ehrlich, leicht zu verstehen, ernsthaft und mit Integrität wahrgenommen wird, wenn sie kongruent ist, d. h. wenn Übereinstimmung zwischen Werten, Tonfall, Betonungen, Mimik mit unseren Gefühlen, Wünschen, Sehnsüchten, Verlangen und Absichten gegeben ist.

AVW wurde in das LIFO®-Konzept mit aufgenommen, da es hilft, den Kommunikationsprozess und das Kommunikationsverhalten bewusst zu machen und Feedback über Kommunikationseffektivität zu geben.

Absicht – Verhalten

Ursachen für Unterschiede zwischen Absicht und Verhalten sind in Einschränkungen unterschiedlicher Form zu sehen (Situation; Umfeld; kürzlich erfolgte Veränderung: z. B. Job, häusliches Umfeld, Heirat/Scheidung; physischer, psychischer Zustand).

Absicht – Wirkung

Unterschiede zwischen Absicht und Wirkung liegen mehr in Rollen („Wie möchte ich gesehen werden?") und widersprüchlichen Zielen (Erfolg erarbeiten, Kampf vermeiden).

Verhalten – Wirkung

Unterschiede zwischen Verhalten und Wirkung haben möglicherweise zumeist kulturelle Hintergründe (ähnliches Verhalten z. B. in Japan, Italien, Deutschland) oder sind in widersprüchlichen Ausprägungen bei Absicht und bei Verhalten zu suchen.

Stärkenentwicklung

Zunächst ist wichtig, sich die eigenen Stärken bewusst zu machen und sie zu akzeptieren. Die nächsten, schwierigeren Schritte sind, seine Stärken zu vermehren (d. h. die Stärken und Stile anderer herauszufinden und die verschiedenen Stärken der anderen einzusetzen, um bessere Entscheidungen zu treffen und Vorurteile zu vermeiden), den eigenen vernachlässigten LIFO®-Stil zu üben (in Situationen mit geringem Risiko auszuprobieren, auszubauen und die Stärken dieses LIFO®-Stils zu verwenden) sowie Stärken zu verbinden (d. h. herauszufinden, wie das Gegenüber am liebsten angesprochen werden will und dies auch zu tun). Am schwierigsten ist es, die eigenen Stilübertreibungen zu kontrollieren (d. h. sich darüber klar zu werden, welche Situationen und welches Verhalten anderer den übertriebenen Einsatz der eigenen Stärken hervorruft und wie die Ursachen behoben werden können).

Diese Reihenfolge entspricht dem Schwierigkeitsgrad, der mit einer Veränderung im persönlichen Verhalten verbunden ist.

Durchführung einer Analyse

Der LIFO®-Fragebogen

Der Kern der LIFO®-Methode wird über Fragebögen erfasst, mit denen die Lebensorientierung bzw. die Einstellungen einer Person quantifiziert werden. Die Fragebögen sind ein Werkzeug, mit dem Verhaltensunterschiede zwischen Menschen und deren Auswirkungen auf Leistungen leicht zu erkennen sind.

Quantifizierung von Einstellungen

Die Fragebögen helfen, ein besseres Verständnis der eigenen Verhaltensstile und Stärken sowie der Verhaltensstile und Stärken anderer herbeizuführen. Darüber hinaus sind die Ergebnisse der Fragebögen in erster Linie dazu da, leichter mit einem Menschen über sein Verhalten sprechen zu können. Die bei der LIFO®-Methode verwendeten Begriffe sind umgangssprachlich, beschreibend und wertfrei (gleiche soziale Erwünschtheit), so dass die Stile und die dahinter liegenden Beweggründe auf Anhieb erkannt und beschrieben werden können.

Bewertung günstiger und ungünstiger Situationen

Ein Fragebogen besteht stets aus 18 Aussagen und 72 Halbsätzen, die nach ihrem Zutreffen mit 4 (am meisten zutreffend) 3, 2 und 1 (am wenigsten zutreffend) von dem Ausfüller eingeschätzt werden. Die Hälfte der Aussagen bezieht sich auf günstige Situationen und die andere Hälfte auf ungünstige Situationen (Stress und Konflikt).

Die Ergebniswerte bei einem LIFO®-Fragebogen streuen von 9 bis 36, wobei die Summe aller Ergebniswerte stets 90 ist. Der höchste Wert bezeichnet den bevorzugten LIFO®-Stil, solche Stärken also, auf die sich die Person verlässt. Je höher der Wert bei dem bevorzugten LIFO®-Stil und je größer die Differenz zwischen diesem und dem zweithöchsten Wert (oder Werten) ist, umso mehr verlässt man sich auf diesen Stil.

Der vernachlässigte LIFO®-Stil

Der zweithöchste Wert stellt den stellvertretenden LIFO®-Stil dar, den die Person weniger gut beherrscht bzw. den sie weniger häufig einsetzt. Der am wenigsten bevorzugte LIFO®-Stil, d. h. der vernachlässigte LIFO®-Stil, ergibt sich aus dem niedrigsten Wert. Obwohl man auch über den vernachlässigten Stil verfügt, setzt man ihn eher selten ein.

Die Werte unter günstigen Bedingungen und ungünstigen Bedingungen weisen meist unterschiedliche Ausprägungen und Kombinationen auf. Das ist wahrscheinlich deshalb so, weil wir durch Versuch und Irrtum gelernt haben, dass in bedrohlichen bzw. ungünstigen Situationen andere Stile erfolgreicher sind als die, die wir in günstigen Situationen benutzen. Sind die jeweiligen Summen-Werte in beiden Situationen gleich hoch, zeigt dies, dass diese Person zu ihren Stilen Vertrauen hat.

Selbsteinschätzung Fremdeinschätzung

Ein Fragebogen kann für die eigene Person oder aber auch für eine andere Person (wie ich glaube, dass der andere sich verhält) ausgefüllt werden. Letzteres hat viel mit eigenen Verhaltensstilen zu tun. Wir sprechen hier von Relativitätstheorie.

Stellen Sie sich drei Personen vor, die – nehmen wir einmal an, das gäbe es – „objektiv" in Bezug auf ihre Ordentlichkeit beurteilt werden: Otto ist sehr ordentlich und Reiner das Gegenteil; Fritz steht zwischen beiden. Frage: Wie würde Reiner und wie Otto jeweils Fritz beurteilen. An diesem Beispiel sieht man, wie wichtig es ist, als Trainer, Berater und Coach zunächst „im Reinen" mit seinem eigenen Verhaltensmuster zu sein.

Ablauf

Die Anwendung der LIFO®-Methode ist einfach; das Ausfüllen des Fragebogens dauert ca. 15 Minuten und die Interpretation kann ohne technische Unterstützung sofort vorgenommen werden.

Das Interpretationsgespräch dauert in der Regel zwischen 20 und 90 Minuten und wird zwischen dem Ausfüller und dem lizenzierten Trainer, Berater oder Coach geführt. Die Ergebnisse sollen in verständlicher, anschaulicher und wertfreier Form in Bezug zu den LIFO®-Verhaltensstilen gebracht werden.

Interpretationsgespräch

In einigen Sprachen (Englisch, Holländisch, Japanisch) wird ein EDV-gestützter Report als Zusatzinformation angeboten, was aber nicht den Dialog ersetzen soll.

Es ist wichtig, bei der Interpretation nicht als Psychoanalytiker aufzutreten und nicht über die Person zu referieren. Als Trainer, Berater bzw. Coach ist man der „Tour Guide" und begleitet seinen Klienten bei der Interpretation der Ergebnisse und bei den Überlegungen, ob er sich und was er verändern möchte. Der Klient ist und bleibt der Experte. Auch die Transaktionsanalyse sagt: „The power is in the client!" Das Ziel der LIFO®-Methode ist, die zwischenmenschlichen Beziehungen zu verbessern, und das sollte der Trainer, Berater oder Coach durch sein Verhalten bereits demonstrieren.

Ziel: Verbesserung von Beziehungen

In Seminaren können Teilnehmer nach einer zwei- bis dreistündigen Hinführung die Stile und die Stilmischungen beschreiben und sie bei sich und anderen Personen erkennen.

Werden LIFO®-Fragebögen in Seminaren ausgefüllt, genügt es zumeist, mit den Teilnehmern über ihre Zahlenwerte oder ihr grafisches Stile-Profil zu sprechen, wie sie sich unter günstigen und unter ungünstigen Bedingungen sehen. In den meisten Fällen werden die Ergebnisse transparent gemacht und im weiteren Verlauf des Trainings, bei Übungen etc., kommt man immer wieder auf die Ergebnisse zurück.

Nutzen für den Anwender

Einfache Anwendung

Vorteilhaft ist die einfache Auswertung. Das sofortige gemeinsame „Anschauen" der Stile-Profile unter günstigen und unter ungünstigen Bedingungen sowie die Stufen der Stärkenentwicklung machen dem Probanden seinen Stil schnell deutlich.

Die LIFO®-Methode hilft den Anwendern und der Organisation u. a. bei folgenden Themen:

- Bessere Problemlösungen, weil Störungen in zwischenmenschlichen Beziehungen auf ein Mindestmaß reduziert werden.
- Bildung ausgewogenerer Teams (wobei „Lücken" in den Stärken identifiziert werden).
- Aufdecken störender Einflüsse bei der Entscheidungsfindung in einer Gruppe.
- Erhöhung der Leistung von Mitarbeitern im Verkaufs- und Dienstleistungsbereich, weil auf einzelne Kunden besser eingegangen und auf Entscheidungsträger Einfluss genommen wird.
- Aufzeigen des Risikos mangelnder Übereinstimmung zwischen Unternehmenskultur und persönlichem Stil bei der Auswahl neuer Mitarbeiter.
- Besserer Umgang mit Stresssituationen.

Die LIFO®-Methode wird als Basisinstrument oder als Baustein in vielen Seminaren eingesetzt, z. B. in Führungstrainings, Teambildung, Coaching, Verkaufstraining, Kommunikationstraining bzw. zu Gesprächsführung, Persönlichkeitsentwicklung, Projektmanagement, Stressmanagement, Zeitmanagement, Konfliktmanagement, um Lern- und Lehrstile herauszufinden und besser zu nutzen. Ferner wird sie als Diskussionsgrundlage bei der Mitarbeiterauswahl und Placementgesprächen herangezogen.

Verbessertes Lernen

Schließlich hilft die LIFO®-Methode Trainern, Beratern und Coaches, auf die Wahrnehmung ihrer Kunden einzugehen, Verständnis bei gleicher Sprache und je nach Anforderung unterschiedlicher Tiefe in der

Interpretation herzustellen. Auch helfen die verschiedenen verfügbaren Fragebögen, die unterschiedlichen Rollen zu berücksichtigen und bei der damit verbundenen Stilvielfalt aufzuzeigen, dass verschiedene Stile durchaus aktiviert werden können. Darüber hinaus hilft die LIFO®-Methode, Gründe für unterschiedliches Lernverhalten in Trainingsgruppen herauszufinden und verbessertes Lernen herbeizuführen.

Marktpräsenz und Lizenzierung

Marktpräsenz

Die LIFO®-Methode wurde 1977 internationalisiert und wird mittlerweile in mehr als 20 Ländern eingesetzt: Argentinien, Australien, Benelux, Chile, China, Deutschland, Frankreich, Großbritannien, Hongkong, Italien, Japan, Kanada, Korea, Neuseeland, Peru, Rumänien, Russland, Schweiz, Singapur, Skandinavien, Slowakei, Südafrika, Taiwan, Thailand, Türkei und Ungarn.

Insgesamt haben mehr als acht Millionen Menschen einen LIFO®-Fragebogen ausgefüllt. Die größte Nachfrage außerhalb der USA zeigt sich in Japan mit 60.000 bis 70.000 Anwendungen im Jahr; das größte Wachstum weist China auf.

Weltweit wenden weit mehr als 4.000 Trainer, Berater und Coaches die LIFO®-Methode aktiv an.

Auf den deutschen und österreichischen Markt kam die LIFO®-Methode 1989. Bisher wurden in Deutschland und Österreich ca. 85.000 Analysen mit der LIFO®-Methode durchgeführt, davon allein im Jahr 2001 ca. 12.000, Tendenz steigend. Bei den meisten Analysen kam der Lebensorientierungs-Fragebogen zur Anwendung, gefolgt von Verkaufsstile, Stile einer anderen Person, Lernstile und Stressmanagement-Stile.

Das erste Lizenztraining in Deutschland fand 1990 statt. Von den bisher mehr als 400 in Deutschland und Österreich lizenzierten Trainern wenden knapp die Hälfte die LIFO®-Methode regelmäßig an.

LIFO®-Produkte

Neben dem LIFO®-Standard-Set (Handbuch und Lebensorientierungs-Fragebogen) und dem LIFO®-Verkaufsstile-Set (Handbuch Verkaufsstile und Verkaufsstile-Fragebogen), die auch separat angeboten werden, gibt es noch verschiedene anwendungsspezifische Fragebögen (Stile einer anderen Person, Lernstile, Stressmanagement).
Darüber hinaus sind derzeit im deutschsprachigen Raum folgende Fragebögen in der Erprobung: Team-Stile, Lehr-Stile, Zeitmanagement-Stile, Internet/Em@il-Stile.

Lizenzen

Erfahrene Trainer, Berater, Coaches, Personalentwickler können sich zum LIFO®-Analysten ausbilden lassen und die Lizenz erwerben. Manchmal erfolgt die Ausbildung im Rahmen einer Trainer- bzw. Berater-Ausbildung.

Das LIFO®-Lizenztraining dauert fünf Tage (drei Tage, dazwischen Praxis und nochmals zwei Tage). Dieses Seminar wird in Form von offenen oder Inhouse-Lizenzierungen von Human Resources Consulting, LIFO® Products in Zusammenarbeit mit Kooperationspartnern (ctn – consulting & training network, Deutsche Telekom, TOP Business, MCH Management Center Hamburg) durchgeführt.

Beim LIFO®-Lizenz-Seminar lernen die Teilnehmer die Philosophie, die umfangreichen Arbeitsmaterialien und die einzelnen Fragebögen kennen und die Interpretation beherrschen. Sie werden in die Lage versetzt, die LIFO®-Methode als Instrument teilnehmer- und zielorientiert in ihren Seminaren bzw. Arbeitssituationen als Modul oder als Ganzes einzusetzen.

Ferner wird auf die vielfältigen Anwendungsmöglichkeiten der LIFO®-Methode anhand von Beispielen und Übungen eingegangen. Die Teilnehmer haben Gelegenheit, praktische Erfahrung zu sammeln und sich hierüber mit den anderen Teilnehmern auszutauschen.
Sie werden aber auch ihr eigenes Verhaltensmuster unter günstigen

Bedingungen und unter Stress- und Konfliktbedingungen erleben und lernen, es im Umgang mit anderen erfolgreicher einzusetzen.

Die LIFO®-Lizenz ist auf die Person bezogen und nicht auf Dritte übertragbar. Sie ist unbegrenzt gültig, wobei aus Qualitätsüberlegungen heraus die Lizenz dann ruht, wenn innerhalb von zwei Jahren der einzelne Trainer, Berater bzw. Coach die LIFO®-Methode bei weniger als 100 Personen zur Anwendung gebracht hat. In diesem Fall kann die Lizenz über einen Refresherkurs reaktiviert werden.

Service

Service für Anwender und Kunden: Die LIFO®-Homepage bietet aktuelle Materialien, Neuerungen, Chatrooms und ein Forum für Publikationen. In Deutschland gibt es jährlich eine Benutzerkonferenz, einen LIFO®-Award (ein Preis für beste Anwendungen und Ideen, Publikationen etc.) sowie einen LIFO®-Newsletter.

Telefonische Hilfestellung und Beantwortung von Fragen erhalten die Lizenznehmer durch LIFO® Products & Consulting oder durch die Kooperationspartner.

Kosten

Der reine Einkaufspreis für lizenzierte Berater, Trainer bzw. Coaches beläuft sich für das Set jeweils auf 25 EUR und für den Fragebogen jeweils auf 11 EUR. Computerisierte Berichte sind in Europa nur in englischer und holländischer Sprache verfügbar und belaufen sich bei elektronischer Auslieferung auf 70 EUR. Fragebögen elektronisch zu erhalten ist in der Entwicklung, die Preise stehen derzeit noch nicht fest.

Die Kostensätze für persönliche Beratung und Coaching sind zwischen lizenziertem Trainer, Berater bzw. Coach und dem Klienten direkt zu vereinbaren.
Die Lizenzierung kostet einschließlich Materialien 2.700 EUR (zzgl. MwSt.).

Kontakt

Repräsentant für Deutschland und Österreich:
Dr. René Bergermaier
LIFO® Products & Consulting
Nymphenburger Straße 148
D-80634 München
Tel.: (0 89) 16 06 50
Fax: (0 89) 16 17 11
E-Mail: Rene.Bergermaier@lifoproducts.de
Internet: www.lifoproducts.de

Literatur

Atkins, Stuart: *The Name of Your Game.* Beverly Hills: Ellis & Stuart 1981

Blanchard, Kenneth / Johnson, Spencer: *The One Minute Manager.* Ber-kley: Berkley Publishing Group 1985

Czichos, Reiner: *Entertrainment für Knowbodies. Train-the-Trainer einmal anders.* München und Basel: Reinhardt 1999

Czichos, Reiner: *Profis managen sich selbst. Die LIFO®-Methode für Ihr persönliches Stärkenmanagement.* München und Basel: Reinhardt 2001

Czichos, Reiner / Bergermaier, René: *Typologien und LIFO®-Methode. Ar-beitspapier zum LIFO®-Lizenz-Seminar* 1994

Drucker, Peter: *The Practice of Management.* New York: Harper & Bro-thers Publishers 1955

Fromm, Erich: *Man for Himself. An Inquiry into the Psychology of Ethics.* New York: Rinehart & Winston 1947

Katcher, Allan: *I am a Person. Experiences in Being.* Los Angeles: Wads-worth Publishing 1971

212

Katcher, Allan: *Applying the LIFO®-Method to Organizational Effectiveness.* In: Industrial Training International. London 1976. S. 189-191

Katcher, Allan: *Reducing Waste and Misuse of Manpower with LIFO®-Methods and -Management.* In: Industrial Training International. London 1976. S. 138-141

Rogers, Carl. R.: *Client centered therapy.* Boston: Houghton Mifflin Co. 1951

Rogers, Carl R.: *Entwicklung der Persönlichkeit: Psychotherapie aus der Sicht eines Therapeuten.* Stuttgart: Klett-Cotta 1992

Die Autoren

Dr. René Bergermaier, 1949 in Paris geboren, studierte in München Elektrotechnik, Wirtschaftsingenieurwesen sowie Organisationspsychologie und promovierte zum Thema Mitarbeiterbefragung. Er war Fulbright-Stipendiat in den USA und Summer Fellow am Center for Creative Leadership. Nach langjähriger Tätigkeit als Personalleiter in multinationalen High-Tech-Unternehmen war er 1987 Gründungsmitglied des Beratungsunternehmens Human Resources Consulting. Ferner gründete er das Beratungsunternehmen LPC LIFO® Products & Consulting. Seine Schwerpunkte: Datengestützte Steuerungen von Unternehmen auf der Basis von Mitarbeiterbefragungen sowie Veränderungsunterstützung auf individueller und Gruppenbasis mit Hilfe der LIFO®-Methode. René Bergermaier ist der LIFO®-Agent für Deutschland und Österreich.

Dr. Reiner Czichos, 1946 in Schlesien geboren, studierte in München Volkswirtschaftslehre und Soziologie; er promovierte zum Thema Konfliktmanagement. Seit über 25 Jahren ist er in Training und Unternehmensberatung tätig. 1991 gründete er sein Beratungsunternehmen ctn consulting & training network.
Seine Schwerpunkte: Changemanagement, Accountmanagement, NLP, Organisations- und Personalentwicklung und Visualisierungstechniken. Reiner Czichos ist LIFO®-Lizenztrainer.

214

RICHARD BENTS / REINER BLANK

Modell 9: Der Myers-Briggs-Typenindikator (MBTI®)

Überblick

Der *Myers-Briggs-Typenindikator* basiert auf der Typentheorie von Carl Gustav Jung (vgl. Teil 1 dieses Buches) und misst Neigungen bzw. Präferenzen. Vier Grundtypen werden identifiziert: der *ST-Typ* (sensing-thinking), der in seinem Verhalten vor allem als „Organisator" auftritt; der *SF-Typ* (sensing-feeling), der als „Dienstleister" die konkreten Bedürfnisse der Person im Blick hat, der *NF-Typ* (intuition-feeling), der als „Motivator" Bedürfnisse der Gruppe registriert und mit beeinflusst, und der *NT-Typ* (intuition-thinking), der als „konzeptioneller Planer" die Dinge durchdenkt und Entwürfe anbietet. Als Ergebnis erhält der Proband einen Vier-Buchstaben-Code, z. B. ESTJ, wobei die mittleren beiden Buchstaben die Kernfunktionen beschreiben. Die vier Grundtypen werden weiter differenziert, so dass sich im Typensystem insgesamt 16 verschiedene Typen ergeben.

16 Typen

Der Typus bleibt im Laufe eines Lebens konstant und ist die Grundlage dafür, wie ein Mensch an die Dinge herangeht, wie er kommuniziert, wie er führt und leitet. Die Betonung liegt auf „wie" und nicht „was". Der Myers-Briggs misst in erster Linie Prozesse. Aus Prozessen entstehen bestimmte Verhaltensweisen. Wer nicht nur sein Verhalten verstehen und verändern will, sondern vor allem seine eigene persönliche Entwicklung fördern möchte, muss die eigenen Prozesse verstehen.

Im Fokus: Prozesse

Die deutsche Version des Myers-Briggs-Typenindikators wurde 1991 bei *Beltz-Test* veröffentlicht, nachdem die Zuverlässigkeit des Instruments aufgrund von ausführlichen Reliabilitätsstudien nachgewiesen werden konnte. Die Forschungsgeschichte des Myers-Briggs-Typenindikators geht bis in die 20er-Jahre zurück. Seit 1972 hält *Consulting Psychologists Press* die internationalen Rechte für den MBTI®. Der MBTI® ist in 27 Sprachversionen erhältlich. Zehn weitere osteuropäische Sprachversionen sind in Vorbereitung.

215

90 Items   Anhand eines Fragebogens (90 Items) werden die Neigungen einer Person ermittelt. Ausgewertet wird anhand einer Schablone oder computergestützt über das Internet. Das Validieren der Ergebnisse erfolgt in einem Beratungsgespräch (einzeln oder in der Gruppe). Jede Probandin und jeder Proband erhalten eine ausführliche Typenbeschreibung mit Hinweisen, wie sie die Ergebnisse konkret anwenden können.

Abb. 1: Die Bereiche des Myers-Briggs-Typenindikators

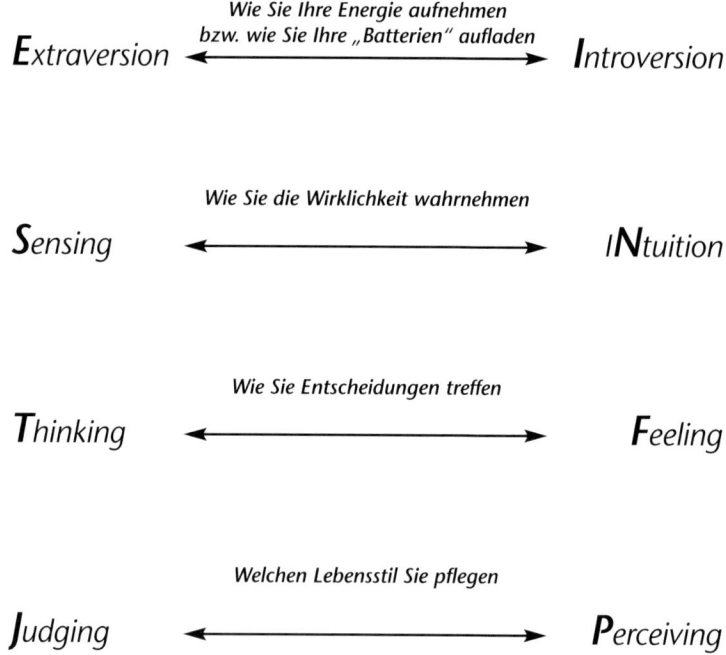

Wie Sie Ihre Energie aufnehmen bzw. wie Sie Ihre „Batterien" aufladen

Extraversion ⟷ **I**ntroversion

Wie Sie die Wirklichkeit wahrnehmen

Sensing ⟷ **IN**tuition

Wie Sie Entscheidungen treffen

Thinking ⟷ **F**eeling

Welchen Lebensstil Sie pflegen

Judging ⟷ **P**erceiving

Das Ergebnis des MBTI® ist ein *Vier-Buchstaben-Code* – ein Präferenzindikator für jeden der vier bipolaren Skalen. Also entweder E oder I, S oder N, T oder F, J oder P. Die beiden mittleren Skalen beschreiben den Grundtypus (Kombination ST, SF, NT, NF). Diese sind *Funktionen*. E, I, J und P werden als *Einstellungen* bezeichnet.

Entwicklung und wissenschaftlicher Hintergrund

Geschichte

Jung hatte seine Typentheorie im Jahre 1921 veröffentlicht. Er bot damit eine „bewusste Psychologie" an, die eine Hilfe für den Alltag sein sollte. Parallel hatte sich Katherine Briggs seit Jahren mit unterschiedlichen Lerntypen und Konfliktverhalten von Menschen beschäftigt. Als sie die 1923 ins Englische übersetzte Arbeit von Jung in die Hand bekam, übernahm sie seinen Ansatz und entwickelte gemeinsam mit ihrer Tochter Isabel Myers ein Instrument, um damit sehr schnell und präzise den Typus einer Person bestimmen zu können. Über 40 Jahre forschte das Mutter-Tochter-Team. Anfang der 60er-Jahre wurde ihre Arbeit vom „Educational Testing Services" offiziell auf Reliabilität und Validität hin überprüft und für den Einsatz im akademischen Bereich freigegeben. 1972 erwarb *Consulting Psychologists Press* (CPP) die Vermarktungsrechte. Seitdem wurde der Myers-Briggs-Typenindikator in 27 Sprachversionen übertragen. *Oxford Psychologists Press* (OPP) ist die Clearing-Stelle für Lizenzierung und Rechte, was den Einsatz des Myers-Briggs in Europa betrifft. Im *Center for the Application of Psychological Type* (CAPT), an der Universität von Florida, wird die breite Forschungsarbeit mit dem Myers-Briggs betreut und koordiniert (www.capt.org).

Basis sind Jungs Typen

Die Theorie der psychologischen Typen ist Fundament und Markenzeichen des MBTI®. Auf dieser Grundlage werden praktische Anwendungen beschrieben, die mit menschlicher Wahrnehmung und Entscheidung zu tun haben, beispielsweise im Bereich von Führung, Kommunikation, Kooperation im Team, Verkauf, Entwicklung von Organisation etc.

Gütekriterien

Um eine Schätzung der Reliabilitätsuntergrenze zu ermöglichen, wurde Cronbachs Alpha bestimmt. Hier fanden sich folgende Werte für die einzelnen Dimensionen (für die deutsche Version von 1991): EI: Alpha = 0.917; SN: Alpha = 0.875; TF: Alpha = 0.868 ; JP: Alpha = 0.884.

Reliabilität

217

Validität   Validitätsstudien wurden in Europa durchgeführt bei Studenten der Betriebswirtschaft, bei Mitgliedern des Wirtschaftsforums der Führungskräfte in Österreich und bei Personalentwicklern. In allen Fällen zeigte sich, dass sich die untersuchten Zielgruppen in der Typenverteilung so ansiedeln, wie man es von der Typentheorie her erwarten würde.

In den USA wurden Validitätsstudien durchgeführt bei Architekten, Mathematikern und Autoren. Außerdem gibt es ausführliche Korrelationsstudien mit dem *Adjective Check List* (ACL), *California Psychological Inventory* (CPI), dem *Jungian Type Survey*, dem *16 PF* und anderen Instrumenten. Auch hier zeigen sich auffällige Korrelationen zu den verschiedenen Konstrukten der Instrumente.

Kernaussagen und Ergebnisse

Individuation   Jung ging von der Vorstellung aus, dass jeder Mensch ein Unikat ist. Ziel für die persönliche Entwicklung ist, das je Eigene im Laufe des Lebens zu entdecken und zu entfalten („Individuation"). Danach soll Typisierung immer im Sinne der individuellen Entwicklung verstanden werden.

4 Funktionen   Bei jedem der 16 Typen identifiziert man die *dominante, sekundäre, tertiäre* und *inferiore Funktion*. Die dominante ist die starke Funktion, früh entwickelt und deutlich differenzierter als die anderen. Sie gibt, wenn sie bestätigt und entwickelt ist, im Verbund mit der sekundären Funktion der Person das nötige Bewusstsein, um selbstbewusst die eigene Karriere planen zu können.

Nach Jung ist die Psyche auf Entwicklung hin angelegt. So ist zu erwarten, dass sich das Interesse zur Lebensmitte hin (zwischen 35 und 45 Jahren) auf die tertiäre Funktion richtet. Wir bezeichnen sie als „Coaching-Funktion". Mit ihrer Hilfe können wichtige Entwicklungspotenziale erschlossen werden. Die inferiore oder minderwertige Funktion ist tiefer mit dem Unbewussten verwurzelt und sorgt eher für Chaos und Verwirrung im bewussten Umfeld der Person, wenn diese ihre „dunkle Seite" nicht beachtet oder sie sogar unterdrückt. Zusammenfassend: Der kombinierte Buchstabencode (z. B. ENFJ) beschreibt,

218

wie sich die Person bewusst verhält. Die Einzelfunktionen S, N, T, F (auch die beiden Buchstaben, die nicht im Typencode vorkommen) beschreiben die personale Dynamik.

Die vier Skalen

Nach Jung nimmt jeder Mensch ständig Impulse auf und bringt diese in ein rationales Gefüge. Diese beiden Prozesse werden im MBTI® mit Wahrnehmen und Entscheiden beschrieben. Jung nannte sie „Funktionen". Die beiden mittleren Skalen *S-N* und *T-F* beschreiben diesen Kern der Theorie.

Wahrnehmen

Beide Prozesse, Wahrnehmen und Entscheiden, funktionieren bipolar. Man kann auf zweierlei Weise wahrnehmen: Entweder indem man vorrangig seine fünf Sinne einsetzt oder indem man intuitiv erfasst, was vor sich geht.

Wahrnehmung über fünf Sinne oder Intuition

Wer sich in erster Linie auf seine fünf Sinne verlässt, hält natürlich vor allem das für wirklich, was man anfassen, zählen und sehen kann: Zahlen, Daten, Fakten. Realität ist alles, was konkret ist. In der internationalen Kürzelsprache der Typologie des Myers-Briggs ist das die *Sensing-Funktion* („S"). Als Gegenpol dazu steht die intuitive Wahrnehmung, *Intuition* („N"). Die Intuition erfasst größere Zusammenhänge, Ideen; sie bevorzugt das Bildhafte und Abstrakte. Jede Person hat beides in sich, aber eine Neigung mehr zur einen als zur anderen Seite des bipolaren Feldes.

Entscheiden

Die beiden Entscheidungsprozesse sind *Thinking* („T") und *Feeling* („F"). Thinking bevorzugt beim Entscheiden klares analytisches Vorgehen, stellt kausale Bezüge her, ist objektiv und wirkt unter Umständen distanziert. Dagegen orientiert sich der F-Typ bei seinen Entscheidungen an persönlichen und sozialen Wertvorstellungen. Entsprechend wirken die Entscheidungen eher subjektiv gefärbt, persönlich und man spürt Betroffenheit. Beide Prozesse, T und F, sind rational! Sie sind aber grundverschieden in der Art, wie sie Informationen in Entscheidungsprozessen verarbeiten.

Entscheidung über Analyse oder Werte

219

Einstellung

Extraversion und Introversion

Hinzu kommt eine weitere Skala: *Extraversion* („E") und *Introversion* („I"). Jung hat die Begriffe erfunden, aber anders gedeutet, als sie heute volkstümlich verstanden werden. Extraversion und Introversion beschreiben Einstellungen, wie die Person psychische Energie aufnimmt. Der Extravertierte bezieht seine Energie aus der Umwelt – von Menschen und Dingen. Der Introvertierte bezieht seine Energie aus seinem Innenleben – aus Gedanken und Vorstellungen. Der eine sucht den Kontakt nach außen, der andere muss sich zurückziehen, um Energie zu tanken. Nach Jung kann jede der oben genannten Funktionen (S, N, T, F) eine extravertierte oder introvertierte Einstellung haben. Jung war daran interessiert, so viel von der komplexen Persönlichkeit eines Menschen zu erfassen wie möglich und gleichzeitig mit der Typologie eine „Psychologie des Bewusstseins" für den Alltag anzubieten.

Lebensstil

Strukturiert oder flexibel

Das Autorinnenteam *Myers-Briggs* hat den drei Skalen von Jung eine vierte hinzugefügt. Sie misst, ob die Person sich in der Außenwelt eher strukturiert oder flexibel verhält: *Judging* („J") oder *Perceiving* („P"). Der J-Typ legt Wert auf Termine und ist auf das Ergebnis fixiert; der P-Typ neigt dagegen eher zur Offenheit, mag Optionen und interessiert sich für den Prozess als solchen. Wir haben die Skala mit „Lebensstil" bezeichnet. Damit wird deutlich, dass wir mit „J" und „P" etwas beobachten, was sich im äußeren Verhalten einer Person zeigt.

Bipolarität der Skalen

Alle vier Skalen sind bipolar ausgelegt. Tatsache ist, dass jeder Mensch Zugang zu allen Dimensionen hat, aber eine stärker oder schwächer ausgeprägte Präferenz in die eine oder andere Richtung. Der Myers-Briggs misst Präferenzen. Aus diesem Grund sind die Fragen und Wortpaare des Fragebogens als forced-choice, d. h. im Format „Entweder-oder" formuliert. Sie spiegeln die psychologische Gegensätzlichkeit wider, die in der Theorie angelegt ist.

Die vier Grundtypen

Der Myers-Briggs-Typenindikator identifiziert vier Grundtypen: den *ST-Typus*, den *SF-Typus*, den *NF-Typus* und den *NT-Typus*. Typologie bleibt ein amüsantes Gesellschaftsspiel, wenn sie nicht in einen konkreten Kontext gestellt wird. Folgendes Beispiel verdeutlicht, dass ein ST-Typ das Thema Führen ganz anders behandelt als ein NF-Typ.

Abb. 2: Grundtypen am Beispiel: Situativ Führen

ST **Sachliche** **Organisatoren**	**SF** **Freundliche** **Verhandlungspartner**
– Umsetzer und Macher – Interesse für Hierarchie im Unternehmen – pflichtbewusst und verlässlich – realistisch – loyal – sind gründlich und gehen den Dingen nach	– partizipatorische Entscheidungsprozesse – klare Kommunikation – sachbezogen – leben in der Gegenwart – kümmern sich um die Bedürfnisse der Menschen im Unternehmen – arbeiten auf ein gutes Arbeitsklima hin
NT **Konzeptionelle Planer**	**NF** **Kreative Katalysatoren**
– bemühen sich um Unternehmensziele und Strategien – streben nach Kompetenz und Wissen – legen Konzepte fest, starten Pilotprojekte, entwickeln Modelle – planen Veränderungsstrategien – suchen nach Möglichkeiten, benutzen dabei sachliche Analyse – beginnen gern neue Projekte	– Ziele: Wachstum des Unternehmens und Förderung der Mitarbeiter – bemühen sich um humanitäre Aspekte – innovative Führungspersönlichkeiten – können Menschen motivieren – bemühen sich um Sinnzusammenhänge und Authentizität – sind aufgeschlossen, wenn es um zwischenmenschliche Beziehungen geht

© Future Systems Consulting

Umgang mit verschiedenen Stilen

Beim „situativen Führen" kommt es darauf an, dass jeder seinen eigenen Führungsstil pflegt, der ihm auf den Leib geschrieben ist. Dieser Stil wird mit der Typenanalyse bestimmt. Umfeld und Situationen verlangen jedoch unterschiedliche Stile, um Wirkung und Einfluss zu erzeugen. Wer eine Vorstellung davon hat, welches Verhalten mit den einzelnen Stilen verbunden ist, kann sich situativ auf das Umfeld einstellen. Mit Vorbehalt: Denn der Gegentypus NF ist für den ST der schwierigste und für ihn selbst kaum durchzuhalten. Der ST muss wissen, dass er sich auf schwieriges Terrain begibt. Der „Organisator" verwandelt sich nicht ohne weiteres in einen authentischen „Motivator". Wenn er weiß, dass in einer bestimmten Situation der NF-Stil gefordert ist, wird er wahrscheinlich eher den Freiraum dafür schaffen und delegieren, bevor er sich auf dieses für ihn verminte Gelände begibt. Die Typentheorie liefert zumindest das Sprach- und Verhaltensmuster für die unterschiedlichen Stile.

Durchführung einer Analyse

Für die Typenauswertung sind folgende Schritte zu beachten:

1. Die Klientin / der Klient füllt einen Fragebogen (90 Items) aus. Dafür benötigt man ca. 20 bis 30 Minuten.

2. Der Berater / die Beraterin wertet den Fragebogen aus, entweder mittels Schablonen oder über Internet (via Homepage von Future Systems Consulting, nur für die deutsche Version von 1991).

3. Der Klient / die Klientin erhält als Ergebnis folgende Daten:
   – den Vier-Buchstaben-Code (z. B. ENFJ);
   – die „korrigierten Werte", die anzeigen, wie stark die einzelnen Subskalen (E, I, S, N, T, F, J, P) ausgeprägt sind;
   – die Präferenzwerte, die anzeigen, wie stark sich die Person auf ihre Neigung verlässt.

4. Eine ganzseitige Typenbeschreibung.

Fast alle Berater, die mit dieser Typologie arbeiten, bieten zusätzliche und weiterführende Informationen an.

Entscheidend für die Beratung ist jedoch das Validierungsgespräch. Die Typenbeschreibung ist ein erster Einstieg in die Typentheorie. Erst wenn der Klient die Präferenzen für sich bestätigt und verstanden hat, ist er in der Lage, produktiv mit der Erkenntnis über sich selbst umzugehen. Und erst dann erschließt sich ihm die Typologie nicht als „Kästchendenken", sondern als Toleranz- und Entwicklungsmodell.

Das Typenprofil enthält keinerlei Wertung, es ist keine Potenzialanalyse, sondern eine Beschreibung der Person in zentralen Persönlichkeitsmerkmalen. Jeder Teilnehmer eines Workshops wird umfassend mit seiner Typenbeschreibung vertraut gemacht. Nur er kann entscheiden, ob und inwieweit er die Ergebnisse der Analyse akzeptiert. Mit Hilfe von Übungen werden die Auswirkungen des Typenprofils – die „Muster" – verdeutlicht und die abzuleitenden Erkenntniswerte verständlich gemacht. Es können sofort praktische Konsequenzen gezogen werden – individuell oder im Team.

Potenzialanalyse

Nutzen für den Anwender

Der Ursprungsgedanke von Myers-Briggs war, gezeichnet von den Tragödien des Zweiten Weltkriegs, ein Instrument zu entwickeln, das das Verständnis zwischen den Menschen fördern und den Ausbruch von destruktiven Konflikten verhindern sollte.

Anwendungsbereiche

- Die Typologie betont die Notwendigkeit im Sinne einer Ergänzung eigener Eigenschaften, den entgegengesetzten Typ zu akzeptieren und seine Eigenschaften zu nutzen.
- Mit den Jung'schen Typen können die verschiedenen Lernstile besser verstanden werden und der Lehrer kann besser auf die spezifischen Bedürfnisse der Schüler und Studenten eingehen.

Andere erkennen und akzeptieren

- Mit dem Indikator wird auch die Bevorzugung von bestimmten Berufen durch die verschiedenen Typen untersucht. So stellt man Tendenzen fest, dass Denk-/Empfindungstypen eher Buchhalter und Bankangestellte sind, Empfindungs-/Fühltypen eher den Verkauf bevorzugen, Fühl-/Intuitionstypen eher kreative Schriftsteller sind und Intuitions-/Denktypen eher den Beruf des wissenschaftlichen Forschers vorziehen.
- Durch die Kenntnis der eigenen Typologie erkennen wir auch unsere Interessen und Fähigkeiten, und die Konzentration auf diese führt zu besseren Leistungen. Der Typenindikator sieht sich daher auch als ein Instrument für die Karriereberatung.
- Die Kenntnis der Typologie und der Präferenzen soll die Kommunikation fördern, da der „Sender" sich differenzierter auf den „Empfänger" einstellen kann.

Teamoptimierung
- In Gruppen und Teams können die Aufgaben gemäß den Fähigkeiten der Gruppenmitglieder besser verteilt und somit bessere Ergebnisse erzielt werden.

Persönlichkeitsentwicklung und Coaching

Transparenz Der Coachee erkennt sehr effektiv, warum und wie er selbst funktioniert und warum andere anders sind. Er beginnt, zu verstehen, und hört auf, zu bewerten. Zu- und Abneigungen gegenüber Arbeitsweisen, Aufgabenstellungen und Arbeitsumgebungen werden transparent. Der eigene Führungsstil wird bewusst und kann im Abgleich mit der Organisations- und Mitarbeitersituation modifiziert werden. Die Ergebnisse sind Weiterentwicklung der Persönlichkeit statt Normierung nach einengenden Leitbildern, persönlichkeitskonformer Arbeitsalltag statt widerwillige Anpassung. Der Myers-Briggs hilft, die richtigen Weichenstellungen für die persönliche und berufliche Weiterentwicklung zu wählen.

Teamentwicklung und bessere Zusammenarbeit

Der Erfolg von Organisationen hängt nicht zuletzt von der Zusammensetzung von Arbeitsgruppen, Projektteams und Führungsgremien ab. Mit Hilfe des Myers-Briggs lässt sich ein guter Teil des Zufalls durch rationale und für die Beteiligten transparente Erkenntnisse ersetzen. Je komplexer eine Aufgabenstellung ist, desto heterogener sollte die Teamstruktur sein. Ist dies nicht der Fall, kann es passieren, dass eine typologisch homogene Gruppe „einäugig" wird und wesentliche Elemente einer Aufgabe übersieht oder als irrelevant abtut.

Der Myers-Briggs zeigt mögliche Stärken und Schwächen eines Teams auf, macht Bedürfnisse der Teammitglieder besprechbar, stützt Verständnis und Toleranz von „Anderssein" und lässt Synergieeffekte dort zu, wo ohne gemeinsame Reflexion Abneigung, Konflikte oder gar Blockaden entstehen können.

Synergieeffekte

Führung und Führungskultur

Erfahrungen mit traditionellen Führungstrainings zeigen immer wieder die Grenzen des Individuums auf, das eigene Führungsverhalten im „gewollten" Sinne zu verändern. „Ich kann auch nicht aus meiner Haut", ist eine häufig gehörte Floskel. Behutsam dazulernen und sich weiterentwickeln kann man erst, wenn man seine „Haut" kennt. Der Myers-Briggs hilft zu erkennen, wie der eigene persönliche Führungsstil ist, welche Verhaltensweisen man „automatisch" praktiziert und welche Chancen und Risiken damit verbunden sind. Bewusstsein fördert Interesse, Interesse fördert Wahrnehmung, und diese Wahrnehmung startet Lernprozesse.

Der Myers-Briggs-Typenindikator macht die Präferenzen deutlich, die ein Unternehmen oder eine Organisationseinheit dominieren. Die vorherrschende Kultur wird offen besprechbar. Sie kann im Abgleich mit der Unternehmenssituation und mit Blick auf die Bedürfnisse der Mitarbeiter, des Marktes und anderer Zukunftsanforderungen gezielt verändert werden – ohne dass Köpfe rollen müssen und ohne Schuldzuweisungen.

Typenstruktur kulturbestimmend

Kundengespräche und Verkaufskommunikation

Verkaufsgespräche Beim Verkauf erklärungsbedürftiger Produkte kann keine Technik und keine Hochglanzbroschüre den persönlichen Kontakt zum Kunden ersetzen. Die Kompetenz ist im Verkaufsgespräch von zentraler Bedeutung: Wer rechtzeitig die Signale des Kunden lesen kann, wird individuell richtig reagieren können. Wer seine eigenen Kommunikationsmuster im Verkaufsgespräch erkennt und zugunsten der Kundenbedürfnisse zurückstellt, kann sich besser auf den Kunden einstellen. Die Chancen für einen erfolgreichen Abschluss steigen.

Der Myers-Briggs macht einem Verkäufer sehr schnell bewusst, dass seine Verkaufsstory ihm deswegen gefällt, weil sie seinem Typ entspricht. Er erkennt, warum er mit welchem Kundentypus Probleme hat, und kann durch „Hinzulernen" sein Kommunikationsrepertoire spürbar erweitern.

Marktpräsenz und Lizenzierung

Alle Anwender müssen ein dreitägiges Lizenzierungsseminar besuchen und einen Tag Gruppensupervision. Lizenziert wird die deutsche plus-Version des Myers-Briggs-Typenindikators. Dies ist die Vorbereitung für die Markteinführung des *Profiler* (Anfang 2003), den die Autoren derzeit entwickeln (siehe Weiterentwicklung des Myers-Briggs-Typenindikators). Die Lizenzierung verläuft nach internationalem Standard und wird von ausgewiesenen Fakultätsmitgliedern durchgeführt. Die Zertifizierung vermittelt folgende Inhalte:

- Messungen von Persönlichkeitspräferenzen verstehen
- Theoretische Grundlagen und Annahmen der Typologie verstehen
- Auswertung, Interpretation und Anwendung der Typologie (wie Klienten ein ethisch verantwortetes Feedback erhalten)
- Reliabilität und Validität des Instruments

Ein Abschlusstest muss bestanden werden.

Kosten

Die Basismaterialien (deutsche Version) kosten: Testhefte (10er-Pack): 15,50 EUR, Fragebogen (20er-Block): 10,50 EUR. Eine Testmappe (Foliensatz, Manual, Antwortbögen, Fragehefte) ist in den Lizenzierungsgebühren enthalten. Die Lizenzierung kostet 2.000 EUR. Nähere Informationen über www.futuresystemsconsulting.de.

Kontakt

Über die Web-Adresse www.mbti.de können Informationen und Kontakte, Termine für Lizenzierungen etc. abgerufen werden. Die Deutsche Gesellschaft für Angewandte Typologie (DGAT) ist der Nonprofit-Verband der Anwender von Typologien – Kontakt über www.dgat.de.

Forschungsergebnisse und Literaturhinweise können über das Center for the Application of Psycholocical Type eingeholt werden (www.capt.org).

Außerdem:
Future Systems Consulting GmbH
Buchenring 57
D-22259 Hamburg
Tel.: (0 40) 60 91 23 81
Fax: (0 40) 60 91 23 82
E-Mail: fcs@blankenese.de

Zur Lizenzierung des MBTI®:
A-M-T Management Performance AG
Südstraße 7
D-42477 Radevormwald
Tel.: (0 21 95) 92 69 00
Internet: www.a-m-t.de

Literatur und Autorenvita siehe Folgekapitel.

Weiterentwicklung des Myers-Briggs-Typenindikators

Kein Schubladen-denken

Auf den ersten Blick ist Typologie so etwas wie Schubladendenken. Aber wer sich mit Typologie beschäftigt, weiß, dass es bei diesem methodischen Betrachten der Persönlichkeit vor allem darum geht, die eigenen Scheuklappen und persönlichen Voreinstellungen zu überwinden. Denn gefährliche Fehleinschätzungen und lästige Kommunikationsblockaden entstehen dadurch, dass man die eigenen Wahrnehmungs- und Entscheidungsmuster zum Maß aller Dinge macht. Also: Je differenzierter ich über mich Bescheid weiß, umso besser für mich und meine Umwelt!

Ziel des Einsatzes von typologischen Instrumenten ist Differenzierung. Typologie soll Zugang zur Komplexität der Persönlichkeit eines Menschen erschließen. In Vorbereitung sind weiterführende Versionen zur Theorie von C. G. Jung im Sinne eines praktischen Nutzens, wie Katherine Briggs und Isabel Myers als anerkannte Pionierinnen auf diesem Gebiet es begonnen haben – und im Geiste dessen, was die *Association for Psychological Type* (APT) als Berufsethos für den Umgang mit Typologien fordert: Psychologische Typentheorie dient der Würde und der Individualität eines Menschen. Dieses Wissen soll dem allgemeinen Wohl und dem Wohl des Einzelnen dienen.

Es empfiehlt sich aus diesem Grund bei einem Instrument wie dem Myers-Briggs-Typenindikator nach Komponenten zu suchen, die zum Andocken geeignet sind. An dieser Stelle weisen wir auf ein weiteres Instrument hin – den *Profiler*. Dieses neue Instrument basiert wie der Myers-Briggs Typenindikator auf der Jung'schen Typentheorie. Es bietet jedoch in zwei Bereichen zusätzliche Informationen: Zum einen werden zu jeder Skala Unterkategorien geschaffen, so dass jemand, der z. B. als „Extravertierter" eine starke Neigung zu „gesellig" zeigt und daraus wichtige Energie bezieht, gleichzeitig „reflektierend" sein kann. Die Individualität und Komplexität der Person wird mit der zusätzlichen Information stärker berücksichtigt. Zum anderen ist eine zusätzliche fünfte Skala hinzugefügt, die den momentanen Stress- bzw. Irritationsgrad einer Person misst. Zahlreiche Forschungsergebnisse weisen darauf hin, dass Menschen sich grundsätzlich unterscheiden in der Art, wie sie auf alltägliche Stressoren reagieren. Wenn Extraver-

228

tierte etwa stark unter Druck stehen, äußert sich das tendenziell in Ru-
helosigkeit und Aufregung, die sie unter normalen Umständen so
nicht zeigen; Introvertierte dagegen reagieren unter Stress anders – sie
werden launisch, rigide und ziehen sich zurück. Je nach Stressstufe
verändert sich das Verhalten. Wenn man weiß, wie stark jemand unter
Stress steht, kann man das Verhalten des betreffenden Menschen besser einschätzen.

Reaktionen auf Stress

Für den Profiler wird zurzeit eine deutsche (kultursensitive) Version
erstellt. Weitere Informationen sind über den Hogrefe Verlag
(www.hogrefe.de) oder Future Systems Consulting zu beziehen
(www.futuresystemsconsulting.de).

Um die Komplexität einer Person zu erfassen, braucht es mehr als ein
Instrument. An dieser Stelle weisen wir auf eine hervorragende Er-
gänzung zum typologischen Profil hin, nämlich auf die *Motivatoren-
Analyse®*.

Richard Bents / Reiner Blank

Zusatz: Die MotivatorenAnalyse®

Überblick

Die *MotivatorenAnalyse®* ist ein Instrument, das 13 *Motivatoren* identifiziert und diese mittels eines Fragekatalogs (Selbsteinschätzungsverfahren) in eine Rangfolge bringt. Die Analyse und Beratung geht davon aus, dass jede Person drei Motivatoren hat, die – wenn sie angesprochen werden – Lust an Leistung erzeugen. Wenn dagegen vom Umfeld Motivatoren angesprochen werden, die die Person nicht bevorzugt, dann entsteht De-Motivation und Leistungsabfall. Hintergrund sind Analysen aus dem Bereich Sport.

Die MotivatorenAnalyse® identifiziert die individuellen Faktoren, die gegeben sein müssen, damit eine Person ihre volle Willenskraft (Volition) entfalten kann. Sie sind der Schlüssel zur Selbstmotivation. Über die letzten 30 Jahre zeigten sich die folgenden Voraussetzungen konstant als Motivatoren:

Individuelle Faktoren

- Allein arbeiten können
- Anderen zuschauen können
- Anerkennung / Persönliches Feedback
- Äußeres Umfeld
- Companionship
- Herausforderung
- Ideal
- Sachfeedback
- Selbst in Aktion sein
- Vergangenheitsorientierung
- Vorbereitung
- Wettbewerbsorientierung
- Zukunftsorientierung

Von entscheidender Bedeutung ist das individuelle Motivatorenprofil. Jeder Mensch verfügt über eine ihm eigene Kombination dieser Motivatoren. Über die individuelle Gewichtung der einzelnen Faktoren ergibt sich eine Kombination aus drei bis vier Hauptmotivatoren, einem indifferenten Mittelfeld und ein bis zwei Demotivatoren, die Motivation verhindern. Was bei der einen Person zu höchster Motivation führt, kann sich bei einer anderen als kontraproduktiv herausstellen. Das ist auch der Grund, warum nach dem Gießkannenprinzip gleichmäßig verteilte „Motivationsrezepte" so selten funktionieren.

Entwicklung und wissenschaftlicher Hintergrund

Basis Sportpsychologie

Die Entwicklung des vorliegenden Instruments basiert auf der Forschungsarbeit amerikanischer und russischer Sportpsychologen in den 70er-Jahren. Während der letzten 15 Jahre wurde die Analyse der Motivatoren im Führungskräftetraining eingesetzt. In Deutschland wurde das Instrument durch Alexander Christiani weiterentwickelt. Der aufwendige Identifizierungsprozess wurde durch Einsatz der computerunterstützten Auswertung deutlich vereinfacht und beschleunigt.

Spitzenleister unterscheiden sich von den meisten ihrer Mitmenschen dadurch, dass sie ihre Erfolge nicht Zufällen und glücklichen Umständen zuordnen. Sie übernehmen die volle Verantwortung für ihre Leistungen. Sie fühlen sich aktiv verpflichtet, alles ihnen Mögliche einzusetzen, um die bestmögliche Leistung zu erbringen. Dabei ist es unerheblich, auf welches Ziel sich ihre *Volition* ausrichtet.

Abraham Maslows Arbeiten zu „peak experience" legte in den 60er-Jahren die Basis für Studien russischer Sportwissenschaftler. Maslow hatte Personen im Moment persönlicher Höchstleistung untersucht. Er fand heraus, dass diese Momente begleitet wurden von einem Gefühl ganzheitlicher Integration. Das Ausschöpfen des gesamten Potenzials ihrer Talente, physisch und mental, ließ diese Menschen in einen Zustand der Verbundenheit mit dem Moment geraten. Trotz der großen Anstrengung wurden diese Momente persönlicher Höchstleistung als sehr beglückend empfunden. Die beobachteten Personen reagierten offener, spontaner, lernbereiter und kreativer.

Sowjetische Wissenschaftler wie Alexander Romen und A. G. Odessky forschten unter Berücksichtigung der Erkenntnisse von Edmund Jacobsen (*Progressive Relaxation*), Johannes Schulz und Wolfgang Luthe

(*Autogenes Training*) sowie Elmer und Alice Green (*Beyond Biofeedback*, 1977) mit dem Ziel, Erkenntnisse darüber zu erlangen, ob man Spitzenleistungen wiederholbar machen könne. Sie gingen von der Annahme aus, dass die körperliche Leistungsfähigkeit maßgeblich durch mentale Zustände zu beeinflussen sei.

Diese Annahme wurde bestätigt. Man bat Spitzensportler, sich an einen Moment zu erinnern, in dem sie über sich selbst hinausgewachsen waren. Dann wurden alle begleitenden inneren und äußeren Details analysiert. Es stellte sich heraus, dass jeder Mensch ein sehr persönliches „Motivationsrezept" besitzt. Wenn diese äußeren und inneren Faktoren bei der nächsten Herausforderung sichergestellt wurden, zeigte sich eine erstaunliche Leistungsverbesserung.

Persönliches Motivationsrezept

In den Vereinigten Staaten wurden die Erkenntnisse der russischen Wissenschaftler gestützt durch Untersuchungen der Psychologen Norman E. Weitzberg und Kerry Paul Altman sowie durch Thomas Tutko, Professor für Psychologie an der San Jose State University.

In einer jüngst erschienen Studie der *Gallup Organization* wird darauf hingewiesen, dass jene Präferenzen, die einen maximalen Einfluss auf die Volition ausüben, zu den Talenten eines Menschen zu zählen sind. Es wird betont, dass diese Talente nach der Pubertät fest angelegt sind. Hervorragende Leistungsergebnisse werden erzielt, wenn Personen herausfinden, wo ihre Stärken liegen: welche Talente stark ausgebildet sind und lohnen, gefördert zu werden. In Bereiche, die wenig ausgebildet sind (Demotivatoren), sollte nicht investiert werden. Damit wird bestätigt, dass eine Investition in Stärken (dazu zählt die Kenntnis der persönlichen Hauptmotivatoren) einem Ausgleichen von Schwächen vorzuziehen ist. Mit dem Ausgleichen von Schwächen lassen sich im besten Fall mittelmäßige Ergebnisse erzielen. Eine aktive Gestaltung der inneren und äußeren Bedingungen in Orientierung an dem individuellen Motivatorenprofil ermöglicht jedem Menschen den Zugang zu seinem maximalen Leistungspotenzial.

Investition in Stärken

233

Kernaussagen und Ergebnisse

Folgende Motivatoren prägen die Persönlichkeit:

Allein arbeiten können

Streben nach Selbstbestimmung

Allein arbeiten können gibt es in unterschiedlichen Ausprägungen:

- Allein im Gegensatz zum Arbeiten mit anderen:
  Für diese Personen ist es wichtig, ungestört arbeiten zu können. Sie sind in einem Großraumbüro verloren, ihre Leistung nimmt hier ab. Sie arbeiten gern im eigenen Rhythmus und empfinden die Beteiligung anderer als störend. Sie vermissen Geselligkeit während der Arbeit nicht.
- Allein im Sinne von allein bestimmen:
  Diese Menschen haben gern die Kontrolle. Bei Verhandlungen haben sie häufig das letzte Wort. Sie lieben es, anderen zu zeigen, „wo es lang geht".
- Allein im Sinne von Verantwortung tragen und Urheber sein:
  Diese Personen leisten mehr, wenn sie die Verantwortung tragen. Sie brauchen den eigenen Einflussbereich. Für sie ist Selbstbestimmung erfolgsrelevant.

Anderen zuschauen können

Orientierung an Vorbildern

Anderen zuschauen können wirkt stark inspirierend. Vorbilder und Mentoren zu haben bedeutet für Personen mit diesem Motivator außerordentlich viel. Sie bekommen beim Zuschauen Lust, es ebenfalls zu probieren, und haben manchmal Gedanken wie: „Wenn der das kann, kann ich das auch." Diese Menschen orientieren ihr Leben stark an Vorbildern.

Anerkennung / Persönliches Feedback

Dieser Motivator wirkt bei Personen, die einen überdurchschnittlichen Drang haben, von anderen gelobt und anerkannt zu werden. Diese Menschen brauchen mehr persönliche Komplimente als andere. Sie lassen sich stark motivieren durch Pokale und Auszeichnungen. Sie lieben es, über ihre Erfolge zu sprechen in der Hoffnung, gelobt zu werden.

Streben nach Anerkennung

Äußeres Umfeld

Die Anwesenheit Dritter und deren Erwartungen haben einen leistungssteigernden Einfluss. Personen mit diesem Motivator legen extremen Wert auf Kleidung, Einrichtung, Accessoires. Ein neues Handy kann sie beflügeln. Sie zeichnen sich durch eine hohe Sensibilität für ihr Umfeld aus. Diese Menschen werden durch Zuschauer inspiriert und erleben die Erwartungen anderer als Ansporn.

Orientierung an Erwartungen anderer

Companionship

Companionship wirkt bei jenen Menschen als Hauptmotivator, die es lieben, mit anderen Menschen gemeinsam etwas zu tun. Die gemeinsame Aktivität wirkt motivierend. Diese Menschen reagieren sensibel auf Harmoniedefizite. Das Commitment gegenüber Teampartnern lässt sie zur Höchstleistung auflaufen und die widrigsten Umstände ertragen.

Streben nach Harmonie

Ideal

Personen, die Ideal als Motivator haben, ist es fast unmöglich, Aufgaben zu erledigen, die in ihrem Wertesystem keinen Sinn ergeben. Sie sind häufig bereit, bei der finanziellen Kompensation Abstriche zu machen, solange die Tätigkeit in ihrem Wertekodex einen Sinn hat.

Streben nach Sinn

235

Herausforderung

Streben nach Herausforderung

Menschen mit diesem Motivator betreten gerne neues Territorium. Die Ankündigung des Chefs: „Das schaffen Sie nie!" setzt alle Energiereserven frei. Eine Aufgabe zu beginnen in dem Wissen, dass sie bisher von niemandem bewältigt wurde, begeistert diese Personen. Sie denken: „Jetzt erst recht" oder „Das wollen wir doch einmal sehen". Widrigkeiten werden als Ansporn uminterpretiert. Menschen mit diesem Motivator joggen lieber, wenn es stürmt und schneit als an einem sonnigen Frühlingstag.

Sachfeedback

Streben nach sichtbaren Ergebnissen

Sachfeedback wirkt bei Menschen, die eine schnelle Rückmeldung aus dem Handlungsprozess benötigen. Sie sind verloren bei Aufgaben, deren Ergebnis erst nach einem Jahr zu sehen ist. Sie lieben Tätigkeiten, bei denen das Arbeitsergebnis schnell sichtbar wird.

Selbst in Aktion sein

Streben nach Aktivität

Selbst in Aktion sein: Menschen mit diesem Motivator lieben es, selbst in das Geschehen eingreifen zu können. Sie müssen immer etwas zu tun haben. Sie schaffen am meisten an den Tagen, an denen sie sowieso schon viel zu tun haben. Es kann sein, dass sie Schwierigkeiten haben, nichts zu tun und Ruhe zu halten. Oft leben sie unter selbst gemachtem Termin- und Zeitdruck.

Vergangenheitsorientierung

Orientierung an Erfahrungen

Vergangenheitsorientierung wird durch Gedanken wie „Wenn ich das damals geschafft habe, dann schaffe ich es heute auch" deutlich. Diese Menschen haben meist dicke Fotoalben und lesen ihre Tagebücher. Sie stellen sich vor Herausforderungen vergangene Erfolge vor und beziehen daraus ihre Energie für neue Aufgaben. Sie lernen aus der Vergangenheit für die Zukunft. Für sie zählt Erfahrung besonders viel.

Vorbereitung

Menschen, bei denen eine detaillierte und gute Vorbereitung zu Selbstvertrauen und Sicherheit führt, unterscheiden sich durch ihren Motivator von jenen, für die eine zu detaillierte Vorbereitung schlechte Ergebnisse bringt. Für Letztere kann es erfolgsentscheidend sein, fast frei improvisieren zu können.

Wettbewerbsorientierung

Wettbewerbsorientierung wird als Motivator, gerade von Führungskräften an der Spitze, häufig überschätzt. Wettbewerbsorientierung existiert in zwei Ausprägungen:

1. Ziel ist es, andere zu übertreffen:
   Auf diese Weise motivierte Menschen interessieren sich für die Leistungen anderer, sie haben die „Konkurrenz" stets „im Visier", sie setzen sich vergleichende Ziele: „Besser sein als X", sie schätzen persönliche Leistungsvergleiche und blühen in Wettbewerben auf.

   Orientierung an Konkurrenz

2. Ziel ist, sich selbst zu übertreffen:
   Diese Personen führen gerne über die eigenen Leistungen Protokoll. Sie formulieren ihre Ziele im Vergleich mit bereits erbrachten Erfolgen. Bei ihnen ist eine ausgeprägte Neigung zu Rekorden zu beobachten.

Zukunftsorientierung

Menschen mit diesem Motivator sind bereit, heute einen hohen Preis zu zahlen und sich sehr anzustrengen, wenn es ihnen dafür in der Zukunft deutlich besser geht. Sie können mit dem „Hier und Jetzt" wenig anfangen. Sie leben mehr in der Zukunft, planen immer weit voraus und werden durch Entwicklungsperspektiven inspiriert. Karriereaussichten sind für sie wichtiger als ein hohes Einkommen.

Orientierung an Entwicklungschancen

Durchführung einer Analyse

Nach Beantwortung von 85 Fragen erhält der Proband ein schriftliches Feedback, das so aufgebaut ist, dass es im Einsatz zur Selbstmotivation keines weiteren Coachings bedarf.

Für Führungskräfte, Mitarbeiter und Teams empfiehlt sich ein weiterführendes Coaching. Für die Anwendung als Führungsinstrument empfiehlt sich die Teilnahme an einem Einführungsworkshop. Die Rechte hält die *Motivatoren AG, Schweiz.*

Nutzen für den Anwender

Durch Kenntnis der individuellen Ausprägung der einzelnen Motivatoren lässt sich ein ideales Umfeld schaffen, um höchste Leistungen zu erreichen. Ist dieses gegeben, stellt sich Flow ein.

Ausschalten von Demotivatoren
Schon allein durch das Ausschalten von Demotivatoren kommt es zu einer deutlichen Leistungssteigerung. Folge ist persönliche Zufriedenheit. Darum hat sich die MotivatorenAnalyse® als ideale Ergänzung zu klassischen Maßnahmen der Personalentwicklung, insbesondere der Führungsarbeit, erwiesen – im Bereich:

- Leistungssteigerung Einzelner oder im Team,
- Karriereplanung,
- Aufgabenfeld-Analyse.

Neben dem professionellen Einsatz im Management eignet sich die MotivatorenAnalyse® bei jeder Form von Verhaltensänderung. Überall dort, wo Menschen Schwierigkeiten haben, „den inneren Schweinehund" zu überwinden:

- Umstellung der Essgewohnheiten bei Diabetes, Herz-Kreislauf-Erkrankungen oder Übergewicht,
- Aufnahme einer regelmäßig durchzuführenden Sportart, wie z. B. Laufen oder Krafttraining,
- Bekämpfung von Suchtverhalten, z. B. Entwöhnung von Rauchern.

In Unternehmen, die personale Entwicklung ihrer Mitarbeiter anstre- **Zielgruppen**
ben, hilft die MotivatorenAnalyse® das Umfeld von Teams so zu gestalten, dass Lust zur Leistung entsteht. Für Ärzte bei der Behandlung
von Diabetes und allen anderen Krankheiten, die eine dauerhafte Diät
und Umstellung von Gewohnheiten verlangen, kann die Kenntnis der
Motivationsfaktoren die gezielte Beratung erleichtern und zu besseren
Ergebnissen führen.

Die Methode stammt aus dem Bereich des Spitzensports und kann
auch im Breitensport eingesetzt werden. Sportstudios und Laufsemi-
nare sind prädestiniert für den Einsatz des Instruments.
Eine weitere Zielgruppe sind Trainer, die in ihren Seminaren und
Workshops auf Umsetzung hinarbeiten.

Dies ist nur eine kleine Auswahl von Einsatzgebieten. Sie ist so weit
fortzuführen, wie Menschen individuelle Ziele anstreben.

Es hat sich in den letzten Jahren gezeigt, dass jene Menschen, bei
denen die Hauptmotivatoren durch das berufliche Umfeld angesprochen wurden, ihre Arbeit auch für eine deutlich geringere finanzielle
Kompensation betreiben würden. Sie zeigen sich immun gegen Ab-
werbungsversuche. Eine Anpassung des Arbeitsumfeldes an die Bedürfnisse wichtiger Leistungsträger wird eine der zukünftigen Anforderungen an Personalentwickler und Führungskräfte darstellen. Damit
sichern sich Unternehmen entscheidende Vorteile gegenüber Mitbe-
werbern.

In einem Markt, in dem Produkte, Maschinen, Systeme und Prozesse **Wettbewerbs-**
schnell kopierbar und von annähernd gleicher Qualität sind, bleiben **faktor**
als wettbewerbsüberlegene, kurzfristig nicht nachstellbare Faktoren: **Mensch**
Kultur und Menschen. Letztere gilt es in ihrer Individualität anzu-
sprechen.

239

Kosten und Lizenzierung

Die Selbsteinschätzung, um die eigenen Motivatoren zu bestimmen, erfolgt ausschließlich online über www.motivatorenanalyse.com. Eine Einzelauswertung kostet 49 EUR. Es gibt Staffelpreise für Organisationen. Die Lizenzierung erfolgt über einen dreitägigen Workshop. Dieser kostet 1.500 EUR zuzüglich Mehrwertsteuer (3.500 CHF).

Literatur

Bents, Richard / Blank, Reiner: *M.B.T.I.* München 1992

Bents, Richard / Blank, Reiner: *Typisch Mensch.* Göttingen 1996

Bridges, W.: *Der Charakter von Organisationen.* Göttingen 1997

Briggs-Myers, I.: *Einführung in Typen.* Oxford 2001

Christiani, Alexander: *Weck den Sieger in dir! – In 7 Schritten zur dauerhaften Selbstmotivation.* Wiesbaden 1997

Jung, Carl Gustav: *Psychologische Typen.* Olten 1989

Krebs Hirsh, S. / Kummorow, J.: *Einführung in Typen in Organisationen.* Oxford 2001

Die Autoren

Prof. Dr. Richard Bents, Jahrgang 1949, studierte Erziehungswissenschaften und Psychologie. Er ist Direktor der Graduate Education an der Hamline Universität (Saint Paul, Minnesota) und Geschäftsführer von Future Systems Consulting, Inc. (St. Paul/USA und Hamburg). Sein Spezialgebiet sind personale und organisationale Veränderung und Transformation. Dabei konzentriert er sich auf die Aspekte personale Autorität, Verantwortung und Macht (Wirkung), zeigt, wie daraus persönliche Verantwortlichkeit und gesunde Synergien für Veränderung entstehen.

Richard Bents verfasste verschiedene Bücher und Fachartikel. Gemeinsam mit Reiner Blank ist er Autor der deutschen Version des Myers-Briggs-Typenindikators.

Dr. Reiner Blank, Personalberater, Jahrgang 1948, arbeitet als Trainer und Coach. Er studierte Theologie, Psychologie und Soziologie in den USA und der Schweiz. Reiner Blank war Pfarrer in Hamburg und Institutsleiter in Celle – er leitete eine internationale Projektarbeit. Seit 1993 ist er Geschäftsführer von Future Systems Consulting GmbH (Hamburg und St. Paul, USA). Er begleitet und moderiert Leitbildprozesse, Transformationsprozesse und Value-Management in Unternehmen, ist Akademiedozent in mehreren internationalen Konzernen, kennt Hochleistungsteams aus eigener Erfahrung und bildet solche aus.

Blank ist Autor von Fachartikeln und Büchern. Sein Motto: *„Unternehmerisch mit sich selbst umgehen!"*

HARTMUT WAGNER

Modell 10: Das Team-Management-System (TMS)

Überblick

Das *Team-Management-System (TMS)* ist ein *Typenindikator* für den *Arbeitsbereich*. Es gibt Führungskräften und Teammitgliedern Feedback zu ihren *Arbeitspräferenzen* in den Verhaltensbereichen Kommunikation, Information, Entscheidungsfindung und Organisation.

Das TMS macht Aussagen zum bevorzugten Arbeits- und Teamverhalten von Führungskräften und Teammitgliedern. Aus der Potenzialanalyse-Forschung ist bekannt, dass das Verhalten von Menschen im Arbeits- und Privatbereich verschieden sein kann. Beispiel: Der im Beruf bevorzugt extrovertiert arbeitende Manager, der nach Feierabend seine Ruhe braucht, sich zurückzieht und eher introvertiert verhält. Das TMS ist weniger geeignet für die Erfassung der Gesamtpersönlichkeit, es ist jedoch zu 85 bis 90 Prozent treffsicher im Feedback zum Arbeits- und Teamverhalten.

Aussagen zum Arbeits- und Teamverhalten

Das TMS wird erstellt auf der Basis des validierten *Team-Management-Profil-Fragebogens (TMPF)* nach der Beantwortung von 60 Fragenpaaren. Die Reliabilität liegt zwischen 0.77 und 0.88, die Validität bei 0.57 bis 0.73, je nach Skala.

Entwickelt und erprobt wurden das TMS und der TMPF in den Jahren 1985 bis 1988 von Charles Margerison (England) und Dick McCann (Australien) im Rahmen ihrer langjährigen empirischen Teamerfolgsforschung. Die Wissenschaftler arbeiteten in der Führungskräfteentwicklung bei australischen Regierungsbehörden, den Hewlett-Packard Headquarters in Palo Alto (USA), bei Australian Airlines (heute Quantas Airlines) und der Hong Kong Bank mit jeweils bis zu 500 Führungskräften und Teammitgliedern.

Das TMS ist in den englischsprachigen Ländern seit 1985 auf dem Markt, im deutschsprachigen Bereich seit 1989. Die Anzahl der akkreditierten Personalentwickler, Berater und Trainer beläuft sich international auf ca. 5.000, im deutschsprachigen Raum auf 500 (Stand: 2002).

Der TMPF kann in 10 bis 15 Minuten ausgefüllt werden und wird durch ein Softwareprogramm ausgewertet. Die Ergebnisse werden in einem persönlichen Team-Management-Profil (TMP) verfügbar gemacht. Das Profil besteht aus dem farbigen Team-Management-Rad mit Kennzeichnung der drei zentralen Teamrollen, dem Profilfeedback und einem Handbuch.

Abb. 1: Das Team-Management-Logo

Das Logo des Team-Management-Systems ist eine eingetragene Marke.

Entwicklung und wissenschaftlicher Hintergrund

Das *Institute of Team Management Studies (ITMS)* in Brisbane/Australien hat die wissenschaftliche Testentwicklung durchgeführt und inzwischen in einer kontinuierlich geführten Forschungsdatenbank die Daten von 134.000 Personen gesammelt und ausgewertet, die den TMPF ausgefüllt und ihre anonymisierten Daten für Forschungszwecke freigegeben haben. Die Datenauswertung ist im ITMS-Research Manual (New Edition 1999) zugänglich (vgl. Literaturverzeichnis).

Reliabilität und Validität Die Reliabilität und Validität des deutschen TMPF wurde 1989 von Stefan Boëthius im Rahmen einer Dissertation an der Universität Zürich nachgewiesen. Eine erneute Validierung erfolgte 1998 auf der

244

Basis einer Stichprobe von 265 Probanden. Die Zielgruppe entstammte den Bereichen Geschäftsführung und Vorstand (7 Prozent), Unternehmensplanung und -entwicklung (6 Prozent), Personalwesen/Training (6 Prozent), Finanz- und Rechnungswesen (5 Prozent), Verkauf/Marketing/PR (18 Prozent), Produktion/Konstruktion/Qualitätssicherung (10 Prozent), Design/Forschung und Entwicklung (6 Prozent), Consulting/Beratung (3 Prozent), Verwaltung (7 Prozent), andere Bereiche (31 Prozent). Die Daten wurden vom Institute of Team Management Studies (ITMS) in Brisbane/Australien ausgewertet. Die erste Validierung fand somit 1989, die letzte 1998 statt.

Retests über einen Zeitraum von sechs Jahren zeigten auf, dass die Teamrollen relativ stabil sind. Teamrollen können sich jedoch verändern, wenn neue Ziele, Herausforderungen und Management-Development-Programme Entwicklungsschübe in Gang bringen. Bisher haben 700.000 Personen weltweit den TMPF ausgefüllt und genutzt, in der Regel im Rahmen von internen oder externen Management-Development-Seminaren, Teambildungs- oder Teamentwicklungsprozessen und Beratungen, Coachings und Trainings. **Retests**

Kernaussagen und Ergebnisse

Einsatzgebiete

Persönliche Ebene
Mitarbeiter werden in der Regel nach ihrer Ausbildung, ihren Skills, ihren Fähigkeiten und Fertigkeiten eingestellt und bewertet. Kompetenzerfassung in definierten Bereichen ist zum Beispiel im Assessment-Center das zentrale Kriterium. Das TMS macht jedoch keine Aussagen zu Kompetenzen, sondern zu Präferenzen. Wer um seine Arbeitspräferenzen weiß und sie nutzen darf, ist in der Regel für Tätigkeiten im Präferenzbereich intrinsisch motiviert oder motivierbar. Wer gern organisiert, wird bei Organisationsaufgaben eher „anspringen". In der Personalentwicklung mit TMS wurde erkannt, dass Kompetenzentwicklung auf der Basis vorhandener Präferenzen leichter und schneller erfolgen kann als Kompetenzentwicklung in Bereichen, in denen keine oder eine nur geringe Präferenz existiert. **Aussagen zu Arbeitspräferenzen**

Teamebene

Sinnvolle Arbeitsverteilung

Ein wichtiges Ergebnis der Teamerfolgsforschung von *Margerison-McCann* ist, dass alle im Team-Management-Rad abgebildeten Arbeitspräferenzen für eine erfolgreiche Bewältigung anstehender Aufgaben gebraucht werden. Wenn ein Teamleiter weiß, wie die Teamrollen in seinem Team verteilt sind, kann er die Mitarbeiter nicht nur nach ihrer Kompetenz, sondern auch nach ihrer Präferenz einsetzen. Damit schafft er einen Motivationsschub für jeden. Wenn es gelingt, alle Kräfte auf das Ziel hin zu bündeln und Linking Skills zu aktivieren, ist der Weg frei für ein „starkes Team". Wenn die Teammitglieder ihre Profile gegenseitig lesen und die Unterschiede ihrer Arbeitsstile verstehen und nutzen lernen, ist das ein wichtiger Schritt für Wertschätzung von Verschiedenheit, sinnvolle Arbeitsverteilung und Einander-Zuarbeiten im Team.

Vielfalt ist wichtig

So promoten zum Beispiel die einen gern, andere kontrollieren gern die Genauigkeit und Qualität der Arbeit. Der eine entwickelt gern Prototypen, der andere zieht innovative Lösungssuche vor. Alles wird im Team gebraucht, Vielfalt ist wichtig. Damit können Erfolgsstrategien in Teams angebahnt werden, in denen Mitverantwortung gefragt ist.

Präferenzskalen

4 Skalen

Der TMPF misst auf den in der Abbildung 2 benannten Skalen präferierte Verhaltensweisen in zentralen Arbeitssituationen:

- die bevorzugte Art, mit anderen Personen umzugehen,
- die bevorzugte Art, Informationen zu beschaffen,
- die bevorzugte Art, Entscheidungen zu treffen,
- die bevorzugte Art, die Arbeit zu organisieren.

246

Abb. 2: Die Präferenzskalen des TMPF

Wie Menschen arbeiten

Beziehungen

Extravertiert .... Introvertiert

Informationen

Praktisch .... Kreativ

Entscheidungen

Analytisch .... Begründet auf
Überzeugungen

Organisation

Strukturiert .... Flexibel

Jede der vier Skalen wird mit 15 Fragenpaaren abgefragt. Für jedes der 60 Aussagenpaare werden zwei Alternativen gegeben, die zustimmend oder ablehnend beantwortet werden können. Eine neutrale Antwort ist nicht möglich (Forced-Choice-Verfahren). Wie stark die Präferenz in die gewählte Richtung ist, kann durch die Gewichtungsmöglichkeiten 2-0, 2-1, 1-2, 0-2 bestimmt werden.

Abb. 3: Beispiel für Aussagenpaare aus dem TMPF

Item		A	B	
5	Ich arbeite lieber an komplexen Aufgaben.	1	2	Ich arbeite lieber an klaren und überschaubaren Aufgaben.
25	Mir kommen die besten Ideen, wenn ich in der Gruppe arbeite.	2	0	Ich habe meine besten Ideen, wenn ich alleine arbeite.

Nach den empirischen Forschungen von Margerison und McCann bestimmen diese Arbeitspräferenzen wesentlich die Art, wie Menschen ihre Arbeit verrichten. Die Dimensionen werden wie folgt erfasst:

Umgang mit Menschen

Introversion und Extraversion

Tagtäglich müssen Führungskräfte und Teammitglieder mit anderen Mitarbeitern, Kunden, Lieferanten oder der Öffentlichkeit Umgang pflegen, um ihre Arbeit erledigen zu können. Manche Menschen tun das auf extravertierte Weise, indem sie sich oft mit anderen treffen, mit ihnen Ideen durchsprechen und gerne einer Vielzahl verschiedener Aufgaben und Aktivitäten nachgehen. Andere Menschen sind introvertierter. Sie ziehen es vor, anstehende Fragen und Arbeiten erst selbst zu durchdenken, bevor sie das Gespräch suchen, und nehmen dann genau und fundiert Stellung, wenn sie sich eine eigene solide Meinung gebildet haben.

Informationsbeschaffung

Praktische und kreative Informations-beschaffung

Im Umgang mit anderen sammeln und nutzen die Teammitglieder verschiedene Arten von Informationen. Das tun sie entweder auf praktische oder kreative Art und Weise. Praktisch orientierte Menschen ziehen es vor, Informationen konzentriert für die zu bewältigende gegenwärtige Aufgabe zu sammeln, mit bewährten Ideen zu arbeiten und Fakten und Details große Aufmerksamkeit zu widmen, während Menschen mit der Präferenz für kreative Informationssammlung zukunftsorientiert sind und permanent nach neuen Möglichkeiten und Ideen Ausschau halten.

Entscheidungsfindung

Analytische und wertorientierte Entscheidungs-findung

Wenn die Informationen gesammelt sind, ist es notwendig, Entscheidungen zu treffen. Einige tun dies auf analytische Art und Weise, erstellen Kriterien für die Entscheidungsfindung und suchen nach Lösungen, welche die angestrebten Ergebnisse optimieren. Andere tendieren dazu, Entscheidungen aufgrund ihrer inneren Überzeugungen zu treffen, so dass persönliche Grundhaltungen und Werte einen viel größeren Einfluss auf ihre Entscheidungsfindung haben.

Organisation

Strukturierte versus flexible Organisation

Entscheidungen müssen innerhalb eines Organisationsrahmens realisiert und ihre Umsetzung muss gut organisiert werden. Einige Menschen lieben einen strukturierten Rahmen, um sich selbst und andere

248

zu organisieren. Sie ziehen es vor, dass alles klar und sauber gegliedert ist und schnell gehandelt wird, um Probleme zu lösen. Andere ziehen einen flexiblen Ansatz vor, um sich und andere zu organisieren. Sie nehmen sich Zeit, um eine Situation sorgfältig zu erkunden, und warten mit ihren Entscheidungen, bis sie alle Informationen besitzen, die sie benötigen. Sie machen Umfragen bei Experten oder Kollegen, lesen vielleicht einen oder mehrere Artikel in Fachzeitschriften oder surfen im Internet. Sie machen sich viele Gedanken, eine Lösung von verschiedenen Seiten zu beleuchten. Sie sind offen, neugierig und gehen mit Terminsetzungen lockerer um. Sie können ihre Meinung schnell ändern, wenn neue Informationen auftauchen, die es geraten erscheinen lassen, Veränderungen in den Blick zu nehmen. Sie widmen ihre Zeit lieber der Diagnose der Situation und neigen dazu, das Umsetzen und „Abschließen" aufzuschieben, bis sie so viel Informationen wie möglich gesammelt haben.

Die Teamrollen

Im Verlauf vieler Diskussionen und Gespräche mit Menschen an ihrem Arbeitsplatz und in Teams entstand das Team-Management-Rad. Die acht Rollen erhielten ihre Namen, indem ihre typischen Verhaltensweisen und Merkmale mit den von ihnen bevorzugten Arbeitsfunktionen in Beziehung gesetzt wurden.

8 Teamrollen

Kreativer Innovator
Menschen mit einer Vorliebe für innovative Arbeiten bezeichneten sich selbst als *kreative Innovatoren*. Sie probieren gerne neue Ideen aus.

Entdeckender Promoter
Menschen, die gern Produkte und Dienstleistungen promoten, sagten häufig, dass sie sich als Entdecker verstehen, die immer auf der Ausschau nach neuen Möglichkeiten sind. Sie erhielten den Namen *entdeckende Promoter*.

Auswählender Entwickler
Menschen mit einer Tendenz zum Entwickeln von Plänen und Prozessen sagten, dass sie sich motiviert fühlten, wenn sie Ideen und Mög-

249

lichkeiten zu bewerten hatten, um herauszufinden, ob sie brauchbar waren. Die Autoren fanden, dass unter einer Reihe von Namen die Bezeichnung *auswählende Entwickler* gut zu ihnen passte.

Zielstrebiger Organisator

Mitarbeiter, die gern Prozesse, Ressourcen und Menschen organisierten, sagten, dass sie gern zielstrebig auf ihr Ziel losgingen und aktiv wurden, um festzulegen, wer was bis wann dafür tun sollte. Sie wollten Resultate sehen – so entstand der Name *zielstrebiger Organisator*.

Systematischer Umsetzer

Menschen, die gern systematisch vorgehen, um Produkte und Dienstleistungen zu erstellen, beschrieben, dass sie gern nach Plan arbeiten, um Probleme erfolgreich zu bewältigen.

Kontrollierender Überwacher

Sie beschrieben sich als Menschen, die gern detailgenau Prozesse und Vorgehensweisen überprüfen, um die Qualität zu sichern.

Unterstützender Stabilisator

Diese Menschen sagten, dass für ihr Engagement innere Überzeugungen, Werte, wie zum Beispiel „sinnvolle Arbeit" und Prinzipien, wichtig seien, um gut arbeiten zu können. Ihnen lag am Herzen, die Infrastruktur in Schuss zu halten, andere zu unterstützen, für eine gute Unternehmenskultur und für guten Zusammenhalt im Team zu sorgen, damit es seine Ziele erreichte.

Informierter Berater

Sie haben Freude daran, wichtige Informationen einzuholen und weiterzugeben, Markttendenzen zu beobachten, für einen guten Informationsfluss zu allen Beteiligten zu sorgen – im Team, zu den Entscheidern im Unternehmen, zum Kunden hin.

Abb. 4: Das Team-Management-Rad von Margerison-McCann

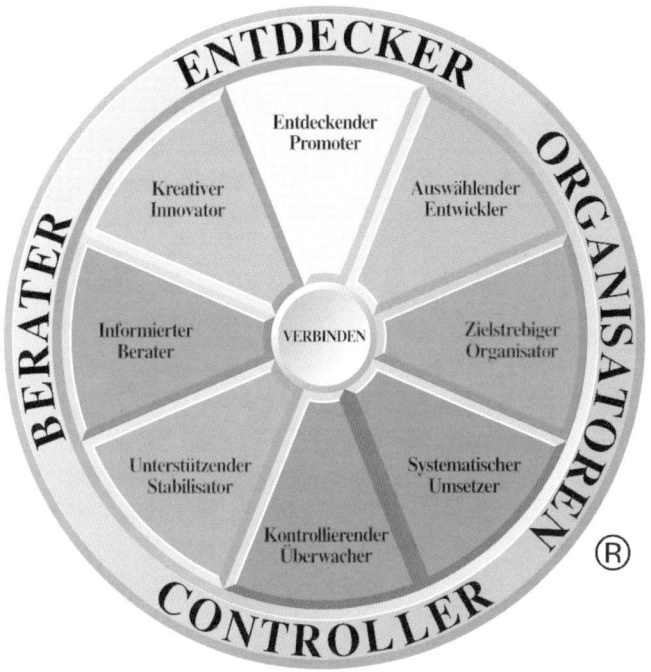

Das Team-Management-Rad von Margerison-McCann ist eine eingetragene Marke.

Verbinden als Dreh- und Angelpunkt des Teamerfolgs

Der Kreis in der Mitte des Rades bildet die Nabe, um die sich alles dreht. Die Verschiedenheit von Arbeitsstilen und Sichtweisen bietet viele Chancen, aber auch Boden für Konflikte in jedem Team. Daher ist das zielorientierte „Verbinden" und Bündeln der Vielfalt (Englisch: „Linking" = Koordinieren, Kooperieren, Vernetzen, Brücken schlagen) der „Dreh- und Angelpunkt" des Teamerfolgs. Verbinden ist vor allem soziale Führungskompetenz. Verbinden ist keine Teamrolle, sondern ein Bündel von sozialen und Führungsfähigkeiten. Im Rahmen der Teamerfolgsforschung konnten elf Linking Skills beobachtet werden, die jede Führungskraft trainieren kann. „Linking" kann von jeder Teamrolle aus wahrgenommen werden, wird in der frühen Phase eines Teams jedoch Aufgabe der Führungskraft, z. B. des Projekt- oder Teamleiters sein. In reifen Teams und Hochleistungsteams fühlen sich alle

Soziale Führungskompetenz „Verbinden"

251

Teammitglieder hierfür verantwortlich und können je nach Präferenz verschiedene Linking Skills einbringen.

Durchführung einer Analyse

Der Proband erhält den TMPF als Papierfragebogen oder als elektronischen Fragebogen, den er auf seinem Rechner ausfüllen kann. Die Angaben zu seiner Person können anonymisiert werden, er kann bestimmen, wie mit dem Fragebogen und seinen Daten nach Profilerstellung umgegangen wird (Zurücksenden des Fragebogens, Löschen der Daten oder Aufbewahren zur Erstellung weiterer Ausdrucke oder Sprachversionen zu einem späteren Zeitpunkt).

Keine „richtigen"
Antworten

Der Proband wird mündlich und schriftlich darauf hingewiesen, dass jede Person im Hinblick auf die Arbeitspräferenzen unterschiedliche Vorlieben haben kann und dass alle Präferenzen für erfolgreiche Teamarbeit gebraucht werden, es somit keine richtigen oder falschen Antworten gibt. Er wird gebeten, entsprechend der Art und Weise zu antworten, wie er gerne arbeitet, unabhängig vom derzeitigen Beruf oder der Art der Tätigkeit, die zurzeit im Beruf von ihm gefordert ist, und unabhängig davon, wie er seiner Meinung nach arbeiten sollte. Alle Fragen sind im Blick auf die berufliche Tätigkeit zu beantworten – die Vorlieben zu Hause oder in der Freizeit könnten durchaus ganz anders sein. Die Testperson erhält Informationen zur Gewichtung der Fragen und füllt dann mit einem Zeitaufwand von 10 bis 15 Minuten den Fragebogen aus.

TMP-Varianten

Der ausgefüllte TMPF kann vom TMS-Berater anhand einer Windows-Software ausgewertet oder dem TMS-Bürozentrum zur Auswertung und Profilerstellung zugesandt werden. Das Software-Programm erstellt auf der Basis dieser Werte das persönliche Team-Management-Profil (TMP). Durch Zusammenstellung der je nach Kombination und Ausprägung der Präferenzen verschiedenen Textbausteine können 208 verschiedenartige TMP-Varianten erstellt und ausgedruckt werden. Die Auswertung enthält das 12 bis 14 Seiten umfassende persönliche Profilfeedback, das farbige Teamrad mit den Markierungen für die drei Hauptrollen und ein erklärendes Handbuch in leicht lesbarer Frage-

Antwort-Form (Umfang 22 Seiten). Ein gesonderter Überblick auf einer Seite über ein Einzelprofil oder alle Profile für ein Team kann als Profilzusammenfassung gesondert erstellt und ausgedruckt werden. Es enthält die Teamrollen, Richtung und Ausprägung der Arbeitspräferenzen mit Brutto- und Nettowerten und ist als Support für die Hand des Beraters gedacht.

Nutzen für den Anwender

Die Team-Management-Profile beziehen sich in erster Linie auf das Verhalten im Arbeitsbereich und nicht auf die Gesamtpersönlichkeit. Das bevorzugte Verhalten in beiden Bereichen kann verschieden sein.

Leistungsfähigkeit und Stärkenentwicklung

Team-Management-Profile unterstützen Führungskräfte und Teammitglieder darin, ihre Leistung zu verbessern und ihre Potenziale intensiver wahrzunehmen und zu betonen. Mit dem Profilfeedback unterstützen TMS-Trainer und -Berater die Teammitglieder dabei, ihre potenziellen oder vorhandenen Stärken zu sehen, zu verstehen und zu erkennen, wie jeder Mitarbeiter einen wichtigen Beitrag zum Teamerfolg leistet. Stärken werden beschrieben, anderen im Team mitgeteilt und können so gezielt je nach Aufgabenstellung und Projektziel bewusst genutzt und zusammengeführt werden.

Stärken betonen

Gegenseitiges Verständnis

Jeder wird sich seiner Präferenzen als Stärken bewusst – und weiß um die Stärken der anderen im Team. Wie ergänzen sich die verschiedenen Stärken sinnvoll? Wenn die Teammitglieder ihre Team-Management-Profile nebeneinander legen, erkennen sie das Ergänzungspotenzial. Das bewirkt, dass sie sich in ihrer Verschiedenheit wertschätzen und zuarbeiten können. Sie beginnen, arbeitsbezogene Absprachen zu treffen, neben ihren Kompetenzen auch ihre Arbeitspräferenzen mit ihrer Aufgabenpalette in Einklang zu bringen.

Ergänzungspotenziale

253

Sprache von Führungskräften

Sachliche Sprache

Die Profile sprechen die arbeitsbezogene Sprache von Führungskräften und verzichten auf psychologisches Vokabular. Das erhöht den Nutzen für Selbstmanagement und Team-Management in diesem Bereich. Der Feedbacktext ist entwicklungsfördernd formuliert. TMPs finden daher eine hohe und schnelle Akzeptanz.

Feedback

Team-Management-Profile sind ausgefeilt und ausführlich. Die „Trefferquote" liegt in der Regel bei 85 bis 90 Prozent. Das Team-Management-Profil beschreibt die individuelle Kombination von Arbeitspräferenzen, die Mitarbeitern häufig nicht bewusst ist.

Differenziertes Feedback

Differenziertes Feedback wird gegeben zu ausgewählten zentralen Themen, die für die eigene Leistungsbereitschaft und Arbeitszufriedenheit wichtig sind: Führungsstil, Art der Entscheidungsfindung, Kommunikation mit anderen, bevorzugte Strategien der Teambildung, empfohlene Delegations- und Kooperationsformen und Erfolg versprechende Synergiebildungen mit anderen Teamrollen. Das TMP-Feedback enthält beschreibende und entwicklungsfördernde Informationen für die eigene Präferenz.

Individuelle und Teamberatung

Entwicklungspotenziale ausloten

Akkreditierte TMS-Trainer und -Berater bieten TMPs nicht als allein stehende Ware, sondern nur im Rahmen von Beratungsleistungen oder Trainings an. So können Fragen gestellt, berufliche Entwicklungspotenziale ausgelotet, gezieltes Management-Development abgesprochen und Stärken im Team richtig eingesetzt und verbunden werden. Führungskräfte und Projektleiter erfahren, wie sie Teams leistungsfähig zusammensetzen, entwickeln und ihre Gruppe zur Teamfähigkeit führen.

TMS als dynamisches Modell

Obwohl die Teamrollen relativ stabil sind, können sich dennoch im Laufe der Zeit Veränderungen der Arbeitspräferenzen und damit der Teamrollen ergeben. Margerison-McCann beschreiben diese dynamische Entwicklung als „career journey". Diese entsteht zum Beispiel durch neue Zielsetzungen, durch bewältigte Herausforderungen und allgemein durch die berufliche Entwicklung. Es handelt sich bei TMS somit um kein festlegendes statisches Gerüst, sondern um ein dynamisches Modell, das mögliche Veränderungen der Präferenzen im Laufe der beruflichen Entwicklung präzise erkennt und seismographisch zurückmeldet. Viele Führungskräfte nutzen diese wichtigen Informationen für ihre persönliche Laufbahnplanung und lassen ihr TMP alle zwei Jahre erstellen.

Persönliche Laufbahnplanung

„Wenn wir anderen Wissen und Verständnis dafür vermitteln, wo ihre Präferenzen liegen, geben wir ihnen die Möglichkeit, eine Wahl zu treffen. In einem Team, in dem jeder Einzelne viel von dem tut, was er gern tut, erhöhen sich die Energie, die Begeisterung, das Engagement und die Motivation um ein Vielfaches – und dann schaffen Sie ein Hochleistungsteam." (Charles Margerison und Dick McCann)

TMS-Anwendung

Das TMP wird in den Bereichen Personal-, Führungskräfte-, Team- und Organisationsentwicklung eingesetzt als:

Analyseinstrument
- Erhebung der Arbeitspräferenzen
- Abgleich des Aufgabenprofils mit Kompetenzen und Präferenzen einzelner Mitarbeiter
- Erstellen eines Gesamtpräferenz-Profils für ein Team oder eine Abteilung („Teamstatus");

Entwicklungsinstrument

Personal-, Team- und Organisations- entwicklung

– Zielvereinbarungen im Mitarbeitergespräch auf Basis von Stellen-/Tätigkeitsbeschreibung, Kompetenzen und Präferenzprofil

– Laufbahnberatung und -entwicklung

– gezielte Weiterbildung und Management-Development

– Teamentwicklung;

Führungsinstrument

– Teambildung nach Kompetenz und Präferenz

– Bestehende Teams ausgewogener machen

– Schließen von Lücken im Team

– Arbeit nach Kompetenz und Präferenz verteilen

– Delegation

– Verbesserung der Effektivität der Teamarbeit;

Kommunikationsinstrument

– Kennen und Beachten unterschiedlicher Kommunikationsstile

– Perspektivenwechsel bei komplexen Aufgabenstellungen

– Konflikte sachlich bewältigen.

Abb. 5: TMS-Anwendungsbereiche

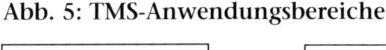

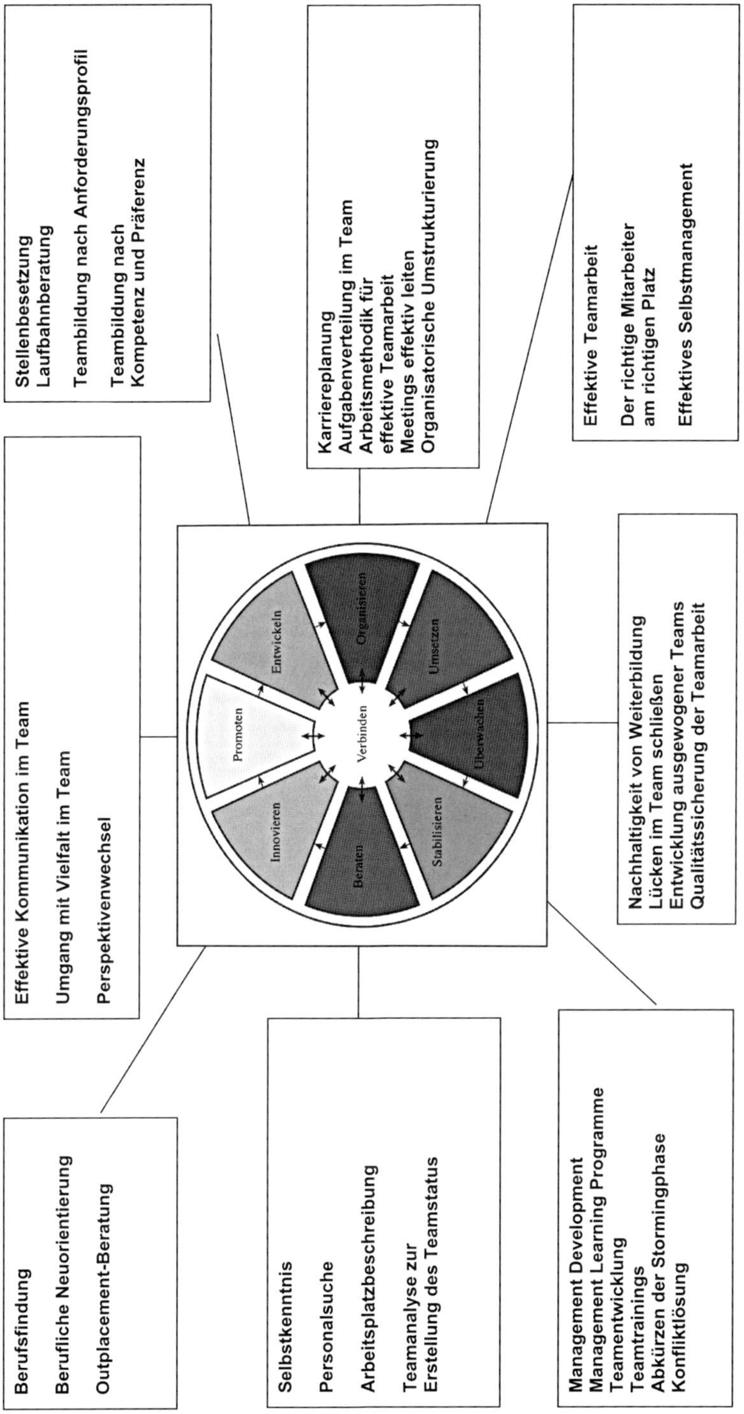

Stellenbesetzung
Laufbahnberatung

Teambildung nach Anforderungsprofil

Teambildung nach
Kompetenz und Präferenz

Karriereplanung
Aufgabenverteilung im Team
Arbeitsmethodik für
effektive Teamarbeit
Meetings effektiv leiten
Organisatorische Umstrukturierung

Effektive Teamarbeit

Der richtige Mitarbeiter
am richtigen Platz

Effektives Selbstmanagement

Effektive Kommunikation im Team

Umgang mit Vielfalt im Team

Perspektivenwechsel

Nachhaltigkeit von Weiterbildung
Lücken im Team schließen
Entwicklung ausgewogener Teams
Qualitätssicherung der Teamarbeit

Berufsfindung

Berufliche Neuorientierung

Outplacement-Beratung

Selbstkenntnis

Personalsuche

Arbeitsplatzbeschreibung

Teamanalyse zur
Erstellung des Teamstatus

Management Development
Management Learning Programme
Teamentwicklung
Teamtrainings
Abkürzen der Stormingphase
Konfliktlösung

Entwickeln
Organisieren
Umsetzen
Promoten
Verbinden
Überwachen
Innovieren
Beraten
Stabilisieren

257

Marktpräsenz und Lizenzierung

Marktpräsenz

Auf dem internationalen Trainings- und Weiterbildungsmarkt ist das TMS in Australien seit 1985, den USA, England, Hongkong und Neuseeland seit 1986 vertreten. In den folgenden Jahren wurde es nach und nach in 80 verschiedenen Ländern eingeführt und genutzt.

Auf dem deutschsprachigen Trainings- und Weiterbildungsmarkt wurde es in der Schweiz, Österreich und Deutschland 1989 eingeführt. Pro Jahr werden im deutschsprachigen Raum etwa 3.500 Analysen durchgeführt, bisher insgesamt 30.000. Weltweit wurden bisher 700.000 Analysen erstellt.

Im deutschsprachigen Netzwerk arbeiten zurzeit 500 akkreditierte Trainer, weltweit sind es etwa 5.000 (Stand: Januar 2002).

Autorisierung für Personalentwickler, Weiterbilder und Trainer

Mehrjährige Trainingserfahrung Voraussetzung

Voraussetzung für eine Lizenzierung ist eine mehrjährige berufliche Erfahrung als Personalfachmann, Trainer, Berater, Coach oder in einem verwandten Bereich. Die Lizenzierung zum TMS-Berater und -Trainer erfolgt in zweitägigen Akkreditierungsworkshops, die als offene oder betriebsinterne Seminare angeboten werden. Ein umfangreiches TMS-Trainerhandbuch erschließt die vielfältigen Praxisfelder. Die TMS-Akkreditierung mit weltweit gültigem Zertifikatsabschluss berechtigt dazu, die TMS-Konzepte, TMS-Strategien und das TMP zu nutzen. Nach ein bis zwei Jahren Praxis kann eine Ausbildung zum TMS-Master-Trainer besucht werden, die sich über 18 Monate erstreckt.

Als Hilfe zur Umsetzung und Anwendung erhält jeder TMS-Trainer bei der Akkreditierung ein TMS-Trainerhandbuch mit umfangreichem Praxisteil und Folienvorlagen. Weiterhin stehen ein magnetisches Demonstrationsrad, Arbeitshefte, Farbfoliensätze für verschiedene Anwendungsbereiche wie TMS-Präsentationen, Bildung ausgewogener Teams, Teamführung und Organisationsentwicklung zur Verfügung.

258

Service

- Für Firmen maßgeschneiderte Inhouse-Akkreditierungen
- Telefon-Hotline für TMP-Softwarekunden
- Büroservice für Profilerstellung mit 48-Stunden-Garantie
- Persönlicher Support für die inhaltliche Arbeit mit TMS
- Entwicklung von Konzepten für Beratung, Teambildung, Training und Personalentwicklung auf Anfrage
- Organisation von TMS-Trainernetzwerk-Treffen zu Neuentwicklungen mit dem Autor Dick McCann, mit Workshops erfahrener Anwender und Erfahrungsaustausch
- TMS-Master-Ausbildungsreihen zur weiteren Qualifizierung

Umfangreicher Service

Kosten

Die Preise für das TMP werden von TMS Development International Ltd. in York (GB), dem TMS-Hauptlizenznehmer für Europa, Afrika, den Nahen und Mittleren Osten, festgesetzt. Ein TMS-Profil kostet 163 EUR (Stand Januar 2002). Für Honorarvereinbarungen zu Beratungen und Coachings gelten die für diesen Bereich marktüblichen Vereinbarungen und Preise.

Die Kosten der Lizenzierung betragen 1.012 EUR (Stand: Januar 2002). Die Profile können im eigenen Büro erstellt oder über ein TMS-Bürozentrum bezogen werden. Kosten auf Anfrage.

Kontakt

Lizenziertes TMS-Akkreditierungs- und Bürozentrum
Forum für Teamentwicklung Hartmut Wagner
Mittelstr. 24
D-58511 Lüdenscheid
Tel.: (0 23 51) 98 35 33
Fax : (0 23 51) 98 35 34
E-Mail: info@tms-zentrum.de
Internet: www.tms-zentrum.de

Lizenziertes TMS-Bürozentrum
Time/system Schweiz
Gewerbestr. 4
CH-8162 Steinmaur
Tel.: +41-1-854-7447
Fax: +41-1-854-7454
E-Mail: kundendienst@timesystem.ch
Internet: www.timesystem.ch

TMS-Zentrale für Europa:

TMS Development International Ltd.
128 Holgate Road
York Y024 4FL
England
Tel.: +44-0-1904-641 640
Fax : +44-0-1904-640 076
E-Mail: enquiry@tmsdi.com
Internet: www.tmsdi.com

Literatur, Materialien und andere TMS-Produkte

Literatur

Margerison, Charles / McCann, Dick: *Team Management – Practical New Approaches*. Management Books 2000

Margerison, Charles / McCann, Dick: *Team-Management-Profil-Handbuch. Fragen und Antworten rund um das Team-Management-Profil.*

McCann, Dick / Stewart, Jan: *Äsops Management-Fabeln. Vom fehlerhaften zum fabelhaften Management.* Wien: Signum Business 1998

McCann, Dick: *Das Team-Management-System in dynamischer Entwicklung.* Übers. von H. Wagner. Lüdenscheid 1999

McCann, Dick: *Erfolgsfaktoren für Führungskräfte in einer Welt des Wandels.* Übers. von H. Wagner, Lüdenscheid 2001

Mead, Nikki (Hrsg.): *Institute of Team Management Studies. Research Manual*. Brisbane: New Edition 1999

Mills, Terry: *Leistungsorientierung in Teams. Ein Unigate-Erfahrungsbericht*. Übers. von H. Wagner. Neckarbischofsheim 1998

Wagner, Hartmut: *Was macht Teamarbeit erfolgreich? Eine Einführung in das Team-Management-System nach Margerison/McCann*. Lüdenscheid 2000

Wagner, Hartmut: *Ausgewogen zum Dream Team*. In: manager seminare Januar / Februar 2001

Materialien

Margerison, Charles / McCann, Dick: *High Energy Teams Workbook*. Brisbane: Team Management Systems 1997; Bezug: Forum für Teamentwicklung

TMS-Demo-Rad-Profiausstattung: Einzelsegmente des Rads mit Magnetelementen für Flipchart, Konferenztisch oder Auslegen auf dem Boden

TMS-Teamrollenmerkmale: 100 Karten, achtfarbig, zum sternförmigen Auslegen um das Rad

Der Autor

Hartmut Wagner, studierter Anglist und Romanist, ist Leiter und Master-Trainer des TMS-Zentrums der deutschsprachigen Länder in Lüdenscheid. Er ist Gründer des SKILL-Instituts (Kreativ Lehren und Lernen). Seit 1995 leitet er im Auftrag der TMS-Autoren Margerison/McCann und mit Lizenz von Team Management Development International Ltd. in York (GB) das TMS-Akkreditierungs- und Bürozentrum. Er bildet TMS-Trainer und -Berater in Akkreditierungsseminaren aus (offene und Inhouse-Seminare), veranstaltet Workshops für Führungkräfte und Teams. Hartmut Wagner koordiniert das Netzwerk von 500 TMS-Trainern und -Beratern.

Teil 3

Ausblick und Synopse

HELMUT FUCHS / ANDREAS HUBER

Das Reiss-Profil (RP®) – ein neuer Ansatz zur Persönlichkeitsanalyse

Überblick

Was bestimmt Ihr Leben: Was ist Ihnen wirklich wichtig? Erfolg, Reichtum, Karriere? – oder Familie? Erotik? Was macht Sie glücklich? Wie US-Psychologe Steven Reiss nach jahrelangen Forschungen mit Tausenden Versuchspersonen herausfand, bestimmen nicht nur ein oder zwei Motive unser Dasein, sondern 16 existenzielle Bedürfnisse und Werte – unsere *Lebensmotive*. Dabei hat jeder Mensch – wie einen individuellen Fingerabdruck – ein unverwechselbares „*Motivprofil*".

16 Lebensmotive

Steven Reiss, Psychologie-Professor an der Universität Ohio, begann seine umfangreiche empirische Arbeit über die Motive menschlichen Verhaltens Mitte der 90er-Jahre. Zusammen mit der Psychologin Susan Havercamp erfasste er etwa 400 unterschiedliche Ziele, die in einer bis 1998 dauernden Phase 16 grundlegenden Motiven zugeordnet werden konnten.

In der zweiten Untersuchungsphase wurden diese 16 „Letzt-Motive" mit über 3.500 Versuchsteilnehmern in den USA, Kanada und Japan auf Vollständigkeit und kulturübergreifende Allgemeingültigkeit überprüft.

Das Reiss-Profil (RP®) ist einfach anzuwenden: Für die Beantwortung der 128 Fragen braucht man etwa 10 bis 15 Minuten. Das RP kann als Individual- oder Partnertest durchgeführt werden.

Individual- oder Partner-Profil

Der Test wird mit einem Software-Programm ausgewertet, der Proband erhält neben einem grafischen Farb-Motivprofil eine detaillierte Beschreibung und Interpretation seines Profils.
Das RP darf nur von ausgebildeten Psychologen oder einem „RP-Master" durchgeführt und interpretiert werden.

265

Entwicklung und wissenschaftlicher Hintergrund

16 Motive In vielen Studien und Untersuchungen mit insgesamt über 7.000 Männern und Frauen in den USA, Kanada und Japan bestätigte sich Reiss' Persönlichkeits- und Motivationstheorie: Allen menschlichen Verhaltensweisen liegen 16 Motive zugrunde – *Macht, Unabhängigkeit, Neugier, Anerkennung, Ordnung, Sparen, Ehre, Idealismus, Beziehungen, Familie, Status, Rache, Romantik, Ernährung, körperliche Aktivität* und *Ruhe*. Diese Motive, Wünsche und Werte bestimmen unser Leben: Sie sind der Stoff, aus dem wir gemacht sind und der unserer Existenz Sinn und Bedeutung verleiht. Die Lebensmotive bestimmen unser Verhalten von innen her und motivieren uns „intrinsisch".

Mittel und Zweck von Verhalten Um Missverständnissen vorzubeugen, weist Reiss auf den wichtigen Unterschied zwischen Mitteln und Zweck unseres Verhaltens hin. Obwohl jedes einzelne Lebensmotiv zwar auch Mittel sein kann, um andere Werte und Wünsche zu erfüllen – Sexualität im Dienste der Macht oder Loyalität im Dienste von Status und so weiter –, gibt es neben diesen 16 Grundmotiven kein weiteres „Verhaltensmittel", das als Selbstzweck dienen könnte und um seiner selbst willen ausgeführt wird.

So glauben Kritiker beispielsweise nicht, dass Sexualität mit „Schönheit" zusammenhängt oder konkurrentes Verhalten mit „Rache" und „Aggressivität" zu tun hat, sondern mit dem Statusmotiv. Dabei wird meist übersehen, dass unsere Motive keine Mittel sind, sondern Zwecke, die sich selbst genügen. Konkurrenz kann natürlich ein Mittel sein, um seinen Status zu verbessern – für die Definition des Motivs ist dies aber unwichtig. Die entscheidende Frage, ob die innere Freude am Wettbewerb immer mit der Freude am Status zusammenhängt, muss mit Nein beantwortet werden.

Wie Steven Reiss betont, unterscheidet sich seine Motivations- und Persönlichkeitstheorie durch die breite empirische Fundierung grundlegend von bisherigen psychologischen Modellen. So seien zwar James, McDougall oder Maslow auf dem „richtigen Weg" gewesen, hätten aber keine sichere Datenbasis gehabt. Obwohl sich Reiss in der „Tradition des wegbereitenden motivationalen Konzepts von Maslow" versteht, definiert er die Motive unterschiedlich, weil Maslow nicht eigentlich empirisch forschte, sondern von seiner persönlichen Erfahrung und den Biografien bedeutender Persönlichkeiten ausging.

Die psychometrischen Daten für das Reiss-Profil sind robust: So liegt die durchschnittliche Test-Retest-Reliabilität der 16 Motive bei 0.84 (die geringste 0.74), die interne Reliabilität bei 0.86 (die geringste 0.72). Da mehr als 81 Prozent der Interkorrelationen der *16 Motive* einen absoluten Wert unter r = .2 aufweisen, kann man davon ausgehen, dass sie *weitgehend unabhängig* sind.

Psychometrische Daten

Kernaussagen und Ergebnisse

Motivhierarchien

Während für Maslow beispielsweise das Streben nach Ordnung demjenigen nach Sicherheit – oder „Sparen" – gleichwertig war, zeigen die Daten von Reiss' Forschung ein anderes Bild. So ist vor allem die von Maslow postulierte Motivhierarchie, in der er einige Werte anderen gegenüber als wichtiger oder höher definierte, für Reiss nicht haltbar: Es gibt für Reiss *keine universelle* oder für alle Menschen verbindliche *Wert- und Motivhierarchie* – vielmehr bevorzugt jeder Mensch die Werte und Motive seines Lebens in ganz *einzigartiger* Weise. Reiss betont daher, dass menschliches Verhalten sehr viel individueller verstanden werden müsse, als Maslow und viele andere Psychologen dachten.

Keine Motivhierarchie

Daher findet Reiss auch auf traditionelle Fragen neue Antworten – beispielsweise, ob Workaholics professionelle Unterstützung brauchen, um von ihrer „Sucht" loszukommen, ob man schüchternen Mitarbeitern oder „motivationsschwachen", uninteressierten Schülern helfen sollte, sich „normal" zu verhalten? Im Gegensatz zu vielen Klischees und Vorurteilen sind solche und andere Verhaltensweisen für den Motivationsforscher Reiss nämlich kaum problematisch: Diese Menschen sind mit ihrem Leben genauso glücklich oder unglücklich wie andere, so der Psychologieprofessor, nur ihre Persönlichkeits- und Motivationsstruktur ist etwas anders.

Individuelles Motivationsprofil

Besonderen Wert legt Reiss auf die individuellen Grundlagen. Im Gegensatz zu vielen anderen Motivationskonzepten geht es ihm weniger darum, ob alle Menschen diese 16 „Lebensgründe" teilen, sondern eher darum, wie sehr sie sich darin unterscheiden. *„Was Menschen so einzigartig macht"*, betont der Psychologe, *„ist die jeweilige Kombination dieser Bedürfnisse und was sie für den Einzelnen bedeuten."* Wie der von ihm entwickelte Persönlichkeitstest des Reiss-Profils zeigt, hat jeder Mensch ein charakteristisches Motivationsprofil: Wir sind viel individueller und einzigartiger, als Psychologen bisher meinten. Rein statistisch kann das Reiss-Profil zwei Milliarden unterschiedliche Motivstrukturen abbilden.

RP nicht „absolut"

Das Motiv- und Persönlichkeitskonzept von Reiss unterscheidet sich fundamental von bisherigen Modellen der Motivationspsychologie, da es menschliches Handeln nicht auf wenige, vermeintlich „absolute" Motive oder Triebe reduziert – ob hedonistisches „Glücksstreben" oder biologischer Überlebenswille, die Libido Freuds, der Machttrieb Adlers oder die zunehmende „Selbstverwirklichung" Maslows.

Vor allem das „Glück" oder „Vergnügen" ist nicht die letzte Motivation, wie auch viele moderne Psychologen glauben: Glück oder Zufriedenheit ist ein Nebenprodukt, wenn wir das erreichen, was wir wirklich wollen – es kann aber nie das eigentliche Ziel sein. So werden selbst unangenehme Erlebnisse nicht vermieden, sondern vielmehr angestrebt, wenn sie im Dienste der höheren Sache stehen: Eine Blutspende etwa wird zwar kaum als glücksfördernd erfahren, dennoch kann sie den Spender als wertbasierte Handlung glücklich machen, wenn man damit jemandem helfen kann und will.

Wohlfühlglück und Werteglück

Reiss unterscheidet das eher *zufällige „Wohlfühlglück"* – wenn man einen schönen Urlaubstag erwischt, ein Glas Wein genießt oder vielleicht im Lotto gewinnt – vom sehr viel entscheidenderen „Werteglück": Im Gegensatz zum flüchtigen „Zufallsglück" hinterlassen im großen Schicksalsbuch unseres Lebens nur die *wertevermittelten Glücksgefühle* dauernde Spuren.

Reiss kritisiert nicht das Zufallsglück durch angenehme Erfahrungen, wenn wir uns auf Partys oder im Kino amüsieren, einen Kick suchen oder dem Rausch hingeben. Da aber nur das wertevermittelte Glück dem Leben wirklichen Sinn verleiht, werden nur diejenigen ein „überdauerndes, tiefes und erfüllendes Glück" erfahren, so die Botschaft des Psychologen, die ihre wirklichen Motive und Lebensgründe kennen und sich von ihnen begeistern lassen. Daher steht das wirkliche Glück auch jedem Menschen offen: Völlig unabhängig davon, ob schön und reich oder auch nicht – jeder hat die gleichen Chancen, sein Leben an den Werten zu orientieren, die es bedeutungsvoll machen. Es gibt nicht einen Weg zum Glück, sondern so viele, wie es Menschen gibt.

Dabei führt auch der häufig als absolut gedachte (Neo-)Darwin'sche „Lebenswille" in eine motivationspsychologische Sackgasse. Der Lebenswille ist nämlich immer nur ein Mittel, um den höheren Zweck eines Werteglücks zu erreichen. *Überleben zu wollen ist eine Wahl*", betont Reiss nachdrücklich, *„und kein biologischer Imperativ, den uns unsere Gene diktieren."*

Das Leben ist nicht der Zweck unserer Daseins, sondern es ermöglicht uns, das zu erreichen, was uns wertvoll ist. Wie beispielsweise die vielen Überlebenden der Nazi-KZs zeigen, haben die Menschen diese Zeit nicht überstanden, weil sie einem „biologischen Instinkt" zum Überleben gefolgt wären. Sondern weil sie sich Werte bewahren konnten, die ihnen das Leben trotz allem sinnvoll machten: anderen zu helfen etwa, die Hoffnung auf ein Wiedersehen mit den Kindern und der Familie oder den Sinn für die Schönheit der Natur.

Die *16 Lebensmotive* umfassen im Wesentlichen folgende Verhaltensmerkmale:

- *Macht*: Streben nach Erfolg, Leistung, Führung und Einfluss;
- *Unabhängigkeit*: Streben nach Freiheit, Selbstgenügsamkeit und Autarkie;
- *Neugier*: Streben nach Wissen und Wahrheit;
- *Anerkennung*: Streben nach sozialer Akzeptanz, Zugehörigkeit und positivem Selbstwert;

- *Ordnung:* Streben nach Stabilität, Klarheit und guter Organisation;
- *Sparen:* Streben, Eigentum und materielle Güter anzuhäufen;
- *Ehre:* Streben, moralisch, loyal und charakterlich integer zu leben;
- *Idealismus:* Streben nach Gerechtigkeit und Fairness;
- *Beziehungen:* Streben nach Freundschaft, Freude und Humor;
- *Familie:* Streben nach einem Familienleben und vor allem danach, eigene Kinder zu erziehen;
- *Status:* Streben nach „social standing", nach Reichtum, Titeln und öffentlicher Aufmerksamkeit;
- *Rache:* Streben nach Konkurrenz, Kampf, Aggressivität und Vergeltung;
- *Romantik:* Streben nach einem erotischen Leben, Sex und Schönheit;
- *Ernährung:* Streben nach Essen und Nahrung;
- *Körperliche Aktivität:* Streben nach Fitness und Bewegung;
- *Ruhe:* Streben nach Entspannung und emotionaler Sicherheit.

Praktische Konsequenzen des RP

Folgen des Reiss-Ansatzes
Reiss' Forschung hat enorme praktische Konsequenzen in Erziehung, Familie und Partnerschaft, ebenso wie für den beruflichen Erfolg und das Lebensglück insgesamt. Reiss kritisiert insbesondere unser Bildungswesen, weil es von der Prämisse ausgeht, alle Kinder seien „neugierig" und hätten von Natur aus ein ähnliches Lernpotenzial. Seine Befunde zeigen aber sehr deutlich, dass sich Kinder und Erwachsene gleichermaßen darin unterscheiden, wie sehr sie *Spaß an Neuem* empfinden: „Ein Kind kann sehr intelligent sein, ohne sich für die Schule zu interessieren." Da aber die Vorstellung, ein Mensch habe keine Freude am Lernen und werde sie nie entwickeln, weitgehend tabuisiert ist, machen Lehrer und Eltern mit ihren „Umerziehungsprogrammen" einen großen Fehler. Es sei „völlig in Ordnung, nicht neugierig zu sein", betont der Motivationsforscher. Solange das Kind gewisse Standards hält und nicht wirklich scheitert, sollten Eltern ihre Erwartungen normalisieren, da sie sonst nur eines erreichen: „die Beziehung zum Kind zu ruinieren".

Ähnliches gilt für alle Motive und Verhaltensweisen. So müsse man verstehen, dass ein Workaholic nicht deswegen unentwegt arbeitet, weil er eine innere Leere ausfüllen oder vor irgendwelchen Lebensproblemen flüchten muss, sondern seinem ausgeprägten Interesse an Macht, Leistung oder Status folgt. *„Nichts zu tun erschöpft mich“*, meinte beispielsweise Picasso, *„wenn ich arbeite, entspanne ich mich.“*

Die individuellen Antriebs- und Wertlagen beeinflussen auch unsere *Beziehungen*. So wie wir uns intuitiv zu den Menschen hingezogen fühlen, mit denen wir ähnliche Werte teilen, können wir letztlich nur dann mit den anderen glücklich werden, wenn uns die wirklich wichtigen Lebensmotive und -ziele gemeinsam sind. Unter negativen Vorzeichen bedeutet dies: Wir erschweren uns das Leben, weil wir uns wegen unterschiedlicher Motive und Interessen nicht verstehen.

Individueller Antrieb

Vor allem die Selbstbezogenheit – Reiss spricht von „self-hugging“ – vergiftet das Miteinander: Wir verstehen im Alltag oft nicht wirklich, dass andere Menschen auch andere Motive, Interessen und Wünsche haben. *„Vom Kopf her wissen wir zwar, dass sie unterschiedliche Werte und Ziele verfolgen“*, so Reiss, *„aber im Grunde genommen begreifen wir nicht wirklich, wie es sein kann, dass sie nicht genauso wie wir denken, fühlen und handeln.“*

Selbstbezogenheit

Individualität trennt dabei die Menschen wie eine Mauer: Jeder sieht nur, was auf seiner Seite passiert. Je mehr man aber in solchen Eigenperspektiven verfangen ist, desto größer wird die Gefahr, eigene Motive – „Was für mich gut ist, ist es auch für andere“ – auf Partner, Freunde oder Kollegen zu projizieren und viele unnötige Missverständnisse und Konflikte zu schaffen. Reiss unterscheidet dabei drei Aspekte:

Missverstehen
Die Konfusion, wenn man nicht glauben kann, dass sich andere wirklich anders verhalten – dass der Workaholic immer arbeitet oder der Zurückgezogene sich nicht für gesellige Veranstaltungen begeistern kann.

Selbstbezogenheit
Der Automatismus, davon auszugehen, dass man selbst die besten Werte und Motive hat, und diese auch für die anderen gelten.

271

„Werte-Tyrannei"

Der ungute (Dauer-)Versuch, die anderen mehr oder minder nachdrücklich überreden, überzeugen oder sonst wie „hinbiegen" zu wollen, ihre „falschen" Lebensprämissen doch zu lassen. Ob Eltern den Berufswunsch ihrer Kinder, Partner die Hobbys ihres Gefährten oder Teammitglieder den Arbeitsstil des Kollegen nicht akzeptieren – in diesen und vielen anderen Fällen wird „Tyrannei" früher oder später jede Beziehung ruinieren.

Kommunikative Missverständnisse

Kommunikative Missverständnisse sind dabei nie einseitig, sondern immer eine Medaille mit zwei Seiten. Wenn beispielsweise wirklich ehrgeizige Menschen und weniger Ambitionierte oder Neugierige mit weniger Wissensdurstigen zusammentreffen, werden sie wohl immer Schwierigkeiten haben, weil sich die Ambitionierten als erfolgsorientiert oder „tough" verstehen, die anderen dagegen sie für herrisch, kontrollierend und „einfach gestrickt" halten. Umgekehrt sehen sich Unambitionierte als sozial verträglich, kommunikativ und partnerorientiert, während die Ehrgeizigen sie als faul abstempeln.

Im Falle des „Arbeitssüchtigen" führt dies beispielsweise dazu, dass man glaubt, der Workaholic wäre glücklicher, wenn er wie man selbst weniger arbeiten würde, und man ihn entsprechend zu beeinflussen sucht – „obwohl jener glaubhaft versichert, sich wirklich wohl zu fühlen", wie Reiss ironisch bemerkt.

Verständnis für andere

Weil diese Denk- und Verhaltensweisen so weit verbreitet sind und sie einen selbst und die anderen früher oder später unglücklich machen, sollte jeder mit sich zu Rate gehen, ob er andere Motive und Werte wirklich toleriert. Fragt man vielleicht nicht auch, wie es sein kann, dass sich dieser oder jener nicht für Literatur interessiert? Oder für Essen? Karriere? Erotik? Schönheit? Erfolg? Wie kann man nur Rockmusik – oder Klassik – aushalten?

272

Durchführung einer Analyse

Das RP in der Personal- und Organisationsentwicklung

Das RP kann betriebswirtschaftlich vor allem zur Teambildung und zur Organisationsentwicklung eingesetzt werden. Wichtig ist dabei, dass das RP unbewusste Motive und Antriebe erkennen lässt, die neue Managementinitiativen oder Veränderungsprozesse blockieren oder fördern können.

In der Teambildung kann man Entwicklungen besser vorbereiten, trainieren und fördern, wenn man das RP im Vorfeld einsetzt, um unterschiedliche Motivstrukturen der Mitglieder zu erfassen. Danach kann man die „Ausreißer" und „Extremtypen" besser integrieren.

Teambildung

Beispiele

– *Die „Ordnungsliebenden" und die „Flexiblen":*
  Man bildet aus den besonders ordentlichen Mitarbeitern – hohe und sehr hohe RP-Ordnungswerte – und den „Unordentlichen", Flexiblen mit niedrigen RP-Ordnungswerten zwei Gruppen, die Lösungen suchen sollen zu Problemen wie
  – Wie stehen wir zu Veränderungen?
  – Sollen Vorschriften wortwörtlich eingehalten werden?
  – Wie wichtig ist es, organisiert oder flexibel zu sein?

  Betriebspsychologischer Hintergrund: Ordentliche bevorzugen stabile, „überschaubare" Arbeitsverhältnisse, während die Flexiblen sich mit verändernden, unübersichtlichen Zuständen gut arrangieren können. Dabei versuchen die Ordnungsliebenden im Arbeitsalltag praktisch immer, entsprechende Umgebungen herzustellen – ob dies für das Unternehmen gut ist oder nicht. Die Flexiblen dagegen neigen auch dann zu Veränderungen, wenn dies der Firma nicht hilft.

– *Die „Vorsichtigen" und die „Risikofreudigen":*
  Man unterscheidet die Mitglieder mit besonders hohen und geringen Ruhewerten. Diese beiden Gruppen diskutieren dann vor

273

*allem über die Frage, wie man im Unternehmen oder im Manage-
ment Risiko und Sicherheit ausbalancieren kann.*

*Betriebspsychologischer Hintergrund: Mitarbeiter mit niedrigen Ru-
hebedürfnissen lieben das „Abenteuer" – und neigen auch dann zu
riskanten Entscheidungen und Verhalten, wenn dies völlig unnötig
ist. Die Ruhigen und Ängstlichen dagegen bleiben vorsichtig und
risikoscheu – egal, ob es um überschaubare Entscheidungen geht
oder neue Wege gesucht werden müssen.*

– *Die „Solisten" und die „Herdentiere":*
*Man unterteilt die Mitglieder mit besonders hohen und niedrigen
Unabhängigkeitswerten. Diese beiden Mitarbeitergruppen diskutieren und entwickeln dann Problemlösungen zur Frage, wie man im
Unternehmen die unterschiedlichen Bedürfnisse der Mitarbeiter
nach individuellen Arbeitsbedingungen und „Teamwork" ausbalan-
ciert und welchen Wert die beiden Motive prinzipiell haben sollten.*

*Betriebspsychologischer Hintergrund: Mitarbeiter mit besonders
hohen Unabhängigkeitswerten sind „selbstgenügsam" und autark.
Sie neigen dazu, in sich selbst aufzugehen und die Fähigkeiten
und Kompetenzen anderer nicht genügend wahrzunehmen und
wertzuschätzen. Auf der anderen Seite bevorzugen die „Abhängi-
gen" in allen Berufslagen Teamwork: Sie rufen auch dann nach
Sitzungen, Meetings und Teambesprechungen, wenn die Arbeit
sehr viel besser individuell erledigt werden könnte.*

Das RP als mehrstufiger Prozess

Entwicklungs-
prozesse

Wie die praktischen Erfahrungen beim *Change Management* zeigen, unterstützt das RP Manager und Führungskräfte bei betrieblichen Ver-
änderungs- und Entwicklungsprozessen vor allem dann, wenn es in
einem mehrstufigen Prozess eingesetzt wird:

1. Das RP anonym durchführen und einen kurzen Fragebogen
   über die geplante Restrukturierung/Managementinitiative
   anschließen – zum Beispiel:

274

Meine Einstellung gegenüber der geplanten Restrukturierung kann man am besten beschreiben als
(1) Ich unterstütze sie stark
(2) Ich unterstütze sie im Wesentlichen, habe aber Einwände
(3) Ich habe noch keine feste Meinung
(4) Ich finde sie nicht gut, sehe aber auch gewisse Vorteile
(5) Ich lehne sie ab

2. Das RP danach getrennt für die Restrukturierungs-Befürworter und -Gegner analysieren.

3. Die (Gruppen-)Motive identifizieren, die systematisch mit der Pro- und Contra-Einstellung einhergehen: Gilt beispielsweise der Zusammenhang: „Je risikofreudiger die Mitarbeiter, desto stärker votieren sie für die Maßnahme?"

4. Trainingspläne entwerfen, wie das Management die „Opposition" und die Befürworter ansprechen und die gesamte Belegschaft vereinen kann.

Beispiel
Ein Automobilkonzern hat angekündigt, Produktionsanlagen schließen und ein langjähriges Erfolgsmodell nicht weiter bauen zu wollen. Wie der anonym durchgeführte Motivtest und das Mitarbeiterrating zeigen, sind 40 Prozent der Belegschaft streng gegen die Managementpläne, weitere 40 Prozent haben Zweifel und Vorbehalte, nur ein Fünftel der Belegschaft finden sie gut.

Die separaten Motivprofile für diese drei Gruppen zeigen, dass die Gegner starke Ordnungsbedürfnisse, ausgeprägte Ehrvorstellungen und geringe Machtorientierung charakterisiert. Psychologisch bedeutet dies im Wesentlichen: Die hohe Ordnung motiviert den Widerstand gegen die Veränderung, die Ehre die loyale Bindung an Vergangenheit und Firmentradition, während geringe Macht auf eine schwache Leistungsmotivation hinweist.

In einer Diskussion der RP-Befunde um effektive Lösungen beschließt das Management, dass das Unternehmen – neben einer „Motivationsoffensive" zur Förderung der Leistungsbereitschaft – zukünftig in der internen Kom-

munikation und Weiterbildung traditionelle, „unwandelbare" Werte stärker betont, um die Belegschaftsbedürfnisse nach Stabilität zu befriedigen. Den verletzten Ehrmotiven vieler Mitarbeiter will man gerecht werden, indem man der Belegschaft verdeutlicht, dass die Veränderung im Dienste der traditionellen Unternehmenswerte steht.

Nutzen für den Anwender

Das Wissen um und die bewusste Integration von *unterschiedlichen Motivprofilen* ist nicht nur für den betrieblichen Arbeitsalltag von herausragender Bedeutung, sondern auch in Ehe und Partnerschaft. Während am Anfang einer Beziehung meist das „Andere" am Partner attraktiv erscheint – Gegensätze ziehen sich an –, wird das Gleich-und-Gleich-gesellt-sich-gern im Laufe der Partnerschaft immer wichtiger. Wie Reiss herausfand, sind sich nämlich die Motivprofile in dauerhaften Beziehungen sehr viel ähnlicher als diejenigen der „Geschiedenen". Für ein kluges Beziehungsmanagement rät der Psychologe daher, in einem *Motivtest* zu klären, ob und wie die Partner in ihren existenziellen Werten und Motiven zusammenpassen.

Das Motivprofil ist stabil. Auch wenn einschneidende Lebenserfahrungen oder Entwicklungsprozesse zu grundlegenden Veränderungen führen können, charakterisiert es unsere Persönlichkeit im Allgemeinen dauerhaft: So werden wirklich „neugierige" Kinder auch als Jugendliche und Erwachsene offen und interessiert durch das Leben gehen und Heranwachsende, die gerne planen und organisieren, dies auch als Erwachsene tun oder Menschen mit einem guten Appetit sich immer irgendwie mit ihrem Gewicht plagen.

Alter als „Motivbremse" Dabei wirkt das Alter offensichtlich als „Motivbremse": Während sich die Motivprofile strukturell kaum ändern, verblassen aber mit der Zeit die existenziellen Antriebskräfte.

Trotz aller Individualität zeigt das Reiss-Profil auch viele berufs-, schicht- oder geschlechtsspezifische Ähnlichkeiten. So verdeutlichen geschlechtsspezifische „Gruppen-Motivprofile", dass Frauen deutlich mehr Ruhebedürfnisse formulieren und schmerz- oder angstsensibler reagieren, während männliches Verhalten stärker von Sex, Rache und Aggressionen bestimmt wird. Überraschenderweise war das Familienmotiv bei beiden Geschlechtern etwa gleich stark ausgeprägt.

Studenten sind meist besonders neugierig und wissensdurstig. Sportler zeigen ein starkes Bedürfnis nach körperlicher Aktivität, Power und Kontakt, während bei Offizieren ebenso erwartungsgemäß ein starkes Machtmotiv, körperliche Fitness und Rache dominieren. Diese Gruppen streben dagegen kaum nach Ruhe und Ausgeglichenheit.

Typische Gruppen-Profile

Religiöse und nicht religiöse Menschen unterscheiden sich besonders in ihrem Streben nach Unabhängigkeit: „Im Gegensatz zu Menschen, die frei und unabhängig sein wollen, fühlen sich Gläubige besser, wenn sie stärker auf die Unterstützung und Hilfe anderer zählen können – einschließlich Gott", interpretiert Reiss seine Befunde. Bei Gläubigen seien zudem die Ehre und der Wunsch nach einem Familienleben ausgeprägter, während Rache oder Erotik keine große Rolle spielen.

Für Reiss sind vierzehn der sechzehn Bedürfnisse *genetisch bedingt,* da man ähnliche „Motivatoren" auch bei Tieren beobachten kann und sie eine evolutionäre Bedeutung haben. Nur der Idealismus und das Streben, von anderen anerkannt zu werden, haben wohl keine genetischen Anteile.

Genetische Bedingtheit der Motivatoren

Die Bedeutung der Gene muss man allerdings stark relativieren: Das, was wir wollen, ist uns zwar in die Wiege gelegt. Wie wir diese Interessen und Werte dagegen befriedigen, ist ein komplexes Bündel aus vielfältigen kulturellen sowie gesellschaftlichen Einflüssen und individuellen Erfahrungen. So wird auch kein Lebensmotiv von zwei Menschen identisch erfahren.

Marktpräsenz und Lizenzierung

Das Konzept von Reiss wurde an mehreren US-Universitäten weiter erforscht und praktisch erprobt. Wie erste Studien bestätigen, scheint das Reiss-Profil neben dem klinisch-therapeutischen Bereich vor allem

dem Marketing und der betrieblichen Personal- und Organisationsentwicklung neue Wege zu öffnen.

Das RP wird in den USA und Kanada seit Mai 2001 im klinischen und
betriebswirtschaftlichen Bereich angewendet; die deutsche Fassung
wird exklusiv von der EATD (Trade + Development – European Aca-
demy) angeboten und vertrieben. Neben den RP-Materialien und dem
Handbuch offeriert diese auch die einwöchige Ausbildung zum RP-
Master.

Kosten und Kontakt

Die exklusiven Rechte für die deutschsprachige Evaluierung und Ver-
marktung des RP-Tests hat die EATD. Der Test kostet 75 EUR.

Weitere Informationen:
EATD
Cami de la Serra 17
E-07181 Golf de Pendinat
Fax: + 34-971-40 52 19
E-Mail: h.fuchs@trainer-akademie.de; huberaw@aol.com
Internet: www.EATD.de

Literatur

Fuchs, Helmut / Huber, Andreas: *Die 16 Lebensmotive. Was uns wirklich antreibt.* München: Deutscher Taschenbuch-Verlag 2002

Reiss, Steven: *Who am I? The 16 Basic Desires that Motivate our Beha-
viour and Define our Personality.* New York: Tarcher Putnam 2000

Reiss, Steven / Haverkamp, Susan: *Toward a Comprehensive Assessment
of Fundamental Motivation.* In: Psychological Assessment 10/1998

Die Autoren

Helmut Fuchs, Jahrgang 1951, ist Diplom-Pädagoge. Er hat jahrzehntelange Erfahrungen als Top-Trainer, Management- und Organisationsberater. Von 1985 bis 1998 war er Inhaber und Cheftrainer der TAM (Trainer Akademie München), seit 1999 ist er Gründungspräsident der EATD. Fuchs erhielt mehrere Auszeichnungen für seine Seminare, zuletzt den Deutschen Trainingspreis Certificate of Exellence 2000, 1998 den Deutschen Trainingspreis in Gold. Er veröffentlichte zahlreiche Publikationen, zuletzt *Die Kunst, (k)eine Führungskraft zu sein* (1999) und zusammen mit Andreas Huber *Die 16 Lebensmotive. Was uns wirklich antreibt* (2002).

Andreas Huber, Jahrgang 1956, ist Diplom-Psychologe und BDVT-Trainer. Er hat langjährige Erfahrungen in der Publizistik und Weiterbildung. Seit Sommer 2001 ist er Trainer und wissenschaftlicher Leiter der EATD. Er veröffentlichte zahlreiche Publikationen, u. a. *Stichwort Emotionale Intelligenz* (1997), *Glücksgeheimnis Flow* (2001) und *Weichenstellung. Komplexität und metaphorisches Denken im 21. Jahrhundert* (2001). Huber ist Co-Autor von *Metaphoring – Komplexität erfolgreich managen* und *Die 16 Lebensmotive. Was uns wirklich antreibt* (beide 2002).

Die Qual der Wahl – welches Modell setzen wir nun ein? Ein synoptischer Überblick

Wir haben Ihnen mit den vorgestellten Modellen einen Überblick über die Angebote gegeben, Kommunikations- und Verhaltensmuster von Menschen, maßgeblich im beruflichen Umfeld und persönlichen Coaching, einzuschätzen und zu beschreiben. Unsere Auswahl erfolgte aufgrund der *jahrzehntelangen Marktkenntnis und -einschätzung* sowie persönlichen Erfahrungen der Herausgeber mit diesen Modellen. Wir haben die Modelle bewusst von den Lizenzgebern selbst darstellen lassen. Sie als Leser können auf diese Weise die „individuellen Handschriften" der Autoren als weiteres Entscheidungskriterium für die Auswahl des für Sie geeigneten Modells nutzen. Selbstverständlich haben wir die Beiträge im Sinne einer einheitlichen Struktur und damit Ihres Lesernutzens bearbeitet, aber nicht zensiert.

Auswahl der Modelle

Es gibt eine große Zahl ähnlicher Modelle, die versuchen, die vielfältigen Persönlichkeitsdimensionen zu erfassen. *Wissenschaftliche Testverfahren* haben wir dabei bewusst außer Acht gelassen (vgl. dazu ausführlich: Hossiep, Rüdiger / Paschen, Michael / Mühlhaus, Oliver: *Persönlichkeitstests im Personalmanagement. Grundlagen, Instrumente und Anwendungen.* Göttingen: Verlag für Angewandte Psychologie 2000).

Persönlichkeitstests

Die Arbeit mit den hier vorgestellten Modellen kann dazu beitragen, mehr Transparenz in das *Verhalten* von Bewerbern, Mitarbeitern und Teams zu bringen. Sie helfen, persönliches und Teampotenzial zu erkennen, um bei Trainings-, Coaching- und Personalentwicklungs-Maßnahmen möglichst individuell und gezielt ansetzen zu können. Einige Modelle beinhalten darüber hinaus den Versuch, zusätzlich zur Verhaltensdimension auch die *Einstellung*, also das Wertesystem, des Mitarbeiters zu berücksichtigen. Denn Verhaltenstraining kann noch so gezielt sein. Stimmt die Motivation des Mitarbeiters nicht, verpufft es oftmals, ohne seinen Zweck zu erfüllen.

Verhalten und Einstellung

281

Qual der Wahl Damit stellt sich die Frage, *welches Modell* für den konkreten Einsatz in Ihrem Unternehmen oder in der Organisation, die Sie beraten oder in der Sie trainieren, oder auch für Sie ganz persönlich das geeignete ist.

Persönliche Entscheidung So ähnlich die Intentionen sind, die mit den vorgestellten Modellen verfolgt werden, so individuell können die Ansätze und Wege sein, diese Ziele zu erreichen. Letztlich bleibt es eine Frage der *persönlichen Neigung und Einschätzung*, aber auch der Vorerfahrung und der konkreten Problemstellung, nicht zuletzt auch der effektiven Kosten, welches Modell in einer konkreten Situation in Frage kommt.

Synoptischer Überblick Der nachstehende Überblick ist deshalb – schon allein im Hinblick auf die alphabetische Reihenfolge – nicht als ein Ranking zu verstehen, sondern er fasst das bereits Gesagte kurz zusammen, um Ihnen die *Entscheidung* und die *Auswahl* nach Möglichkeit zu erleichtern:

Name	Erfasste Persönlichkeits-dimensionen	Hintergrund	Nutzen	Anwendbarkeit
ALPHA PLUS®	Verhalten Einstellungen/Werte Erfahrungen/Fähigkeiten/ Know-how	Joern J. Bambeck, Deutschland; Erkenntnisse von W. H. Sheldon, USA, und Rolf W. Schirm, Deutschland, übernommen, unter anschließender Einbeziehung des Big-Five-Ansatzes	Modulsystem, unterteilt in vier sog. Level, die, je nach Bedarf, Analysen zur Persönlichkeitsentwicklung liefern. Von Verkauf, Kommunikation, Führung über Teamdesign bis zu Coaching, Replacement, Karriere-Strategien. Von LEVEL I (grobe Kategorisierung von Persönlichkeitsmerkmalen) bis LEVEL IV (hoher Differenzierungsgrad).	Bereits die Urformen – PST und PSA – galten als komplizierte Modelle. Mit der zunehmenden Differenzierung der Aussagen ist auch ihr Komplexitätsgrad gestiegen.
Biostruktur-Analyse	Natürliche Persönlichkeitsstruktur im Vergleich zum Verhalten	W. H. Sheldon, USA; Paul D. MacLean, USA; Rolf W. Schirm, Deutschland; Persönlichkeitstypen- und Konstitutions-Forschung, Dreiteilung des Gehirns, und zwar ohne Berücksichtigung der Hemisphären-Theorie	Die sehr plakative Struktogramm-Scheibe zeigt die relativen Anteile von drei Persönlichkeitsbereichen. Damit kann eine Verhaltensoptimierung in Übereinstimmung mit der eigenen Natur initiiert werden.	Biostruktur-Analyse wird im Rahmen eines Tages-Seminars als Selbstanalyse durchgeführt, bereichert durch gut verständliches Lehrmaterial. Zeitbedarf für reine Selbstanalyse ca. 20 Minuten.

282

Name	Erfasste Persönlichkeits- dimensionen	Hintergrund	Nutzen	Anwendbarkeit
DISG – Persönlich- keits-Profil®	Verhalten	William M. Marston, USA; John G. Geier, USA	Einsatz zur Erkenntnis der eige- nen Potenziale zur persönlichen und beruflichen Nutzung. Tools für unterschiedliche Tätigkeiten und Einsatzgebiete, z. B. Kom- munikation, Führung, Verkauf, Teamentwicklung, Stellenbeset- zung. Hohe Anschaulichkeit, durch Verwendung von Car- toons, Spaßfaktor bei der Per- sönlichkeitsarbeit. Auch im Partnerschafts- und Beziehungsumfeld einsetzbar.	Leicht verständliche Frage- bögen, Zeitbedarf für reine Selbstanalyse ca. 15 Minuten; die Ergebnisse sind zugleich die Grundla- ge für computergestützte Auswertungsreports; Selbstanalyse-Material auch in Buchform erhält- lich zur manuellen Selbst- auswertung. Auswertung via Internet möglich.
Enneagramm	Verhalten Werte Gewohnheiten	Quellen nicht endgültig erforscht; Naher Osten, Weisheits- schulen der Magi; Sufi-Quellen; George Gurdjieff, Armenien; Oscar Ichazo, Bolivien; 99 Namen Gottes	Es gibt neun Haupt-Charakter- muster menschlichen Seins (sog. 9 Gesichter der Seele). Jeder Mensch präferiert einen Haupt- aspekt (mit zwei Flügel-Aspek- ten, die nicht zwangsläufig die benachbarten „Ziffern" sein müssen), der seinen Wesenskern ausmacht. Mit Hilfe des Ennea- gramm-Musters bekommt man Zugang zum eigenen Wesens- kern und kann sich selbst und andere besser verstehen.	Gut verständlicher Analy- sebogen, Analyse 15 Mi- nuten Zeitbedarf. Zugang zum tieferen Ver- ständnis der Typologie durch intensive Auseinan- dersetzung mit sich selbst, wobei Feedback sehr hilf- reich ist, deshalb Hilfe im Rahmen von gut organi- siertem Enneagramm- Netzwerk (Trainer, Zeit- schrift, Austausch).
H.D.I.® (Herrmann- Dominanz- Instrument)	Denk- und Lernstile	Ned Herrmann, USA, auf der Grundlage von Paul MacLean, USA, und Roger Sperry, USA; Hirnforschung, insbeson- dere Unterschiede linke und rechte Großhirnhälfte sowie limbisches System	Einsatz vor allem im Rahmen von Trainings zur Bestimmung beruflicher Orientierung, Lösung von Konflikten, Team- optimierung, Steigerung der Kreativität, Optimierung des Lernstils. Auch im privaten Bereich zur Partnerschafts- und Beziehungsarbeit einsetzbar.	Fragebogen aufgrund von Selbsteinschätzung kom- pliziert in der Bearbeitung, pro Analyse ca. 45 Minu- ten Zeitbedarf, compu- tergestützte Auswertungs- reports.
INSIGHTS MDI®	Verhalten Einstellungen/Werte Erfahrungen/Fähigkeiten/ Know-how	Carl Gustav Jung, Schweiz; William M. Marston, USA; Bill J. Bonstetter, USA; DISG-Verhaltensmodell, Insights-Kompetenz-Modell (Verhalten, Werte, Know- how)	Für unterschiedliche Tätigkeiten und Einsatzgebiete differenzier- te Analysen: Verkauf, Führung, Teamdesign, Rekrutierung, Arbeitsstellenbeschreibung. Typologisierung als Ausgangs- basis für Training, Coaching und Personalauswahl.	Leicht verständliche Frage- bögen, pro Analyse ca. 15 Minuten Zeitbedarf, computergestützte Auswertungsreports, Auswertung via Internet möglich.

283

Name	Erfasste Persönlichkeitsdimensionen	Hintergrund	Nutzen	Anwendbarkeit
INTERPLACE®	Teamverhalten	Meredith Belbin, GB; Teamrollentheorie	Erstellung eines Teamrollenprofils, das darauf abstellt, dass jedes Teammitglied seine Stärken optimal einsetzen kann und die Schwächen durch andere Teammitglieder kompensiert werden. Einsatz zu Teamaufbau, Personaleinsatz, Führungsentwicklung.	Datenerhebung durch Selbsteinschätzung der eigenen Teamrolle, kann durch Fremdeinschätzung gestützt werden. Zeitbedarf pro Teammitglied: 20 Minuten. Ergebnis: Teamrollenprofil mit Selbst- und Fremdeinschätzung, neun Teamrollen, Empfehlungen zum Einsatz des Einzelnen.
LIFO®	Verhalten	Erich Fromm, Deutschland; Stuart Atkins, GB; Allan Katcher, GB; Fromms vier Verhaltensorientierungen	Einsatz im Rahmen von Trainings zur Verhaltensoptimierung. Konzentration auf Stärken-Management.	Ausfüllen des Fragebogens ca. 15 Minuten Zeitbedarf, Auswertung im Dialog mit lizenziertem Trainer gewünscht, keine computergestützte Auswertung möglich.
MBTI® (Myers-Briggs-Typen-Indikator)	Verhalten plus Zusatztool zur Motivanalyse	Carl Gustav Jung, Schweiz; Katherine Briggs, Isabel Myers, USA; Jung'sches Typenmodell, weiterentwickelt durch Myers-Briggs; Alexander Romen A.G. Odessky, Russland, Alexander Christiani, Deutschland: Motivforschung	Fundierte Grundlage für Selbsterkenntnis und Verhaltensarbeit im persönlichen und im gesamten beruflichen Kontext – von Führung, Konflikttraining und Kommunikation bis Teambildung. Zusatztool zum Erkennen von Handlungsmotiven.	Selbsterkenntnis, Training; vertiefter Einsatz vor allem in der Personalentwicklung und im Coaching. Zeitbedarf ca. 20 Minuten; für die MotivatorenAnalyse ca. 15 Minuten.
TMS (Team-Management-System)	Teamverhalten	Charles Margerison, GB; Dick McCann, Australien; Empirische Teamerfolgsforschung	Acht wesentliche und unterschiedliche Aufgabenbereiche von Teams werden untersucht, ergänzt durch einen neunten Bereich des sog. Linking (im Sinne von Verbinden). Es werden praktikable Empfehlungen für die Steigerung der Teameffizienz und -effektivität gegeben, wobei sowohl die Arbeitspräferenzen des Einzelnen sowie die Logik des Arbeitsumfelds in Betracht gezogen werden.	Gut verständlicher Fragebogen, ca. 15 Minuten Zeitbedarf, Erstellung eines Team-Management-Profils auf computergestützter Basis.

284

Stichwortverzeichnis